Siegfried Schmidt

Geweihte Kräuter im Odenwald
und ihre Volksnamen

GESCHICHTSBLÄTTER
KREIS BERGSTRASSE

SONDERBAND 11

Herausgeber: Arbeitsgemeinschaft der Geschichts- und Heimatvereine im Kreis Bergstraße
mit Unterstützung des Kreises Bergstraße
Sonderband 11 der Geschichtsblätter für den Kreis Bergstraße
Satz, graphische Gestaltung, Zeichnungen: Siegfried Schmidt, Am Kohlhof 15,
6948 Wald-Michelbach
Druck: Buchdruckerei Otto KG, 6148 Heppenheim
Einband: Verlagsbuchbinderei Georg Kränkl, 6148 Heppenheim
Vertrieb: Verlag Laurissa, Heinrichstraße 51, 6143 Lorsch

ISBN 3-922781-73-X

Siegfried Schmidt

Geweihte Kräuter im Odenwald

und ihre Volksnamen

eine Bestandsaufnahme des traditionellen Brauches

Inhaltsverzeichnis

Odenwaldkarte	5
Abkürzungen der Ortsnamen	6
Vorbemerkungen	9
Einleitung	9
Gebietsabgrenzung	10
Frühere Besitzverhältnisse und Katholikenanteil	11
Mundartgrenzen	16
Stoffabgrenzung	19
Der Weihstrauß	21
Die Namen des Kräuterstraußes	21
Sammeln der Pflanzen	23
Die Kräuterweihe und ihre Herkunft	26
Aufbewahrung und Verwendung	28
Aberglaube?	30
Der Glaube an die Kraft des Weihstraußes	32
Tradition als Maßstab der Weihwürdigkeit	34
Eigentliche Gründe der Weihwürdigkeit	35
Die Pflanzen	41
Erläuterungen zu den Beikärtchen	41
Wiesenpflanzen	43
Weg- und Ödlandpflanzen	73
Ackerpflanzen	119
Waldpflanzen	136
Der Garten - kurzer Blick in vergangene Zeiten	157
Gartenpflanzen	162
Zusammenschau der Volksnamen	193
Benennungsgründe	194
Volksdeutung	208
Ausklang	210
Lied zur Kräuterweihe	212
Anhang	213
Weihpflanzenlisten zum Vergleich	213
Weihhäufigkeitslisten	223
Zusammenfassende Gesamtübersicht	230
Weniger gebräuchliche Weihpflanzen	231
Die gebräuchlichsten Weihpflanzen im Odenwald (Auflistung)	235
Schrifttum und Quellen	236
Volksnamen	240
Wissenschaftliche und übliche deutsche Namen	253

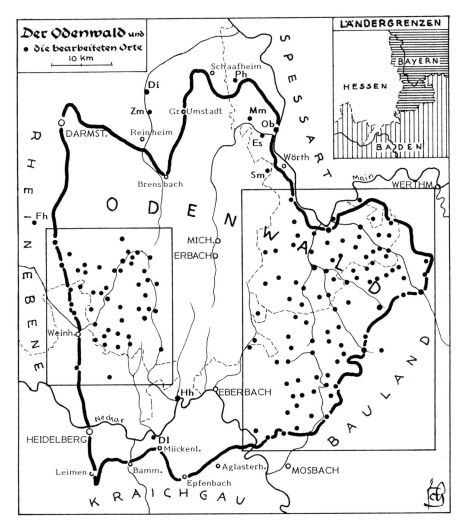

Die beiden Kartenausschnitte sind auf S. 6 und 7 erläuternd dargestellt. Die außerhalb der Ausschnitte bearbeiteten Orte sind wie folgt abgekürzt:

Di	Dieburg	Mm	Mömlingen
Dl	Dilsberg	Ob	Obernburg
Es	Eisenbach	Ph	Pflaumheim
Fh	Fehlheim	Sm	Seckmauern
Hh	Hirschhorn	Zm	Klein-Zimmern

Ortsabkürzungen (W = Westteil, O = Ostteil)

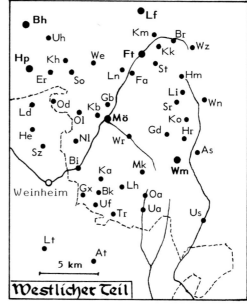

Am Amorbach O
As Aschbach W
At Altenbach W
Au Wald-Auerbach O
Ba Balsbach O
Bb Breitenbuch O
Bc Buchen O
Bd Breitendiel O
Be Berndiel O
Bg Bürgstadt O
Bh Bensheim W
Bi Birkenau W
Bk Buchklingen W
Bn Beuchen O
Br Brombach W
Bu Buch O
Bx Boxbrunn O
Db Dornberg O
Di Dieburg (s. S. 5)
Dl Dilsberg (s. S. 5)
Do Donebach O
Eb Einbach O
Eh Ebenheid O
Ei Eichenbühl O
Er Erbach (Hp-) W
Es Eisenbach (s. S. 5)
Fa Fahrenbach W
Fb Fahrenbach O
Fd Freudenberg O
Fh Fehlheim (s. S. 5)
Fr Friedrichsdorf O
Ft Fürth W
Gb Großbreitenbach W
Gd Gadern W
Gg Guggenberg O
Gl Glashofen O
Gö Gönz O
Gt Gottersdorf O
Gx Gorxheim W
Gz Gerolzahn O
Ha Hardheim O
Hb Hettigenbeuren O
Hd Heppdiel O
He Hemsbach W
Hg Hettingen O
Hh Hirschhorn (s. S. 5)
Hi Heidersbach O

Hl Hollerbach O
Hm Hammelbach W
Ho Hornbach O
Hö Höpfingen O
Hp Heppenheim W
Hr Hartenrod W
Hs Hesselbach O
Ht Hainstadt O
Ka Kallstadt W
Kb Kleinbreitenbach W
Kh Kirschhausen W
Kj Kailbach jenseits O
Kk Kröckelbach W
Km Krumbach W
Ko Kocherbach W
Kr Krumbach O
Kt Kaltenbrunn O
Kz Kirchzell O
La Laudenbach O
Lb Laudenberg O
Ld Laudenbach W
Le Langenelz O
Lf Lindenfels W
Lh Löhrbach W

Li Litzelbach W
Lm Limbach O
Lt Leutershausen W
Mb Mainbullau O
Md Mudau O
Mh Mörschenhardt O
Mi Miltenberg O
Mk Mackenheim W
Mm Mömlingen (s. S. 5)
Mo Monbrunn O
Mö Mörlenbach W
Mu Muckental O
Nd Neudorf O
Ng Neckargerach O
Nk Neunkirchen O
Nl Niederliebersbach W
Ns Neusaß O
Oa Oberabtsteinach W
Ob Obernburg O
Od Oberlaudenbach W
Ol Oberliebersbach W
On Oberneudorf O
Ot Ottorfszell O
Pb Pfohlbach O

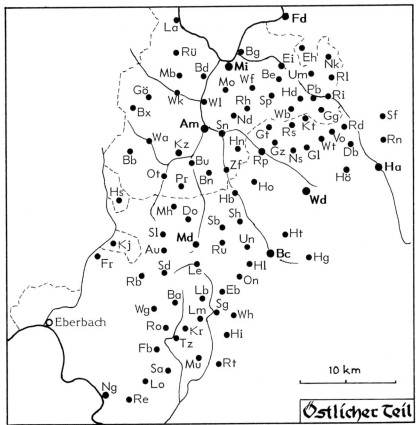

Ph Pflaumheim (s.S.5)	Sd Scheidental O	Vo Vollmersdorf O
Pr Preunschen O	Sh Stürzenhardt O	Wa Wattersbach O
Rb Reisenbach m. Grund O	Sl Schloßau O	Wb Windischbuchen
Rd Rütschdorf O	Sm Seckmauern (s.S.5)	Wd Walldürn O
Re Reichenbuch O	Sn Schneeberg O	We Walderlenbach W
Rh Reichartshausen O	So Sonderbach W	Wf Wenschdorf O
Ri Riedern O	Sp Schippach O	Wg Wagenschwendt O
Rl Richelbach O	Sr (Ober-)Scharbach W	Wh Waldhausen O
Rn Rüdental O	St Steinbach W	Wk Weckbach O
Ro Robern O	Sz Sulzbach W	Wl Weilbach O
Rp Rippberg O	Tr Trösel W	Wm Waldmichelbach W
Rs Reinhardsachsen O	Tz Trienz O	Wn Wahlen W
Rt Rittersbach O	Ua Unterabtsteinach W	Wr Weiher W
Ru Rumpfen O	Uf Unterflockenbach W	Wt Wettersdorf O
Rü Rüdenau O	Uh Unterhambach W	Wz Weschnitz W
Sa Sattelbach O	Un Unterneudorf O	Zf Zittenfelden O
Sb Steinbach O	Us U-Schönmattenwag W	Zm Kl-Zimmern (s.S.5)

Der umgezeichnete (nach Norden ausgerichtete) Ausschnitt aus der Karte des Würzburger Staatsarchivs[83] entspricht etwa meinem "Westteil" des Odenwaldes.

Vorbemerkungen

Einleitung

eihkräuter - Kräuterweihe ... das klingt geheimnisvoll und reicht tatsächlich in geheimnisvolle Tiefen hinab.

Alljährlich am 15. August, dem Fest Mariä Himmelfahrt, wird in vielen katholischen Kirchen ein Strauß von wilden und angebauten Pflanzen geweiht. Die treue Bewahrung der Weihpflanzen und ihrer Namen ist dem beharrenden Sinn der Landbevölkerung zuzuschreiben; die Überlieferung über lange Zeiten hinweg wurde durch die kirchliche Verankerung der Kräuterweihe gestützt.

Der Brauch ist in besonderem Maße bodenständig, ist er doch eng an das ländliche Umfeld geknüpft. Unsere Dörfer verlieren allerdings zunehmend ihr bäuerliches Gepräge, und ihre Bewohner lösen sich, wenigstens was überlieferten Brauch angeht, immer mehr von der Natur. So schwinden auch die volkstümlichen Namen, die ein Beweis dafür sind, daß die Pflanze in irgendeiner Weise mit dem Menschen verknüpft war oder noch ist. Die Kenntnis vieler Kräuter - und gleichlaufend damit ihrer mundartlichen Bezeichnungen - hat sich nur dadurch erhalten, daß diese Pflanzen für den Weihstrauß gesucht werden. Leider findet man bei der Jugend nur noch kümmerliche Reste des einst großen Schatzes an Volksnamen und noch weniger eine Verbindung der Pflanzen mit dem Brauchtum. Überdies verarmt unsere Landschaft zusehends an Wildkräutern, dank des sogenannten Pflanzenschutzes der Chemie und anderer Segnungen unserer Zivilisation.

Der Brauch der Kräuterweihe scheint heute, nach einer über tausendjährigen Tradition, zum Aussterben verurteilt zu sein. Dennoch ist es erstaunlich, was sich noch bis in die heutige Zeit hinübergerettet hat, obwohl der Pfälzer Volkskundler Becker schon im Jahre 1925 geklagt hat, daß das Wissen um die Kräuterbüschel stark geschwunden sei.

Eine Bestandsaufnahme der Weihkräuter, die Sammlung ihrer Volksnamen und der Versuch, diese zu deuten, erscheint darum gerechtfertigt und nötig, bevor die Überlieferung immer weiter abbröckelt oder der Brauch verfälscht wird.

Ich beschäftige mich seit über 20 Jahren mit den Pflanzen des Odenwälder Weihstraußes und suche das, was aus der alten Zeit noch zu erfahren ist, sozusagen in letzter Minute festzuhalten. Über 800 sachkundige Alteingesessene aus rund 140 Orten habe ich dabei befragt. Auswärtige Gewährsleute wurden den Dörfern zugeordnet, in denen sie das Brauchtum als Kinder oder Jugendliche erlebt haben, d. h. im allgemeinen ihren Geburtsorten. Vornehmlich ältere Leute wußten noch gut Bescheid. Viele von ihnen stammen, wie sie selbst halb stolz, halb scherzend sagten, noch aus dem vorigen Jahrhundert. Das Alter der Befragten lag zwischen 40 und 96 Jahren, im Durchschnitt bei 75. Die Geburtsjahrgänge reichen von 1886 bis 1940, das mittlere Geburtsjahr ist 1914.

An dieser Stelle möchte ich allen, die mir so bereitwillig Auskunft gegeben haben, nochmals herzlich danken. Leider verbietet es der Raum, die vielen einzeln zu nennen.

Ich möchte für jedermann verständlich bleiben und habe mich bemüht, mit möglichst wenig Fremdwörtern auszukommen. Notwendig sind allerdings die wissenschaftlichen Namen, ohne die eine Pflanze nicht eindeutig festzulegen ist. Früher gültige und noch geläufige Bezeichnungen sind innerhalb der Liste auf S. 253 ff. mitaufgeführt.

Die immer wiederkehrenden Namen der bearbeiteten Orte werden durchgängig mit zwei Buchstaben abgekürzt (Erläuterungen auf S. 6 und 7). Bei örtlich selteneren Gepflogenheiten oder mundartlichen Einzelerscheinungen eines Dorfes steht die Abkürzung in Kleinbuchstaben.

Der Arbeit liegen die mündlichen Aussagen der Gewährsleute aus dem untersuchten Raum zugrunde, alle aus erster Hand. Veröffentlichte Angaben aus anderen Gegenden werden nur angemerkt, wenn sie der Verdeutlichung oder der Bestätigung dienen. Solche Literaturhinweise sind mit hochgesetzten Ziffern gekennzeichnet, die ihre Entsprechung in der Liste auf S. 236 ff. finden.

Gebietsabgrenzung

Da das Brauchtum kirchlich gebunden ist, zerfällt das Gebiet für meine Untersuchung in zwei getrennte Teile: den konfessionell stark zersplitterten Westen und den katholisch geschlossenen Osten. Dazwischen liegt der evangelische Erbacher Raum. Durchforscht sind alle Orte mit einem angemessenen Katholikenanteil (etwa ab 40%). Ich habe mich dabei auf das Volkszählungsjahr 1933 bezogen, das in die Jugendzeit der meisten Gewährsleute fällt.

Der Odenwald beginnt östlich der Rheinebene mit einem kristallinen Teil - landläufig als Granitodenwald bezeichnet - und setzt sich nach Osten zu im Buntsandstein fort, der seinerseits zum Bauland hin vom Muschelkalk abgelöst wird.
Die Grenze des Odenwaldes (s. S. 5) habe ich nach diesen geologischen Gegebenheiten[81] gezogen; eine Ausnahme macht nur die nordöstliche Linie zwischen Hardheim-Steinfurt und Bürgstadt am Main, wo ich den Odenwald mit dem Einzugsgebiet der Erfa abgerundet habe.

Im großen und ganzen handelt es sich geographisch um folgende Räume:

1. im Westteil die Odenwaldorte um Heppenheim, das obere und mittlere Weschnitztal, das Ulfenbachtal mit dem Abtsteinacher Raum (den sogenannten Überwald) und das Gorxheimer Tal;

2. im Ostteil hauptsächlich das Einzugsgebiet der Mud, das untere Erftal im Norden und das obere und mittlere Elztal im Süden.

Politisch gesehen, sind also im wesentlichen folgende Kreise mit ihren Odenwaldanteilen betroffen: der hessische Kreis Bergstraße, der badische Neckar-Odenwald-Kreis und der bayrische Kreis Miltenberg.

Frühere Besitzverhältnisse und Katholikenanteil

Geschichtlich betrachtet, habe ich die alten Kurmainzer Besitzungen durchforscht. Wie stark sich die ehemaligen Machtverhältnisse heute noch in der Religionszugehörigkeit widerspiegeln, sei am Beispiel des Westteils dargestellt.

Das Gebiet zeigt sich als eine bunte Mischung von evangelischen und katholischen Orten, wie sie sich aus der historischen Besitzverteilung von Mainz und den übrigen Territorien ergeben hat.

Deutlich heben sich ab: die alte Vogtei Heppenheim, die Zenten Fürth, Mörlenbach, Abtsteinach mit dem angeschlossenen Hartenroder Gericht, das keiner Zent angehörige Unterschönmattenwag und die Herrschaft Hirschhorn.

Abtsteinacher Zentsiegel
1736

Waldmichelbach war zwar pfälzisch und wurde damit reformiert, um die
hin und wider in unterschiedlichen stücken verstreit in pfalzischen dorf

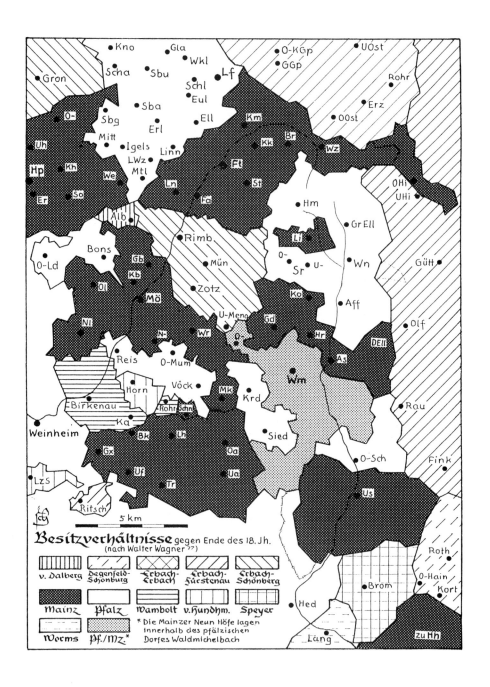

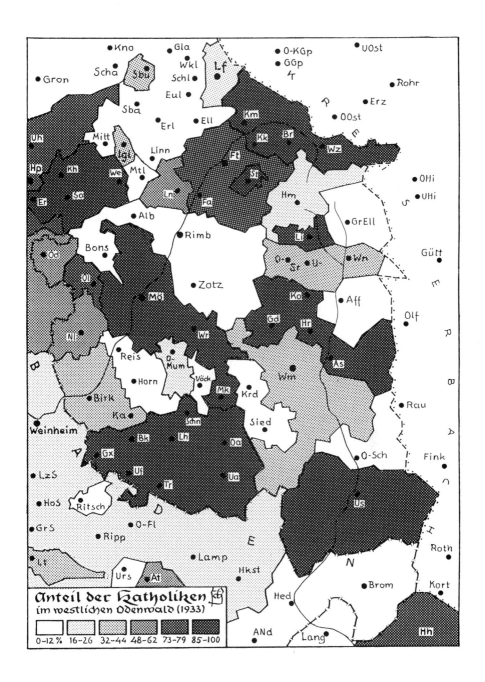

Walt Michelbacher gemarckhung liegenden "Neun Höfe" gab es jedoch oft Streit zwischen Kurmainz und Kurpfalz, obwohl sie aus Mainzer Sicht, wie es weiter heißt, *ohne streith und wiederred zur Cent abtsteinach* gehörten.[84]

Oberhiltersklingen (OHi) erscheint nicht mehr als katholische Gemeinde, da es im Dreißigjährigen Krieg wüst lag und von Evangelischen wiederbesiedelt wurde.

Seit der Reformation und dem Dreißigjährigen Krieg haben sich die Bekenntnisse kaum durchmischt. Daran hat sich auch heute, trotz der nachkriegsbedingten Bevölkerungsverschiebung, nicht allzuviel geändert.

Der Ostteil zeigt sich wesentlich einheitlicher. Hier liegen die alten Kurmainzer Besitzungen Amorbach und Walldürn mit ihrem Umland. Dieses Herrschaftsgebiet grenzte im Westen an die Grafschaft Erbach und stieß im Südwesten jenseits der Linie Reisenbach - Limbach an Pfälzer Besitz.

Auch hier spiegeln sich die einstigen Machtverhältnisse in der heutigen Konfessionszugehörigkeit wider.

Im Westen stellt sich der Erbacher Kreis als überwiegend evangelisch dar. Nur Hesselbach (1933 zu 99% katholisch), Kailbach (1933 54%) und Seckmauern (1933 54% katholisch) weichen in diesem fast rein protestantischen Kreis konfessionell ab. Hesselbach gehörte dem Grafen von Erbach nur halb, die andere Hälfte wie auch Kailbach jenseits (zu ergänzen: des Itterbaches) war Eigentum der Abtei Amorbach. Aus diesen Besitzverhältnissen erklären sich auch die Bezeichnungen Kailbach diesseits (das erbachisch war) und Kailbach jenseits.

Im Norden sieht man auf der Karte zwei evangelische Einsprengel: Kleinheubach und eine Ecke im Nordosten. Sie gehörten zur Grafschaft Wertheim. Im Südosten hebt sich ebenfalls eine evangelische Lichtung ab: die Dörfer Bödigheim bis Sindolsheim folgten dem örtlichen Adel.

Das südwestliche hellere, also überwiegend protestantische Gebiet zeigt den ursprünglich pfälzischen Besitz an (Friedrichsdorf, Mülben, Strümpfelbrunn, Waldkatzenbach, Oberdielbach, Schollbrunn, Weisbach, Fahrenbach und Trienz). In diesem pfälzischen Grenzraum konnten sich jedoch Wagenschwendt, Balsbach, Robern und Krumbach trotz Pfälzer Reformationsversuchen ihren katholischen Glauben erhalten.[68]

Im Gegensatz zum katholischen Inselreich des westlichen Teils finden wir im östlichen Odenwald sozusagen ein katholisches Festland vor, das sich fast genau mit dem ehemaligen Mainzer Besitz deckt.

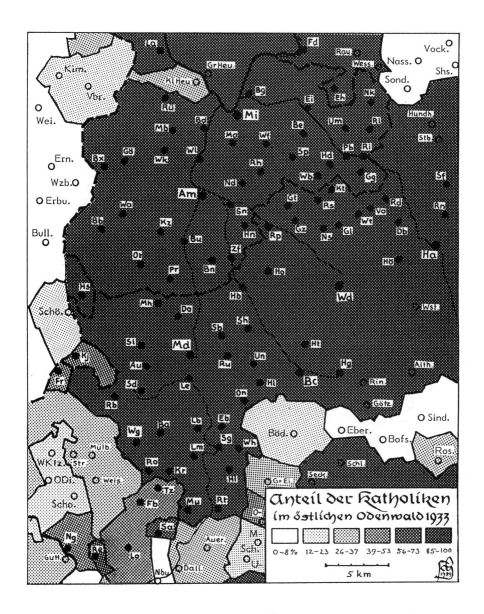

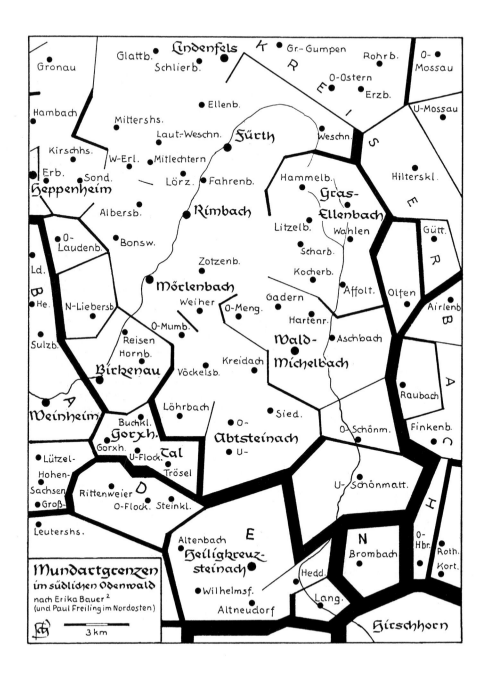

Mundartgrenzen

Der Westteil bildet eine verhältnismäßig geschlossene sprachliche Einheit. Eine deutliche Abgrenzung zeigt sich im Süden gegen Baden hin. Diese Mundartscheide erscheint im Gorxheimer Tal bis Heppenheim aufgespalten. Der Sprachwechsel vom Badischen zum Hessischen vollzieht sich also in zwei Schüben, weil das Zwischengebiet Eigenheiten von der Bergstraße her aufgenommen hat.[2]
Die zweite scharfe Mundartgrenze trennt das Ulfenbachtal vom Erbacher Kreis (Odenwaldkreis), der heute noch immer im Volksmund *das Grafenland* heißt, wenngleich die Grafen von Erbach schon im Jahre 1806 ihre Herrschaft an Hessen abtreten mußten.
Nur nach Norden zu sind die Übergänge sanfter.

Für die Sprachscheiden im östlichen Odenwald stehen mir leider nur grobe Linien zur Verfügung.[46] Die schärfste verläuft entlang der hessisch-bayrischen Landesgrenze. Sie wendet sich vom Dreiländereck bei Hesselbach nach Westen in Richtung Waldmichelbach und trennt das Südhessische vom Walldürner Raum, dem Übergangsgebiet zum Ostfränkischen.
Im Nordosten zieht sich entlang der Erfa eine Linie, die auch bei den Lautgrenzen von "Weizen" (s. S. 124) auftaucht. Die Sprachlinie zwischen Miltenberg und Walldürn ist bei Steger[46] leider nicht genau angegeben. Der Mosbacher Raum ragt mit einem Zipfel bei Buchen in den Odenwald hinein.

Im nordöstlichen Odenwald fallen die /ö/ und /ü/ auf. *Schäfer* und *Kißchen* heißen dort *Schöfer* und *Küssele* gegenüber dem westlichen *Scheefer* und *Kissele*. Im Badischen um Walldürn und Buchen befremdet die Nachbarn das *sch*: Dort heißt es *Kischele* und *Hausch* statt *Kissele* und *Haus*; vgl. die punktierte Grenze für *Gänse* im obigen Kärtchen (nach Mulch[37]).

Alle starken Mundartscheiden beruhen zum großen Teil auf den jahrhundertelang gleichgebliebenen Herrschaftsgrenzen, und diese folgen ihrerseits oft den verkehrshemmenden Bergzügen, die Berührungen mit den Nachbargebieten erschweren.

Guttenbrunn

Durch enge, auch sprachliche Beziehungen ist das deutsche Dorf Guttenbrunn im rumänischen Banat mit dem Odenwald verbunden.

Nach den Türkenkriegen mußte die Regierung des osmanischen Reiches das Banat an Österreich abtreten, und der Habsburger Kaiser Karl VI. suchte Kolonisten für das verwüstete Land. So rief er auch katholische

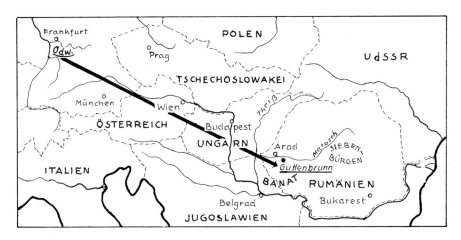

Auswanderer aus dem Odenwald. Sie gründeten im Jahre 1724 das Dorf Guttenbrunn etwa 25 km südöstlich von Arad in Rumänien. Die meisten Siedler stammten - in der Reihenfolge ihrer Häufigkeit - aus Unterschönmattenwag, Abtsteinach, Mörlenbach, Fürth und anderen Orten, vornehmlich des hessischen Odenwaldes. Insgesamt kamen über zwei Drittel der Guttenbrunner Familien aus dem auf S. 6 mit "Westteil" bezeichneten Raum unseres Mittelgebirges.[69]

Stoffabgrenzung

Im Erfassen der Kräuter und ihrer Namen habe ich Vollständigkeit angestrebt, und ich hoffe, daß mir das - soweit es einem einzelnen (und heute noch) möglich ist - auch einigermaßen gelungen ist.

Gewiß wird es bei einer derartigen Bestandsaufnahme immer Lücken geben. Mit jeder Generation geht, besonders aber in unserer Zeit, wertvolles Wissen dahin. Das Schwinden der Naturverbundenheit und die immer stärker ausdünnende brauchtumstragende Schicht läßt vieles unwiederbringlich zerrinnen, was in vergangener Zeit getreu an die Jüngeren weitergegeben wurde.

Manches wird auch fehlen oder nur vereinzelt aufgeführt werden können, weil sich besonders die betagten Gewährsleute nicht mehr daran zu erinnern vermögen.

Natürlich treten mit dem Wechsel der Generationen auch Verfälschungen auf. Manchmal beruft man sich auf eine als Autorität angesehene Person, die vielleicht aus einer anderen Landschaft stammt und von der dort üblichen Zusammensetzung des Weihstraußes ausgeht oder die ganz allgemeine Sammelvorschriften gibt. Zum Beispiel heißt es dann manchmal: *Die Schwester (der Pfarrer, der Lehrer) hat gesagt, man könne alles nehmen, was am Weg wächst.* Oder: *Alles, was als Tee verwendet wird, kann man auch für den Kräuterbüschel sammeln.* Solche Angaben müssen nicht von vornherein falsch sein, sie entsprechen jedoch nicht dem örtlich überlieferten Brauch.

Was die Volksnamen angeht, so wurden nichttraditionelle davon ausgenommen; das sind von Einzelpersonen aus einem Einfall heraus gegebene Bezeichnungen, wie z. B. *Stinkkraut* für den Rainfarn. Ebenfalls habe ich aus dem Schriftdeutschen oder auch aus der Umgangssprache eingeflossene Namen nicht aufgeführt, z. B. *Maggikraut* für das Liebstöckel. Bei manchen Ausdrücken könnte man im Zweifel sein, ist doch *Beifuß* sowohl in Büchern zu finden wie auch echt mundartlich geläufig.

Viele allgemein (z. B. auch in den evangelischen Orten) gültige Volksnamen bedürfen jedoch noch weiterer eingehender Forschung, wenn man die Verbreitung flächendeckend darstellen will. Die Wortkarten mögen dazu als Anhalt und Anregung dienen.

Manche Lücken in den Wortkarten erklären sich auch dadurch, daß sich die Untersuchung nur auf Weihkräuter bezieht und die betroffene Pflanze in den ungenannten Orten nicht zur Weihe kommt.

Es ist ein schwieriges Unterfangen, Überlieferung und eventuelle neuere Zufälligkeiten in der Zusammensetzung des Weihstraußes voneinander zu trennen. Bei namenlosen Kräutern muß man sich erst einmal vergewissern, ob sie wirklich traditionell gesammelt werden.

Als Prüfstein für sichere und echte Angaben dienten mir voneinander unabhängige Belege für eine bestimmte Pflanze oder für einen Volksnamen (mehrfache Gegenkontrollen im Ort oder auch in der Nachbargemeinde). Eine bloß von einer einzigen Person genannte Pflanze oder deren Namen habe ich im allgemeinen nur berücksichtigt, wenn wenigstens im Schrifttum ein Beleg auftaucht.

Ein weiterer Beweis für Ursprünglichkeit scheinen mir unansehnliche Weihpflanzen zu sein, sehr kleine Gewächse oder als Unkräuter angesehene Pflanzen, wie z. B. der hohe Stumpfblättrige Ampfer (Rumex obtusifolius), der Flohknöterich (Polygonum persicaria) oder das Sumpfruhrkraut (Gnaphalium uliginosum).

Besonders im östlichen Odenwald sagen hier und da Leute (md nd sd), daß man alles nehmen könne, was man findet. Da kommt es selbstverständlich nicht mehr auf den Namen des Krautes an. Umgekehrt bedeutet das: der Volksname kann eine Anzeige für überlieferte Weihkräuter sein.

Neuere Zutaten sind neben Gartenblumen oft Heilpflanzen, die man aus gängigen Heilkräuterbüchern herausgepickt hat, z. B. Brennessel und Huflattich.

Da eine ganze Reihe von überlieferten Heilpflanzen geweiht werden, hätte es nahegelegen, auch der volksmedizinischen Anwendung der Kräuter nachzugehen. Es fällt mir aber schwer, bodenständigen Gebrauch und angelerntes Buchwissen auseinanderzuhalten. So habe ich nur aus besonderem Anlaß und wenn es ein altes Rezept zu sein schien, die volkstümliche Verwendung einzelner Pflanzen aufgenommen.

Wer sich über den Gebrauch bei Mensch und Tier in Hessen informieren will, den verweise ich auf die Arbeit von Heidt,[19] die für das frühere Hessen-Nassau gilt. Leider hat der Verfasser, insbesondere bei den Volksnamen, keine Angaben über die Herkunft gemacht, so daß sich die Odenwälder Mundartbezeichnungen nicht abheben.

Für Baden hat Zimmermann[58] eine 9seitige Liste pflanzlicher Volksheilmittel zusammengestellt.

Marzell schrieb für Bayern ein Buch über volkstümliche Anschauungen über Pflanzen[29], außerdem für ganz Deutschland ein Werk über Geschichte und Volkskunde der Heilpflanzen[30].

Ansonsten ist kein Mangel an "Kräuterbüchern", die Heilpflanzen und Anwendungsrezepte bringen. Manche sind allerdings mit Vorsicht zu genießen.

Der Weihstrauß

Die Namen des Kräuterstraußes

Für den Weihstrauß gibt es im bearbeiteten Gebiet drei Hauptformen:

1. Im Odenwaldraum um Heppenheim, an der Bergstraße, bis ins Ried und in die Pfalz sagt man *der Würzwisch*. So führt ihn auch Hieronymus Bock in seinem berühmten Kräuterbuch[4] an. Bock stammt aus der Nähe von Zweibrücken in der Pfalz und lebte im 16. Jahrhundert.

2. Im mittleren Weschnitztal und südöstlich bis an den Neckar spricht man von der *Würzbuschel*, ebenso in Guttenbrunn in Rumänien (s. S. 18), wo sich offenbar die Siedler aus dem Weschnitztal mundartlich durchsetzten. So heißt es auch im Süden des östlichen Odenwaldes bis nach Schefflenz. Im oberen Ulfenbachtal ist die Nebenform *die Würzebuschel* geläufig.

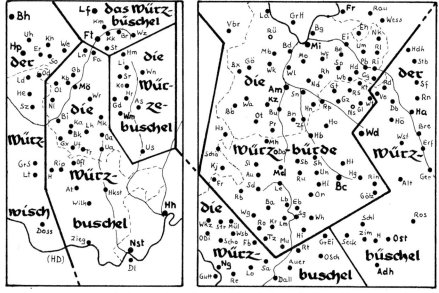

Das *Würzbüschel* heißt es im oberen Weschnitztal. Der Name taucht im Osten im Raum Hardheim - Walldürn - Adelsheim noch einmal auf, jedoch als *der* Würzbüschel.

(Würzbüschel bzw. Kräuterbüschel hat historisch männliches Geschlecht[15], und so schreibe ich auch in der vorliegenden Arbeit d e r Würzbuschel und d e r Kräuterbüschel.)

3. Im östlichen Odenwald herrscht **die Würzbürde** in ihren mundartlichen Formen vor. Im Gebiet des Kärtchens (S. 21) sagt man die Werzberde, im Obernburger Raum (Ph Mm Es Ob) heißt es die Werzberre, während um Dieburg (Zm Di Niederroden) die Lautung die Werzborre gilt.

Was bedeuten nun all diese Ausdrücke?

Unter Buschel versteht man im Odenwald sowohl ein Büschel als auch die (Getreide-) Garbe.[48] Beides bezeichnet etwas Zusammengefaßtes und geht zurück auf das "Eintragen" von Wildpflanzen früherer Zeiten, als unsere Vorfahren noch keine Landwirtschaft betrieben, sondern ein Sammlervolk waren.

Dieser Sinn wird bei unseren Weihstraußnamen am deutlichsten offenbar in Würz-bürde. Bürde bedeutet an der östlichen Landesgrenze des hessischen Odenwaldes auch die Getreidegarbe sowie eine Traglast Holz.[48]

Wisch in Würzwisch meint ebenfalls ein Bündel. Bekannt ist der sogenannte Hegwisch (nördliches Südhessen[48], Oberhessen), der als Verbotszeichen auf einen Acker oder eine Wiese gesteckt wird, um dem Schäfer das Beweiden zu untersagen.

Der erste Teil der verschiedenen Weihstraußnamen geht auf Wurz zurück und bedeutete früher "Kraut, verwertbare Pflanze, auch Arznei- und Zauberkraut"[15], wird also in ähnlichem Sinn gebraucht, wie wir heutzutage von "Kräutern" sprechen. Dieses in vielen Pflanzennamen vorkommende Grundwort (z.B. Engelwurz; auch im Englischen häufig wie in St. John's wort = Johanniskraut) wird in neuerer Zeit nicht mehr verstanden, so daß man gelegentlich Gewürzbuschel hört (as bk Dl Ng). Man bringt den Ausdruck in Verbindung mit den Gewürzen (= Würzkräutern), die einen Teil des geweihten Straußes ausmachen.

Sammeln der Pflanzen

Die Anzahl der zu sammelnden Kräuter ist im allgemeinen nicht mehr geläufig. Soweit noch bekannt, heißt es meist 99 "Sachen" (Fa Ft Gd Ln Us Wm Wr Wz; Bd Bx Eh Ei Rp Sp Wl), manchmal auch 33 (Kk Sr Ua; Bb Es Sn Wa).

Vielleicht hat man sich bei uns tatsächlich einmal an die besonders zauberkräftige Zahl 99 gehalten (wenn nicht einfach "eine große Menge" damit ausgedrückt werden soll). Die Anzahl ist nämlich durchaus wirklichkeitsnah, sofern man sie als 33 Arten zu je drei Stück auffaßt. So wurden auch aus der Miltenberger Gegend (Ei) vor hundert Jahren 33 Arten genannt (s. Liste auf S. 217). Höfler[21] führt aus dem gesamten süddeutschen Sprachraum (d. h. mit Österreich und Südtirol) ebenfalls 33 Pflanzen auf (Absicht?), ohne auf die Anzahl einzugehen (s. S. 219). Auch anderswo soll der Weihstrauß eine bestimmte Zahl von Kräutern enthalten: 9, 12, 66, 72, 77 oder 99 wie bei uns.[32] Das hängt damit zusammen, daß Zauberpflanzen, aber auch Heilkräuter, der stärkeren Wirksamkeit wegen in festgelegter Anzahl gesammelt und verwendet wurden. Neben den Zahlen 3, 7 und 72 hat besonders die 9 (vgl. den berühmten angelsächsischen Neunkräutersegen[34]) geheimnisvolle Kraft. Muß da nicht die 99 "doppelt" stark wirken?

Mit Ausnahme der großen Pflanzen, wie z. B. der Stockrose (Alcea rosea) oder der Königskerze (Verbascum thapsus) werden - zumindest früher war das so - drei Stück genommen. Beim Abpflücken der drei Stengel soll man "Vater, Sohn und heiliger Geist" sprechen (Wr). Meist weiß man aber nur noch, daß die Dreizahl ein Sinnbild für die Dreieinigkeit ist. Im Mittelalter war das Abbrechen noch eine regelrechte Beschwörung, wie sie uns in einer vergilbten Handschrift vom Jahre 1400 vom Dost überliefert worden ist.[16] In heutiges Deutsch gebracht, lautet sie:

Wer sie brechen will, der beschwöre sie: Dost, ich dich breche, drei gute Worte ich über dir spreche: das erste ist der Vater, das andere ist der Sohn, das dritte ist der heilige Geist, wie du Dost wohl weißt.

Erstaunlich, daß dieser Brauch - wenn auch ohne die persönliche Anrede der Pflanze - bei uns noch hier und da beachtet wird.
Zauberformeln beim Kräutersammeln waren noch bis ins 14. Jahrhundert üblich. Sie mußten von der Trierer Provinzialsynode (1310) ausdrücklich verboten werden. Erlaubt war nur, das Credo und das Vaterunser dabei zu sprechen.[75]

Früher lief man oft viele Kilometer weit, um bestimmte Pflanzen zu finden. Es erforderte viel Zeit, manchmal Tage, bis man alle überlieferten Kräuter zusammengebracht hatte. Heute gibt man sich nicht mehr soviel Mühe. Die Pflanzen werden möglichst frisch gepflückt, d. h. die meisten am Vortag, die Gartengewächse noch am Festtagsmorgen.

Eine sehr alte Anweisung des römischen Gelehrten Plinius (23 - 79 n. Chr.) besagt, daß das Kraut nicht mit Eisen berührt werden darf.[34] Und schon im Alten Testament (2. Mose 20, 25) heißt es, daß Moses den Altar nicht aus behauenen Steinen errichten soll, da der eiserne Meißel den Stein entweihen würde.

Auch bei uns ist alten Leuten noch bekannt, daß die Weihpflanzen nicht abgeschnitten werden dürfen. Das wird besonders beim Abbrechen des zähen Liebstöckelrohres (Levisticum officinale) betont (Gd Wm Wr), während man die kleinen Kräuter sowieso mit der Hand abpflückt. Daß Eisen die Zauberkraft zunichte macht, belegt auch ein Zusatz in einem alten bayrischen "Zauberbuch"[86], wo beim Ausgraben der Wegwarte (Cichorium intybus) ausdrücklich vorgeschrieben wird, daß die Wurzel mit Silber gegraben werden muß (s. S. 110).

Die gesammelten Kräuter ordnet man schön an: In die Mitte kommt zumeist die Königskerze (Verbascum thapsus). Wo die Stockrose (Alcea rosea) geweiht wird, beginnt man oft mit ihr den Strauß zu binden. Im östlichen Odenwald nimmt man auch manchmal das Liebstöckel- oder das Engelwurzrohr (Angelica sylvestris) in die Mitte und steckt zur Krönung den Schlafapfel (eine Galle) der Heckenrose (Hi) oder neuerdings auch eine Gartenblume (Dahlie; Wa) hinein. (Deswegen soll das Rohr dort entgegen der sonstigen wohlbegründeten Vorschrift einen Knoten haben, damit es als eine Art Blumenvase benutzt werden kann.)

Im Ostteil des Odenwaldes (Bx Gö Hs Kj Kr Le Ot Rb Sh Sl Sp) hüllt man den Strauß ganz mit Wermut, auch mit Beifuß, ein. Es heißt: *Mit Wermut und Beifuß hat man die Würzbürde zugemacht* (Sp). Man legte also nicht Gewicht auf ein buntes Äußere; wertvoll war der Inhalt.

Vielfach kommen heute im östlichen Odenwald Dahlien und andere Gartenblumen zur Zierde nach außen, so daß die eigentliche Würzbürde gar nicht mehr zu sehen ist. Jedoch ist man sich - noch - bewußt, daß diese Blumen keine echte Zutat sind, sondern nur der "Verschönerung" dienen. Alte Leute in den betreffenden Orten (Eb Kz Mb Nd Rb) wissen noch, daß früher keine Gartenblumen in den Weihstrauß genommen wurden.

Oft wird der Würzwisch mit hübschem Papier umwickelt (Fh Kb), manchmal hat man sogar eigens ein Tüchlein dafür, das jedes Jahr wieder zur Kräuterweihe hervorgeholt wird. Auf jeden Fall wird der Strauß aber zusammengebunden. Das Band sollte gelegentlich so lang sein, daß es der Kuh um den Bauch ging (Ln). Es ist allerdings nicht in Erinnerung, ob es mit diesem Band beim Vieh eine besondere Bewandtnis hatte, wie die Aussage vermuten läßt.

Im allgemeinen ist das Wissen um die Weihkräuter, deren Standorte und das Sammeln und Zusammenstellen der Pflanzen zum Strauß Sache der Mädchen und Frauen; das männliche Geschlecht kümmert sich wenig darum. Unter den über 800 Befragten waren nur 27 Männer sachkundig. Eine Ausnahme macht Mömlingen bei Obernburg am Main. Dort war es üblich, daß die Buben die "Wärzbärre" suchten.

Im südlichen deutschen Sprachraum ist der Ausdruck "Frauendreißiger" geläufig, den man im Odenwald nicht kennt. Man versteht darunter die dreißig Tage zwischen Mariä Himmelfahrt (15. August) und Mariä Geburt (8. September) einschließlich der Oktav. Ich erwähne diese Zeit, weil sie besonders in den Kräuterbüchern des 16. Jahrhunderts, aber auch in der übrigen Literatur oft angeführt wird.

So soll die geheimnisvolle Kraft vieler Heil- und Zauberpflanzen erst voll zur Wirkung kommen, wenn sie *zwischen den zweyen vnser Frawen tag* gesammelt werden, wie Brunfels[6] schreibt. Auch in alten Brauchbüchern wird oft betont, daß diese Zeit wichtig ist. Da heißt es z. B. in dem oben erwähnten bayrischen "Zauberbuch" vom Eisenkraut (Verbena officinalis): *Nim Eisen Kraut, das an Maria Himmelfart gegraben* ...[86] (s. auch S. 113). Solche zeitlichen Sammelvorschriften können ein Hinweis darauf sein, daß daß die Pflanze auch für den Weihstrauß eine Bedeutung hat.

Die Kräuterweihe und ihre Herkunft

Im katholischen Süden und Westen Deutschlands, aber auch in Tirol sowie in West- und Osteuropa ist die Weihe von Kräutern bekannt. Der Brauch muß bereits kurz nach der Christianisierung vorhanden gewesen sein, denn schon seit dem 10. Jahrhundert sind Weihegebete verbreitet. Das läßt annehmen, daß die kultische Kräuterverwendung aus vorchristlicher Zeit stammt. Wie andere Gebräuche und Feste hat die Kirche die heidnischen Gepflogenheiten nicht verboten, sondern sie umgeformt und in christlichem Sinne erhöht und geheiligt.
Als Beispiel sei angeführt:

> Papst Gregor der Große wies um das Jahr 600 die Missionare an, die heidnischen Tempel nicht zu zerstören, sondern sie in Kirchen umzuwandeln und den heidnischen Festen einen christlichen Sinn zu geben, damit die Neuchristen, wenn "ihnen äußerlich einige Freuden erhalten bleiben, leichter den inneren Freuden zustimmen mögen."[62]

Auch unsere vielen Odenwälder Quellen, über oder bei denen man Kirchen errichtet hat, sind wohl heidnische Kultstätten gewesen.

Viele vorchristliche Bräuche treiben bis in unsere Tage hinein unterirdische Ausläufer. Man denke nur an die früher im Odenwald verbreitete Sitte, Feuerräder zu Tal rollen zu lassen, um die Kräfte der Nacht, des Winters, endgültig zu verscheuchen. Dieses Radrollen ist z. B. im unteren Ulfenbachtal (Langental) noch lebendig, wo jährlich am Fastnachtsdienstag der nächtliche Feuerzauber - ursprünglich wörtlich zu nehmen - einen schier unheimlichen Eindruck hinterläßt.

So hat sich auch die ins Christliche eingeflossene geheimnisvolle Kräuterverwendung über mehrere tausend Jahre bis in unsere Zeit erhalten. Verschiedene Hinweise darauf findet man auch in den Kräuterbüchern des 16. Jahrhunderts, wie wir noch sehen werden. Alle für die Weihe gesammelten Pflanzen waren von alters her wirksam gegen vielerlei Fährnisse. Nach der Christianisierung war der Strauß, der ja nun alle Kräfte sozusagen gebündelt enthielt, nur dann noch schutzkräftig, wenn er durch den kirchlichen Segen aus seiner heidnischen Verstrickung ins christliche Licht emporgehoben worden war.

Die Kräuterweihe findet am 15. August, dem Feste Mariä Himmelfahrt, i. allg. zu Beginn der Messe statt. Der Tag ist daher im östlichen Odenwald (Bb Hb Hd Ho Mu Pr Rp Rs Sa Sd Sh Sp Wb Wg) als *Maria Würzweihe* geläufig, wie man früher auch im Westteil (As Bu Fa Gx Lh Li Ua Us Zm) und in Guttenbrunn im Banat sagte (s. S. 18). Manchmal heißt es auch einfach *der Würzbürdetag* (Mh Ro Sg).

Früher wurden wesentlich mehr und vor allem größere Sträuße zur Weihe gebracht. Die ganze liebliche Flora schien zum Fest der Muttergottes gekommen zu sein. Der Duft der Kräuter erfüllte den Kirchenraum. Jede Familie brachte einen reichen Strauß, der mit beiden Händen fast nicht zu fassen war, und jedes Kind setzte seinen Stolz darein, den größten Büschel zu haben.

Bei der Weihe besprengt der Priester die Kräutersträuße mit Weihwasser. Die Straußträger stehen dabei entweder vor dem Altar, oder sie bleiben in den Bänken, während der Geistliche segnend vorbeigeht. Oft legt man die Büschel auch auf ein Tischchen seitlich vor dem Chor. In Hirschhorn werden die Büschel auf dem Nebenaltar geweiht.

Die Weiheformeln haben sich im Laufe der Zeit leicht verändert und erweitert. Die Segnung soll die Kräuter für Mensch und Vieh heilsam werden lassen.

In einem Meßbuch aus dem Jahre 1529[65] heißt es: *du wolst doch benedeyen vnd heyligen dise creatur der kreuther ... du wolst auch all die yhenigen benedeyen vnd heiligen welche der werden gebrauchen / das yhn sey gesuntheit der seele vnd des leybs ... vnd wolst außtreyben von dem vyhe all feullung / all gespens des teuffels / all kranckeyt / alle pestilentz / vnd alle betrieglickeit.* Ähnlich lauten die Formeln durch Jahrhunderte hindurch.

Heute finden wir im Volksrituale von 1974[76]: *Segne alle diese Kräuter und Früchte ... und über die natürliche Kraft ... hinaus gieße ihnen ein die Gnade eines neuen Segens! So laß sie, in deinem Namen zum Nutzen für Mensch und Tier angewandt, ein wirksames Heilmittel werden gegen alle Krankheit und Widrigkeit.*

Aufbewahrung und Verwendung

er geweihte Büschel hat drei Verwendungszwecke, die jedoch vielfältig ineinandergreifen. Er soll

- o Haus, Stall und Bewohner vor Bösem schützen,
- o bei Krankheiten von Vieh und Menschen helfen und
- o der Fruchtbarkeit, besonders des Viehes, dienen.

Schutz des Hauses

Gegen Blitzschlag und andere böse Einflüsse wird der geweihte Strauß allgemein unter die Dachsparren gesteckt. Man bringt ihn also möglichst hoch an, um den Blitz gewissermaßen schon oben abzufangen.
Die Räume eines neuerbauten Hauses wurden bei der Einweihung mit dem geweihten Strauß geräuchert (Hi), um den künftigen Bewohnern Schutz und Segen angedeihen zu lassen. Auch nach jeder Kräuterweihe räucherte man die Räume des Hauses mit Teilen des Büschels (Ot).
Bei schweren Gewittern betet man, zündet auch geweihte Kerzen an (z. B. Wr) und verbrennt in gläubigem Vertrauen Teile des Würzbüschels im Herd (allgemein). Hierbei zieht der Rauch sozusagen als Opfer zum Himmel, dem Sitz des schützenden Gottes, und wirkt wie nach altgermanischer Auffassung: *Wenn er in die Höhe steigt, zerteilt sich das Wetter* (At Gd).
Ebenso verfährt man zum gleichen Zweck mit den am Sonntag vor Ostern geweihten "Palmen". Das sind neben Buchsbaum (Buxus sempervirens) auch die Weidenkätzchen (Salix caprea), im Odenwald *Katzenpalmen* oder *Palmenkatzen* genannt, in Schönmattenwag wegen des dort häufigen Familiennamens Ballmann gar mit *Ballmannskatzen* bezeichnet.

Auch das geweihte Salz und das Fronleichnamslaub (Birkenzweige) von den Altären am Prozessionsweg schützen, ins Feuer geworfen, vor Blitzschlag (vielerorts, z. B. Us).

Hilfe bei Krankheit

Der Würzbüschel findet auch bei Krankheit von Vieh und Mensch Verwendung. So gilt ein Tee aus geweihten Kräutern als besonders heilkräftig (Oa). Eine regelrechte Hausapotheke war der geweihte Strauß; man entnahm ihm die jeweiligen Heilpflanzen.
Wenn eine Kuh krank ist, gibt man ihr von dem geweihten Büschel zu

fressen. Meist kommen die Kräuter ins Saufen (Gt Hi Lb Ri Tz). Hauptsächlich vom Wermut verspricht man sich Hilfe. Aus diesem Grunde läßt man im östlichen Odenwald besonders viel davon mitweihen.

Auch äußerlich halfen die Weihkräuter: Falls ein Körperteil bei Mensch oder Vieh krank war, räucherte man folgendermaßen: Teile des Würzbüschels wurden zusammen mit Bienenwachs auf einer Kehrschaufel angezündet; man ließ den Rauch dann möglichst direkt an die erkrankte Stelle ziehen (Ua). Bei geschwollenem oder "bösem" Euter wurde mit Würzbürdeteilen geräuchert (Hs Sb Wb).

Auf ähnliche Weise hat man mit Teilen des Weihstraußes "gebraucht" (Ua). Darunter versteht man das Heilen von Krankheiten (die man meist als Hexenwerk ansah) durch Besprechung mit Heilsegen. Das mitverwendete Wachs durfte übrigens nicht aus der modernen Rähmchenwabe stammen, sondern man nahm dazu die *Roßen* (Ua) aus der Scheibe. Das sind frei gebaute Waben aus den alten, strohgeflochtenen *Bienenfässern* (Ua). Auch Wespenwaben werden so bezeichnet.

Oft räucherte man bei einer kranken Kuh den ganzen Stall aus (Db Hi Ri Rl Wb).

Beim kranken Menschen genügte es schon, ihm den geweihten Strauß unters Kopfkissen zu legen (Wt), um der Heilwirkung teilhaftig zu werden.

Schutz für Vieh und Mensch

Vielfach wird der Strauß in den Stall gesteckt (Er Kb Lh Od St Uf Wr Wz; Am Ot Sd), damit man *Glück mit dem Vieh hat* (Wr), daß ihm also übelwollende Personen und Mächte nichts anhaben können, damit es fruchtbar werde und gesunde Nachkommen bringe. Wenn eine Würzbürde im Stall steckt, braucht man den Tierarzt nicht so oft (Sd). Manchmal wurde der Stall mit dem Weihstrauß oder Teilen davon ausgeräuchert (Pr Rl Sh). Am Tag der Kräuterweihe gab man bei der Heimkehr von der Kirche jeder Kuh ein Stück der Würzbürde zusammen mit Klee (Nk), gelegentlich auch nur das geweihte Getreide (ho).

Wenn eine Kuh gekalbt hat, streift man Teile des Weihstraußes ab und überbrüht sie im ersten "Tränken" (allgemein). Manchmal geschieht das drei bis vier Tage lang (Us). Falls die Kuh die geweihten Kräuter nicht mitfrißt, werden sie sofort verbrannt. Oft kommt nur der Absud der Büschelteile ins Saufen; die überbrühten Stengel nimmt man wieder heraus und verbrennt sie (Ko Oa).

Sowohl Kuh als auch Kalb kommt es zugute, wenn man dem gerade geborenen Tier abgeriebene Straußteile aufs nasse Fell streut, damit die Mutter sie mit ableckt (Mi).

Ich hörte auch, daß die geweihten Kräuter der Kuh verabreicht werden, damit sie sich gut *putzt*, d. h., daß sich die Nachgeburt löst (Hh Oa). Manchmal nimmt man dazu nur geweihten Wermut Artemisia absinthium (Hr Us). Das Einstreuen geschieht unter Aussprechen der drei höchsten Namen: *Gott Vater, Gott Sohn, Gott heiliger Geist* (Gd Oa So u. a.). Zuweilen erhält die Kuh außer den Kräuterstraußstengeln geweihtes Salz und geweihtes Öl ins Getränk (Wm). Als erstes Fressen nach dem Kalben gibt man ein Stück Brot mit Salz, dazu Würzbüschelteile (Ng).

All diese Vorkehrungen dienten ursprünglich der Abwehr schadenbringender Mächte, denen man das Vieh besonders zur Zeit der Geburt ausgeliefert sah. Aber auch für den Menschen trifft das zu. Angaben aus Unterfranken bestätigen die Fruchtbarkeitsrolle des Weihstraußes in dieser Hinsicht: In verschiedenen Orten beräucherte man das Zimmer der Wöchnerin mit Teilen der Würzbürde und besteckte auch die Vorhänge um die Ehebetten damit.[45] - Bei Rastatt[35] und im Ermland (Ostpreußen)[32] legten die Eheleute etwas vom Weihstrauß ins Bett, um Glück in der Ehe zu haben. Das gleicht dem Odenwälder Brauch im Stall, wo man Glück mit dem Vieh haben wollte.

Den Täufling schützte man dadurch, daß man ihm eine Würzbürde in das Taufkissen steckte (Hb; s. S. 91).

Bevor die Kuh nach dem Kalben wieder eingespannt wurde, räucherte man sie unter dem Bauch, *daß sie kein wehes Euter kriegt* (Hi).

Natürlich suchte man auch Garten und Feld (vor Unwetter) zu schützen und dort die Fruchtbarkeit zu sichern. Die Asche des alten Weihstraußes streute man auf die Wiese (Ua), aufs Feld (Ln) bzw. in den Garten (Ln), oder man vergrub den vorjährigen Würzwisch im Garten (Fh).

Bei der Feldbestellung säte man die Körner des geweihten Getreides mit der jeweiligen Frucht aus (Bx, auch in Guttenbrunn im rumänischen Banat; s. S. 18).

Aberglaube?

Ob man den Gebrauch der Weihkräuter als Ausdruck christlicher Volksfrömmigkeit ansehen darf oder ihn in die Nähe des Aberglaubens rücken soll, das läßt sich vom Außenstehenden schwer einordnen. "Ungläubige" sagen den frommen Benutzern oft, das sei doch alles reiner Aberglaube. Der Angesprochene wird das jedoch weit von sich weisen, und damit hat er im Grunde recht. Die getreue Verwendung ist religiös positiv zu werten als Zeichen frommen Glaubens an göttliche Hilfe und an den Segen, der über geweihten Dingen liegt. Der Brauch ist damit Ausdruck von Gottvertrauen und Ehrfurcht.

Die Übergänge zwischen frommer Sitte und Aberglaube sind jedoch fließend. Im Einzelfall ist es z. B. Aberglaube, wenn der Sprechende die Formel *Im Namen Gottes, des Vaters, des Sohnes und des Heiligen Geistes* wie einen heidnischen Zauberspruch benutzt. Ruft er dagegen mit den gleichen Worten bei der Weihstraußverwendung Gott um Hilfe an, so bleibt er innerhalb des christlichen Glaubens. Entscheidend ist immer die innere Haltung des Handelnden.

Die Vermischung von Christlichem und Heidnischem zeigt sich z. B. in der Verwendung bei Gewitter sehr deutlich. Vom gläubigen Gebet um Schutz - über das Verbrennen von Kräuterstraußteilen - bis zur Meinung, daß der hochsteigende Rauch das Gewitter zerteile: Glaube und Aberglaube finden wir hier in schöner Eintracht.

Die Benutzung des Büschels zur Abwehr von Hexenwerk steht schon mehr auf der Seite des Aberglaubens.

Noch vor drei oder gar zwei Menschenaltern war das Tun von Hexen für viele eine alltägliche Erfahrung. Da kam z. B. eine schwarze Katze aus dem Stall, das war natürlich eine Hexe in Tiergestalt; man warf ihr einen Besen nach, und am nächsten Tag hat die Nachbarin gehinkt (Hö). Stimmte irgendetwas nicht mit dem Vieh, dann war es verhext, d. h., jemand hatte mit einem Zauberspruch oder durch bloßes Anschauen Schaden gestiftet. Da waren z. B. den Pferden am Morgen die Haare verflochten (Bc 1930), oder eine böse Nachbarin hatte nachts am Handtuch gemolken (Lh), so daß der Kuh am anderen Tag die Milch versiegt war. Dazu sei eine Begebenheit eingeflochten, die sich kurz vor dem ersten Weltkrieg in Löhrbach zugetragen hat:

> Da setzt bei einer frischmelkenden Kuh (sie hat während der Tragezeit *trocken gestanden*) die Milch für das Kälbchen plötzlich aus. Das kann doch nicht mit rechten Dingen zugehen! Man holt einen Kundigen aus dem Dorf. Der besieht sich die Kuh, dreht ihr den Schwanz um, worauf das Tier mit einem Tritt antwortet. Aha! die Kuh ist verhext! Guter Rat ist hier nicht teuer und auch nicht weit. "Habt ihr nicht eine Würzbuschel?" Man holt sie vom Dachboden. Glühende Kohlen werden in einen eisernen Topf gefüllt und geweihte Kräuter daraufgeribbelt. Damit beräuchert man das Euter. Um zu verhindern, daß der Rauch sich einen Seitenweg sucht, werden Topf und Euter mit einem Sack umhüllt. - Und man höre und staune: Tatsächlich läuft am nächsten Tag die Milch wieder!

Die moderne Generation erklärt das Wunder auf natürliche Weise und belächelt - wenigstens nach außen hin - das Ganze als Hokuspokus. Es war einfach die Wärme und vielleicht auch die Wirkung der Heilkräuter, die das erkrankte Euter wieder gesunden ließen.

Auch der Mensch, besonders der Säugling, stand stets in Gefahr, eine leichte Beute der Hexen zu werden: Einem Kind hatte eine "böse Frau" Schaden zugefügt, so daß es immer weinte. Man legte ihm eine Würzbürde unter das Kopfkissen, worauf es sich gleich beruhigte. (Tz). - Schon das bloße Ansehen, der sogenannte "böse Blick" genügte. Man mußte sich vorsehen, daß niemand Fremdes in die Wiege sah oder das Kind gar wegen seiner Schönheit oder Gesundheit lobte. Im östlichen Odenwald (Tz) hat sich kurz nach dem ersten Weltkrieg folgendes begeben:

> Eine Mutter fuhr einmal ihr kleines Töchterchen im Kinderwagen über die Dorfstraße. Da begegnete ihr eine bekannte Frau, die neugierig in den Wagen sah und sich nicht genug tun konnte, das Kind zu bewundern: "Schee Mädle, schee Mädle!" Zuerst ging alles seinen gewohnten Gang. Doch in der Nacht wurde die Kleine unruhig, wälzte sich hin und her, weinte und konnte nicht schlafen. Da begriff sie, daß das Kind "beschrien" worden war. Flugs brannte sie eine Würzbürde an, und der Weih-rauch brachte ihrem Liebling von Stund an wieder gelösten, ruhigen Schlaf.
> Seither hat sie nie mehr jemand in den Wagen schauen lassen.

Der Hexenglaube ist auch heutzutage noch nicht völlig ausgestorben. Zumindest trifft man noch Leute an, die in ihrer Kindheit "Hexen" bzw. "böse Frauen" gekannt haben (Lf Tr Rb Tz).

Der Glaube an die Kraft des Weihstraußes

Es war dem Volke ein Bedürfnis, Schutzmittel gegen Unwetter, Hilfe gegen Krankheit und böse Mächte greifbar zu haben und in Anspruch nehmen zu können. Die Kirche hat deshalb solche Mittel wohl oder übel übernommen, sie jedoch mit christlichem Gehalt erfüllt (z. B. Wettersegen, Segnung von Haus und Gerät). So zog sie auch der Verwendung von Kräutern ein christliches Gewand an.

Während man in der heidnischen Zeit in den Kräutern nicht nur Arzneien, sondern auch Zaubermittel mit eigenständiger Kraft sah, brachte die Kirche das Volk dazu, nun von Gott Heilung und Schutz bei der Verwendung der Kräuter zu erflehen.

Ob man nun den Kräuterstrauß, die Palmen, Fronleichnamslaub oder Salz verwendet: Alle Mittel sind nur wirksam, wenn sie geweiht worden sind. Die Kräuter wirken für den Benutzer in dreifacher Stufung:
- mit ihrer ursprünglichen Heil- oder vermeintlichen Abwehrkraft wie in vorchristlicher Zeit,
- mit erhöhter Kraft durch die kirchliche Weihe,
- durch Aussprechen der drei höchsten Namen beim Gebrauch.

Den geweihten Strauß sieht man als einen starken Schutz an. Ein Würzbüschel oder ein Rest davon muß immer im Haus sein, damit "nichts passiert" (Ko). Selbst Evangelische ließen einen Kräuterstrauß von den Katholiken zur Weihe bringen, weil sie ihn als hilfreich und schutzkräftig betrachteten (Fb Kj). Sogar als Sicherung auf der letzten Reise sah man die Würzbürde an, indem man sich versprechen ließ, sie mit in den Sarg zu legen (Bc). Doch auch alltäglichen Schutz mochte man nicht missen: unter der Matratze bot er einen sicheren Schlaf (Ho).

Nicht alle glauben an die Macht des Weihstraußes, doch benutzen ihn manche Zweifler trotzdem nach der Redensart: *Batt's nix, schadt's nix* (Hilft es nicht, so schadet es doch auch nicht.).

Daß auch früher schon die Schutzwirkung kirchlich gesegneter Dinge in Zweifel gezogen wurde, zeigt eine Eintragung im Synodalbuch der Pfarrei Abtsteinach aus dem Jahr 1798, wo "glaubenswidrige Meinungen" geäußert worden waren: Es hätten *die zwei Jöstische weiber die Witib und die Junge ins schmits Haus gesagt, daß die geweide Palmen, das wei wasser, die Wirzbuschel, müsbräuche wären, sie Heten es aus dem Buch gelesen ... 4tens habe der Conrad Müller ... verächtlich von den geweiten sachen gesprochen, ... behaupete das wei wasser seye zu nichts nuz eben so wenig die Palmen, die am Palmsonntag geweihet werden, es seye lecherlich zu sagen, durch ihre kraft würde das gewüter verjagt, da doch der bliz das Heilichtum der kirch selst ... (treffe?).*[85]

Geweihte Dinge dürfen nicht verunehrt werden; der alte Strauß, oder was davon übrig ist, wird daher nicht zum Müll geworfen, sondern meist verbrannt. Der Rauch der von Gott gesegneten Kräuter steigt dann wieder zum Himmel auf. Die Asche wird nicht wie die gewöhnliche Herdasche auf den Misthaufen geschüttet, sondern auf die Wiese (Ua), das Feld (Ln) oder in den Garten (Ln) gestreut. Dort gereicht sie dem Nutzland zum Schutz und Segen. Im hessischen Ried (Fh) begräbt man den Würzwisch im Garten. In Guttenbrunn im rumänischen Banat (s. S. 18) band man den Rest des alten Straußes auf und gab ihn dem Vieh zum Fressen in die Krippe; auf keinen Fall warf man ihn weg.

Tradition als Maßstab der Weihwürdigkeit

Was hat nun unsere Vorfahren veranlaßt, gerade dieses oder jenes Kraut weihen zu lassen?
Kaum eine Zutat ist bei uns zufällig in den Strauß geraten. Im Schwarzwald (und auch oft im östlichen Odenwald) schmücken leuchtende Gartenblumen den Weihstrauß, und Zimmermann[59] klagt 1940 darüber: *Wir kommen heute zu spät mit der Erfassung der Weihkräuterbüschel. Die Überflutung mit den Blumen aus dem heutigen Ziergarten hat den Kern verflachen lassen.* Bei uns im Odenwald (im Westteil und meist auch im Ostteil) haben sich kaum einmal schmückende Blumen eingeschlichen.

Daß nicht alles wahllos genommen wird, was gerade blüht oder sich in einem Strauß schön macht, beweist das Einbringen nur ganz bestimmter überlieferter Kräuter. So fehlen oft ins Auge fallende und häufige Pflanzen wie der Gilbweiderich (Lysimachia vulgaris), die Nesselblättrige Glockenblume (Campanula trachelium) oder das Fuchssche Kreuzkraut (Senecio fuchsii). Von dem bei uns häufigen Roten Fingerhut (Digitalis purpurea), im Westteil *Schlangenblume* geheißen, wollen wir absehen, da er als bekannte Giftpflanze nicht gepflückt wird. Aber es fehlen im Westteil auch auffällige Erscheinungen wie die Moschusmalve (Malva moschata).

Trotz der örtlichen Verschiedenheit in der Zusammensetzung des Kräuterstraußes werden viele seiner Pflanzen überall im Odenwald gesammelt (s. Übersicht auf S. 230). Ebenso kehren unsere Weihkräuter bei den außergebietlichen Büscheln zum großen Teil wieder. Eine verhältnismäßig gute Übereinstimmung zeigt auch ein Vergleich mit Höfler[21], der 1912 die "getreuesten" Weihpflanzen für den süddeutschen Sprachraum zusammengestellt hat. Höfler führt neben dem Getreide, das ja bei uns ebenfalls nicht fehlen darf, 33 Pflanzen auf, von denen zwei Dutzend auch im Odenwald geweiht werden (s. Liste auf S. 219). Das dürfte mit ein Beweis sein für die überkommene Echtheit und Ursprünglichkeit unseres Büschels.

Aber, so wird sich mancher fragen, kann man sich denn auf die Tradition wirklich verlassen?
Natürlich kann die Überlieferung in der einzelnen Familie durch Einheirat verändert werden, oder ortsfremde Personen bringen ihr Wissen ein. Im ganzen gesehen, blieb im Dorf jedoch die angestammte Überlieferung erhalten, da die Kräuter meist mit anderen Kindern gesucht wurden, wobei die überwiegende Mehrheit der Einheimischen die Arten und Namen der Pflanzen vermittelten (In ähnlicher Weise nahmen die Kinder der Vertriebenen die Odenwälder Mundart an). Die Treue der Weitergabe war durch das Gedächtnis verbürgt, das noch nicht durch die heutige Reizüberflutung gelitten hatte.

Wie verläßlich die Überlieferung ist, kann ich aufzeigen: Vom traditionellen Kräuterstrauß aus Eichenbühl bei Miltenberg liegt mir ein genau hundertjähriger Beleg (von 1889) vor, den ich mit der heutigen Zusammensetzung verglichen habe (s. S. 217). Die Weihkräuter und auch ihre Namen stimmen fast vollständig überein. Dabei ist zu bedenken, daß - damals wie heute - geringe Unterschiede von Familie zu Familie und von Generation zu Generation auftreten können.

Von sehr wenigen Beigaben abgesehen, ist unser Odenwälder Strauß also noch recht ursprünglich. Solche neueren Zutaten, besonders aus dem Garten, sind z. B. der Amarant oder Fuchsschwanz (Amaranthus paniculatus), die Sonnenblume (Helianthus annuus) und die Kanadische Goldrute (Solidago canadensis).

Eigentliche Gründe der Weihwürdigkeit

Es werden somit nicht einfach hübsche Blumen zu einem Strauß gebunden; jeder Pflanze sprach man früher eine bestimmte Wirkung zu. Abgesehen von der Heilkraft verschiedener Pflanzen ist das Wissen um die Berechtigung der einzelnen Zutaten weitgehend verlorengegangen.

Heute übt der Kräuterbüschel als Ganzes diese Wirkungen aus, und zwar heben sich, der Verwendung entsprechend, drei unterschiedliche ab:

- o eine Schutzkraft (Abwehr alles Bösen),
- o eine Heilkraft für Tier und Mensch,
- o eine Fruchtbarkeitskraft, besonders für das Vieh.

Ich will einmal versuchen, diese Wirkungen wieder auf die einzelnen Pflanzen zurückzuführen. Dazu muß man sich vor Augen halten, zu welchem Zweck dieses oder jenes Kraut früher vielleicht benutzt wurde. Das ist bei den jeweiligen Pflanzen nachzulesen.

In der folgenden Liste ist immer der vermutliche Hauptanlaß für die Einreihung in den Weihstrauß angegeben. Manchmal sind mehrere Gründe als gleichwertig anzusehen.

Ursprünglich überwiegende Kräuterkräfte

Hafer	Avena sat	F		Nußbaum	Jugl regia	F
Gerste	Hord dist	F		Wacholder	Junip com	A
Roggen	Secale cer	F		Taubnessel	Lam album	H
Weizen	Tritic aest	F		Herzgespann	Leonur card	A H
				Liebstöckel	Levist off	A H
Schafgarbe	Ach millef	H		Leinkraut	Linar vulg	A
Sumpfgarbe	Ach ptarm	A		Blutweiderich	Lythr sal	H
Odermennig	Agrim eup	H		Krause Malve	Malva cr	
Stockrose	Alcea ros	H		Moschusmalve	Malv mosch	A H
Frauenmantel	Alchem vu	H		Kamille	Matr cham	H
Eibisch	Althaea of	H		Wachtelweizen	Melamp pr	A
Fuchsschwanz	Amar c & p	F		wilde Minzen	Mentha spc	A
Dill	Aneth gra	A		Pfefferminze	Mentha pip	A H
Waldengelwurz	Angel syl	A H		Rundbl. Minze	Mentha rot	A
Osterluzei	Arist clem	H		Ackerlöw.maul	Misop oront	A
Eberraute	Art abrot	A		Jungfer im Gr.	Nig damasc	A
Wermut	Art absint	A		Hauhechel	Ononis rep	A H
Beifuß	Art vulg	A		Dost	Origan vulg	A
Streifenfarn	Aspl trich	A		Spitzwegerich	Plant lanc	H
Bärenschote	Astrag gly	H		Blutwurz	Potent erec	H
Hasenohr	Bupleur ro	H		Kr. Fingerkraut	Potent rept	H
Ringelblume	Calend off	H		Eiche	Quercus rob	H
Golddistel	Carl vulg	A		Rosengalle	Rosa / Rhod	A
Kümmel	Car carvi	A		Rosmarin	Rosmar off	A
Taus.güldenkrt.	Cent ery	A H		Stbl. Ampfer	Rumex obt	
Wegwarte	Cichor int	A		Weinraute	Ruta grav	A
Kohldistel	Cirs oler	A		Salbei	Salvia offic	H
Lanzettdistel	Cirs vulg	A		Wiesenknopf	Sanguis off	
Hasel	Coryl avel	A F		Bohnenkraut	Satur hort	A
Wilde Karde	Dipsac ful	A		Kn. Braunwurz	Scroph nod	H
Weidenröschen	Epilob ang	A		Fetthenne	Sed teleph	H
Zinnkraut	Equis arv	H		Jak.kreuzkraut	Sen jacob	H
Berufkraut	Erig acris	A H		Taubenkropf	Silene vulg	H
Wasserdost	Eupat can	A		Mariendistel	Silyb mar	A
Augentrost	Euphr rost	H		Wegrauke	Sisymbr off	H
Mädesüß	Filip ulm	H		Goldrute	Solid virg	H
Hohlzahn	Galeop tet	A		Teufelsabbiß	Succ prat	A
Echt. Labkraut	Galium ver	H		Mutterkraut	Tanac part	H
Dtsch. Ginster	Gen germ	H		Rainfarn	Tanac vulg	A H
Bachnelkenwurz	Geum riv	H		Waldgamander	Teucr scor	A
Waldruhrkraut	Gnaph sylv	H		Quendel	Thym puleg	A H
Sumpfruhrkraut	Gnaph ulig	H		Hasenklee	Trifol arv	H
Johanniskraut	Hyper per	A H		Baldrian	Valer off	A H
Bilsenkraut	Hyosc nig	A		Königskerze	Verbasc th	A H
Alant	Inula hele	A H		Eisenkraut	Verbena off	A

In der Liste bedeuten: A Abwehrwirkung (Blitz eingeschlossen)
                        H Heilwirkung
                        F Fruchtbarkeitswirkung

Abwehrpflanzen

Unsere Vorfahren hatten oft genug um das Überleben zu kämpfen. Man schützte sich daher vor Schaden durch Gnädigstimmen der Götter. Gegen alles, was die Ernte schmälern und die Arbeitskraft schwächen konnte, galt es, sich zu wappnen. Dazu dienten neben zaubrischen Handlungen vor allem Pflanzen, die man als heilbringend erfahren hatte oder in denen man Zeichen zur Abwehr des Bösen sah. Streng genommen müßten auch Heilkräuter hier eingereiht werden, zumal man noch gegen Ende des Mittelalters dachte, daß Krankheiten (und Wetterschäden) von übelwollenden Dämonen hervorgerufen würden. Das zeigt sich übrigens deutlich in einem Heilsegen aus einem Odenwälder Brauchbuch.[82] Hier wird das Herzgespann (Beklemmungsgefühl in der Magengrube) auf das Berufen zurückgeführt:

Vor das beruffen
N. N. bist beruffen und hast das hertz geSPan
breche diers der selig man der seine erste ruh
in der Kui Kriben hat gethan (in der Kuhkrippe hat getan)
das zöhl ich dir zur bus (das sage ich dir zur Abhilfe)
Im Namen g V S h † † † (Im Namen Gottes des Vaters des Sohnes und des heiligen Geistes - 3 Kreuzzeichen)

Heil- und Abwehrpflanzen lassen sich also nicht immer deutlich trennen. Etwa die Hälfte der Abwehrpflanzen weist einen starken aromatischen Geruch auf, der den übelwollenden Mächten mißfällt und den sie fliehen. Hilfe gegen das Berufen, das Anhexen von Krankheiten durch böse Menschen, bringen "**Beschreikräuter**". Dazu gehören im Odenwald: Kohldistel (Cirsium oleraceum), Leinkraut (Linaria vulgaris), Sumpfgarbe (Achillea ptarmica), Streifenfarn (Asplenium trichom.), Alant (Inula helenium), Wachtelweizen (Melampyrum prat.) und Berufkraut (Erigeron acris). Abwehrpflanzen sind besonders Disteln, die ja schon auf natürliche Weise abwehrend sind. Es heißt sogar (Mö): Alle Disteln müssen geweiht werden. Hier wird auffallend deutlich, daß nicht nur Heilpflanzen weihwürdig sind, sondern vielfach auch Waffen gegen das Böse. - Disteln wehren aber wegen der zackigen, bestachelten Blätter außer Dämonen auch dem Blitz. Viele rötlich blühende Pflanzen gelten ebenfalls als blitzabwehrend.

In der neuen Zeit wurde das Wissen um die Abwehrkraft vieler Kräuter allerdings überlagert durch die zunehmende Kenntnis ihrer Heilwirkung.

Heilpflanzen

Damit meine ich hier nicht die Heilkräuter im allgemeinen, sondern nur Pflanzen, die vorwiegend ihrer volksmedizinischen Wirkung wegen in den Odenwälder Weihstrauß aufgenommen wurden. Bekannt ist bei uns noch neben anderen die Verwendung von Stockrose (Alcea rosea) gegen die sogenannte Halsbräune (Diphtherie u. ä.) und Krauser Malve (Malva crispa) gegen das Wilde Feuer (Gesichtsrose). Eine weitere sehr alte Anwendung betrifft das Liebstöckelrohr (Levisticum officinale) gegen Halsweh. Auch das Baden von Kindern mit Quendelabsud (Thymus pulegioides) zur Gliederstärkung wird noch vielfach geübt.
Bekannte Volksheilpflanzen wie Kamille will ich hier nicht anführen.

Fruchtbarkeitspflanzen

Die Weihe zur Zeit der Getreideernte läßt nach Höfler[21] auf ein vorchristliches Erntefest schließen, das in den Brauch der Kräuterweihe eingeflossen ist. Daher gehören naturgemäß alle Getreidearten dazu.
Hafer ist bei über der Hälfte aller Gewährsleute des Westteiles das alleinige geweihte Getreide. Er scheint dort die ursprünglichste Erntebeigabe zu sein. Dafür spricht auch, daß er Hauptnahrungsmittel war, wie das im Münsterland und in Schottland noch durch die Bezeichnung *Korn* bzw. *corn* bestätigt wird. Wie das Beispiel einer Versteigerungsanzeige belegt (s. S. 119), bestand in einem Überwälder Betrieb das angebaute Getreide zu fast zwei Dritteln aus Hafer.
Getreide, besonders Hafer, ist aber auch ein altes Fruchtbarkeitssymbol[16] wegen der starken Vervielfältigung des gesäten Kornes.
Eine Besonderheit des Westgebietes dürfte der geforderte Wachstumsstand sein; es heißt ja nicht einfach *Hafer*, sondern fast immer *Grüner Hafer*. Möglicherweise wurde der noch grüne, in voller Kraft stehende Hafer als wirksamer betrachtet. Das ist zwar ein gewisser Widerspruch zur Meinung Höflers, daß die Getreidebeigaben ein Überbleibsel eines Erntedankes oder -opfers sind[21], doch halte ich den grünen Hafer für ein vielleicht besonders starkes Sinnbild der Fruchtbarkeit. Hafer spielt in Fruchtbarkeitsriten eine bedeutende Rolle.[16]
Andererseits könnte der unreife Hafer aber auch einfach deshalb genommen werden, weil er etwas Besonderes darstellt gegenüber dem am 15. August schon reifen Haferfeld. Auch der im oberen Weschnitztal gesuchte *Henkelhafer* soll sich ja von den gewöhnlichen Rispen abheben. Ähnliches gilt vom Roggen, wo man Ähren mit Mutterkorn (Ft-Altlechtern) oder Doppelähren (Wz-Leberbach) suchte.

Zu den Fruchtbarkeitspflanzen hat auch der Amarant oder Fuchsschwanz (Amaranthus caudatus & paniculatus) Beziehung, dessen Name *Roter Hersche* u. ä. von einem anderen Grundnahrungsmittel, der Hirse, übertragen wurde. Auch dieses Getreide ist ein altes Fruchtbarkeitssymbol.[16]

Bei uns sind auch Haselnüsse (Corylus avellana) ein solches Zeichen: Setzt die Hasel reiche Frucht an, dann bringt das auch beim Menschen Fruchtbarkeit (*Bubenjahr*, s. S. 112). Ob die Hasel nur ein Ersatz für die Walnuß ist oder umgekehrt, lasse ich dahingestellt sein. Die Hasel kann von alters her eine selbständige Beigabe sein, da nur sie heimisch ist.

Vielleicht sollte man auch den Klee (Trifolium pratense) als gute Futterpflanze der Fruchtbarkeit förderlich erachten.

Der in Mörlenbach und Umgebung wahrscheinlich nur zufällig in den Weihstrauß geratene Apfel (Malus domesticus) könnte ebenfalls hier eingereiht werden. Er stand bei den Indogermanen für Fruchtbarkeit[16], und auch bei uns wird er damit in Beziehung gebracht.

Über die einstigen Kräfte weiterer Kräuter bitte ich bei den einzelnen Pflanzen nachzuschlagen.

ZUSAMMENFASSUNG

Wenn wir die Bestandteile des Kräuterbüschels zurückverfolgen, lassen sich also hinter den drei Gruppen folgende vorchristliche Quellen aufspüren:

- o für die Abwehrpflanzen der Glaube an übelwollende Mächte, die es zu bekämpfen galt,
- o für die Heilpflanzen das schon in der Urzeit der Menschheit durch Erfahrung gewonnene Wissen um die heilenden Kräfte und ihre Nutzbarmachung,
- o für die Fruchtbarkeitspflanzen ein germanischer Erntebrauch, sei es ein Erntefest oder ein Ernteopfer.

Die Pflanzen

Landläufig herrscht die Meinung, daß überall die gleichen Weihkräuter genommen werden. Das bekräftigt zwar den Sammelbrauch als eine getreue örtliche Überlieferung, doch finden sich scharf ausgeprägte Unterschiede, sowohl was die Auswahl der Pflanzenarten als auch die jeweiligen Volksnamen angeht. Manchmal zeigt sich das sogar bei eng benachbarten Orten, ja innerhalb der gleichen Pfarrei.

Geradezu ein Paradebeispiel dafür bietet Abtsteinach. Hier kommt das Liebstöckel (Levisticum officinale) nur in Unterabtsteinach, nicht aber in dem nur 1 km entfernten Oberabtsteinach zur Weihe, und der Waldgamander (Teucrium scorodonia) heißt in Oberabtsteinach *Steinkraut*, in Unterabtsteinach dagegen - wie sonst allgemein im Westteil - *Salzkraut*.

Natürlich ist die Auswahl der Pflanzen auch von ihrem Vorkommen (je nach Bodenbeschaffenheit und Klimalage) abhängig. Heute sind leider viele selten geworden oder ganz verschwunden.

Jedes behandelte Kraut ist abgebildet, seine Höhe und Blütenfarbe angegeben, so daß es leicht wiederzuerkennen ist.

Inwieweit die betreffende Pflanze für den Kräuterstrauß gesammelt wird oder wurde, ist dem jeweils beigefügten Weihortkärtchen zu entnehmen. Es bedeutet darin in bezug auf die Gewährsleute:

- ● von der Mehrzahl als Weihkraut genannt,
- ○ von der Minderheit genannt bzw. nur wenigen bekannt.

Handelt es sich um die Hälfte, dann wird der Ort der Nachbarschaft angeglichen. Ist das nicht zweckmäßig, dann bedeutet:

- ◐ von der Hälfte genannt (manchmal nur 2 Gewährsleute).

Die Verbreitung der **Volksnamen** ist jeweils in einem Wortkärtchen dargestellt.

Bei der Befragung wurde auf die älteren Bezeichnungen besonderer Wert gelegt. Bei örtlich eindeutig seltener auftretenden Ausdrücken erscheint die Ortsabkürzung in Kleinbuchstaben. Die mundartlichen, oft eigenartigen Namen habe ich zu erklären versucht und bin der Frage nachgegangen, wie wohl unsere Vorfahren zu den einzelnen Benennungen gekommen sind.

Für den Sprachkundler wird zur Klärung der Aussprache gelegentlich die Lautschrift[48] herangezogen, z. B. *Scheefe* (= Samenschote): /šẹifə/. Die eingesessenen Odenwälder Leser sind mit der Mundart vertraut und brauchen sich nicht an den ungewohnten Zeichen zu stören.

Um die Arbeit übersichtlich und lesbar zu lassen, konnten mundartliche Färbungen, besonders für verbreitete Namen, wegen der örtlich verschiedenen Lautungen leider nicht immer dargestellt werden.

Bei den im östlichen Odenwald üblichen Koseformen bedeutet /-lə/ die Einzahl und /-lį/ die Mehrzahl.

Außerhalb des Kartenausschnittes liegende Orte (Hirschhorn, Dilsberg und das Obernburger Gebiet) werden in den Kärtchen mit aufgeführt, wenn sie betroffen sind.

Auch andere Dörfer und Städte am Odenwaldrand habe ich bearbeitet, so die Orte an der Bergstraße, am Main und das zum Bauland zählende Hettingen. Der letzte Ort kann zum Vergleich dienen, wie auch Fehlheim im Ried, auf das ich hier und da verweise.

Die in die Kärtchen eingezeichneten Bachläufe und Landesgrenzen dienen zur besseren Orientierung. Die abgekürzten Ortsnamen sind auf den Seiten 6 und 7 erläutert.

Die Zeichen auf den Wortkarten werden nach Möglichkeit miteinander verbunden, um den Ort geschlossen darstellen zu können. Beispiel: Die drei Zeichen O | — werden zusammengefaßt zu ⊕.

Die nachfolgend aufgeführten Weihpflanzen habe ich innerhalb der fünf Standortgruppen im großen und ganzen nach der Häufigkeit ihrer Verwendung geordnet.

Ein zusammenfassendes Bild über die häufigsten traditionellen Bestandteile des jeweiligen örtlichen Kräuterstraußes geben die Übersichten auf den Seiten 223 ff. Zusätzliche Weihpflanzen der einzelnen Orte sind in angehängten Listen aufgeführt. In den Hauptlisten kann man die häufigsten Weihkräuter gut erkennen. Sie zeigen auch waagrecht die gebietlichen Schwerpunkte jeder Pflanze.

Wiesenpflanzen

Wiesenknopf   Sanguisorba officinalis L.

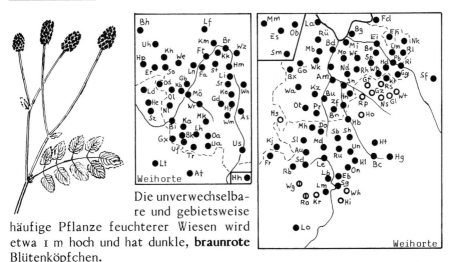

Die unverwechselbare und gebietsweise häufige Pflanze feuchterer Wiesen wird etwa 1 m hoch und hat dunkle, **braunrote** Blütenköpfchen.

In ganz Süddeutschland kommt sie zur Weihe[16] und heißt bei Landau in der Pfalz geradezu *Würzwischstaude*.[51]

Der Hortus Sanitatis[23] von 1485 spricht ihr zwischen Mariä Himmelfahrt und Mariä Geburt (s. S. 25) besondere Kraft zu: *Diese wurtzel gehalten in der hend thut als vil als ein proberter Blutstein, also das die wurtzel gegraben sy zwuschen den zweyen onßer Frauwentag.*

VOLKSNAMEN

Blut(s)k(n)opf: Diesen Namen bekam der Wiesenknopf wegen der dunkelroten Farbe der Blütenköpfe. Das gilt auch für die folgenden Ausdrücke:

Braune bzw. *Rote Knöpfe.* - Den im östlichen Odenwald üblichen Namen

Blutstropfen (Blutströpfli) teilt die Pflanze dort mit der Heidenelke *(Dianthus deltoides;* s. S. 197). Die Farbe deutete man früher als einen Hinweis auf die Heilverwendung (s. S. 202). Man benutzte das Kraut daher in Hessen zur Blutstillung,[19] was sich auch im Volksnamen widerspiegelt.

Roter Gaul: Vielleicht vom *Halben Gaul* (Rumex obtusifolius) übertragen, da der Wiesenknopf ähnlich hoch über das Gras hinausragt.

Boze *(Bouze):* Ein *Boz* ist ein kleiner Kerl, u. a. aber auch ein Schreckgespenst für Kinder. Das dunkle Aussehen der Köpfchen mag mitverantwortlich sein für die Benennung.

Schwarze Beenseli: Mit *Beenseli* bezeichnet man junge Kätzchen. Den Namen *Beenseli* u. ä. trägt sonst meist der Hasenklee (Trifolium arvense).

Schlotefeger bedeutet die Bürste des Kaminkehrers und bezieht sich auf Form und Farbe der Blütenköpfchen.

Kaffeeköpfchen (Zm) meint sicher nicht die Kaffeetasse, sondern einen braunen Kopf. Heidt[19] gibt an, daß die Nelkenwurz (Geum urbanum) dort so heiße, doch versteht man darunter den Wiesenknopf.

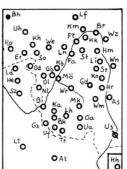

- ○ Blut(s)köpfe
- ◐ Blutsknöpfe
- ▽ Braune Knöpfe
- △ Rote Knöpfe
- — Roter Gaul
- ● Blutstropfen
- □ Bouze
- ◪ Schwarze Bouze
- × Schwarze Beenseli
- | Schlotefeger

Kohldistel   Cirsium oleraceum (L.) Scop.

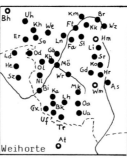

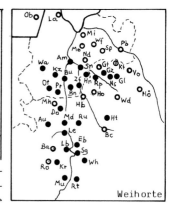

Die ca. 1 m hohe Kohldistel bevorzugt feuchte Wiesen sowie nasse Gräben. Sie trägt bleichgrüne Köpfe mit **blaßgelben** Blüten. Ihre Stacheln sind sehr weich.

Im Überwald wurde sie bei Futterknappheit im Frühjahr gestochen (Wm As) und verfüttert oder dem Vieh überbrüht ins "Tränken" getan (Gd As). Die Kühe sollten davon fettere (Wm Wz) oder mehr Milch (Gd) geben.

Hieronymus Bock schreibt 1577 in seinem Kräuterbuch[4], daß ihre jungen Blätter im Frühling *von den Weibern vnder andere muß kreutter* bereitet werden. Und weiter heißt es darin: *Die Weiber brauchen ihre bletter im Westrich* (Gegend um Zweibrücken) *vnder die Kochkreutter.*

Die Kohldistel gilt als eines der sogenannten Beschrei- oder Berufkräuter. Mit einem Absud dieser Kräuter hat man *beschriene* Kinder gebadet oder hat ihnen solche Kräuter untergelegt (vgl. die Begebenheit auf S. 32).

VOLKSNAMEN

Donnerdistel (Dunnerdist.) bezieht sich natürlich auf die Blitzabwehr, die man allen Disteln zuspricht (s. S. 37). Der Name wurde wahrscheinlich von der im betreffenden Gebiet nicht mehr auffindbaren Golddistel (Carlina vulgaris) übernommen. Im Unterschied zu dieser heißt sie auch

Weiße Donnerdistel oder *Weiße Dornerdistel.*

Weißdistel: Sie ist bei uns die einzige bleiche Distel.

Silberdistel heißt sie dort, wo die Golddistel auch im Volke *Golddistel* genannt wird.

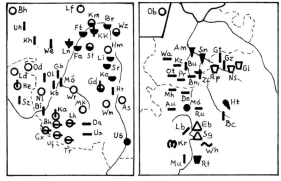

- O Donnerdistel
- \ Weiße Donnerdistel
- / Weiße Dornerdistel
- — Weißdistel
- I Wiesendistel
- ᴍ Madedistel
- ~ Mud-distel
- △ Silberdistel
- ◀ Klüpfel
- ␣ Kälberköpfe
- ▼ Schafnase
- ● Milchdistel
- ▼ Maria Distel
- ▼ Bachbolle

Wiesendistel gibt - wie die beiden folgenden Namen - den Standort an.

Madedistel /mọdədišl/ gehört wohl in die Verwandtschaft von *Matte* = Wiese (altniederfränkisch *mada* = Wiese[25]; engl. *meadow*). Vgl. *Matte*-distel für die Kohldistel in der Schweiz[33] sowie *Mäde*süß (Filipendula ulmaria).

Mud-distel (Muudischl /mūdišl/) gesellt sich zu englisch *mud* und norddtsch. *Mudde* = feuchter Boden, den die Pflanze bevorzugt. *Mud* ist ein Wassername, wie auch die Odenwälder Bäche *Mud*-au und *Mod*-au bezeugen.

Klüpfel (= *Klöppel*) bezieht sich auf die schlegelartigen Blütenstände.

Kälberköpfe weist wiederum auf die dicken Blütenköpfe hin.

Schafnase: Damit werden wohl die in rundliche Hochblätter eingehüllten Blütenstände verglichen.

Milchdistel bezieht sich auf die milch- bzw. rahmfördernden Eigenschaften, die man der Kohldistel zuspricht.

Bachbolle ist gelegentlich im hinteren Odenwald zu hören. Die Bezeichnung weist zum einen auf den Standort, zum andern auf die dicken Köpfe hin. *Bolle* bedeutet eine kugelähnliche Form; vgl. engl. *bowl* = Napf, Kugel.

Maria Distel ist dem Namen nach die Distel, die an Mariä Himmelfahrt im Kräuterstrauß geweiht wird.

Spitzwegerich   Plantago lanceolata L.

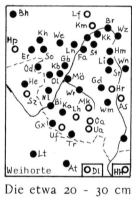
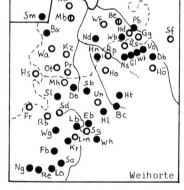

Die etwa 20 - 30 cm hohen Blütenstengel tragen **bräunliche** Köpfchen mit weißen Staubgefäßen. Seine längsrippigen, schmalen Blätter sitzen rosettig am Grund.

Früher fand man den Spitzwegerich auch häufig auf Kleeäckern.

Die zerriebenen Blätter helfen gegen Insektenstiche (Uf Us u. a.). Allgemein wurden sie bei Schnittwunden aufgelegt (Uf Bc u. a.). Bei Verletzungen mit der Sichel hatte man draußen den Wegerich gleich zur Hand und wickelte die Blätter zum Blutstillen um den verletzten Finger (At Hh). Auch bei Augenentzündungen zerreibt man die Blätter und legt sie zur Kühlung auf die Augen (Us).

Das Kraut ist nicht nur eine anerkannte Heilpflanze, sondern Brunfels erwähnt 1532[6], etliche trügen die Wurzel *an dem halß / für die Pestilentz / gegraben zwischen den zweyen vnser Frawen tag,* der Zeit des sogenannten Frauendreißigers (s. S. 25). Diese zeitliche Vorschrift bestätigt unseren Spitzwegerich als altes Weihkraut.

Aus den langen Blütenstengeln flochten die Kinder Körbchen (We Rs), Stühlchen (Bx Hs), auch *Jägersitz* (Sm) genannt, oder Leitern (Ka), vielfach als *Katzenleitern* (Od So Ua Wr), *Hinkelsleitern* (Gd We) oder als *Katzenstege (Katzestäig* = -treppe; Ka Kh Lh Uf We Sm) bezeichnet. In Langenthal bei Hirschhorn heißt man sie auch *Hexentreppe.* Häufig (z. B. At Oa Uf) stellte man sie aus Binsen *(Juncus)* her, wie es auch im Vogelsberg üblich war. Welches Kind kann denn das heute noch?

VOLKSNAMEN

Spitzer Wetterich, Spitzer Werrerich sowie *Spitzer Wellerich* nennt man ihn auch in der Pfalz.[51]
Ob diese Namen etwas mit dem Wetter, d. h. dem Gewitter, zu tun haben, ist zweifelhaft, obwohl Marzell[33] vom Breitwegerich (Plantago major) anführt, daß sein Rauch vor Hagelschaden schütze.

Zum Lautwechsel (t →) r - l vgl. auch Hederich, mundartlich *Hellarisch* (Gx), und die Karten 27 und 28 bei Erika Bauer[2]. (Siehe auch *iterüchen - illerichen* bei der Flokkenblume auf S. 57).

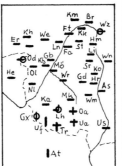
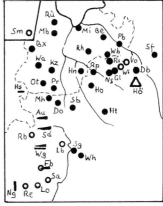

○ Spitzer Wedderich
— Spitzer Werrerich
❘ Spitzer Wellerich

○ Spitzer Wedderi
— Spitzer Werreri
△ Binsen

Binsen (auch in Pülfringen im Bauland) heißen die Blütenstengel wegen der Ähnlichkeit mit den wirklichen Binsen und wohl auch wegen der gleichen Verwendung.

Echtes Labkraut   Galium verum L.

Diese **goldgelb** blühende Art steht auf mageren Trockenrasen, oft zusammen mit der Heidenelke (Dianthus deltoides). Sie duftet herrlich nach Honig, ist jedoch im Westodenwald kaum anzutreffen.

Der liebliche Geruch hat zu mehreren Legenden geführt. Maria soll die Krippe damit ausgepolstert haben[41]; ein andermal heißt es, sie hätte auf ihrer Flucht nach Ägypten dem Jesuskind das Lager damit bereitet.[38]

Labkraut wurde früher wie das Lab aus dem Kälbermagen zur Milchgerinnung benutzt; daher der Name.

VOLKSNAMEN

(Maria) Bettstroh (nach obigen Legenden) ist in Deutschland weit verbreitet.[33] Auch Bock schreibt 1577[4]: *Dz ... mit den gälen blumen nennen die Weiber ... vnser lieben frawen Bettstro*. Den gleichen Namen finden wir sogar allgemein in England als *Lady's bedstraw* für dieses Labkraut.

Muttergottes Bettstroh oder *der Muttergottes ihr Bettstroh* (Do Md) ist sinngleich.

Elisabethstroh, auch *Lisabethstroh* (Gl Ho Ru Sp Wb) oder *Lisbethstroh* (Eh Hd), sind Umwandlungen, wobei man *Bettstroh* zu *(Elisa-)bethstroh* umdeutete.

Gelbe Windel hat wohl ähnlichen legendenhaften Bezug (*gelb* zur Unterscheidung vom weißen Wiesenlabkraut Galium mollugo).

Geißbart wurde wahrscheinlich von diesem weißen Labkraut übertragen.

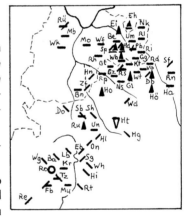

— Bettstroh (gelbes)
\ Muttergottes Bettstroh
/ Maria Bettstroh
▲ Elisabethstroh
○ gelbe Windel
▽ Geißbart

Wiesenlabkraut Galium mollugo agg.

Das häufige, **weiß**blühende Labkraut wird ca. 50 cm hoch und wächst auf fetten Wiesen.

Im Westteil wird es nicht geweiht, da es nur in Verbindung mit dem Echten Labkraut weihwürdig ist. Man findet es jedoch auch in der Pfalz [51] als *Unser lieben Frau Bettstroh* im Würzwisch. Dieser Name gilt dort auch - wie meist - für die wohlriechende, gelbe Art (Galium verum).

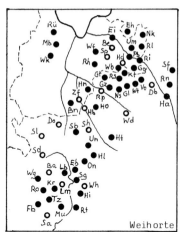

Weihorte

Die Labkräuter gehören zu den Rötegewächsen und sind eng verwandt mit dem früher zur Farbgewinnung angebauten Krapp (Rubia tinctorium). Auch das Wiesenlabkraut diente im westlichen Odenwald zum Färben der Ostereier. Man nennt es daher *Osterwurzel* (Kreid Lh Mittersh Rimb We Wm) oder *Osterkraut* (Wr). Dies sind jedoch keine Weihpflanzennamen. Seine Wurzel ergibt eine schöne, gedämpft rote Farbe. Dazu reinigt man die Wurzeln, zerschneidet sie und kocht sie zusammen mit den Eiern. Getrocknet lassen sich die Wurzelstückchen lange aufheben.

VOLKSNAMEN

Für die mundartlichen Bezeichnungen gilt das auf der vorigen Seite Gesagte, da die beiden Labkräuter gemeinsame Namen tragen.

Wegen des Ausdrucks *Bettstroh* verweise ich auf S. 203 f.

— Bettstroh (weißes)
\ Muttergottesbettstroh
/ Maria Bettstroh
▲ Elisabethstroh
O weiße Windel
▽ Geißbart

Wiesenklee   Trifolium pratense L.

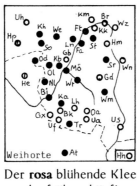
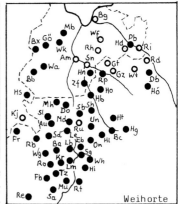
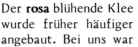

Der **rosa** blühende Klee wurde früher häufiger angebaut. Bei uns war er - wie schon bei der hl. Hildegard vor fast 1000 Jahren - <u>das</u> Viehfutter, was sich in dem einfachen Namen *Klee* gegenüber anderen Kleearten zeigt.

In Niederbayern gilt er als Abwehrzauber, um die Verhexung der Milch zu verhüten.[29] Auch in England wird er neben Johanniskraut, Eisenkraut und Dill als Abwehrmittel genannt.[59]

Im Odenwald ist folgender Kinderreim weit verbreitet (hier aus Gd Ua):
> *Uff de Häih wächst de Gläi,*
> *Fudder fa mai Gailche,*
> *wonn de Vadder ins Wärtshaus gäiht,*
> *mächt die Modder e Mailche,*
> *wonn se äwwer Kaffee drinkt,*
> *peift se wie en Dischdelfink.*

VOLKSNAMEN

Klee heißt er überall,

roter Klee oder *Rotklee* auch im Unterschied zu anderen geweihten Arten.

Deutscher Klee war die Handelsbezeichnung.

Wiesenklee: Standortname.

Dolleklee weist auf die dikken Blütenköpfe ("Dolden").

Kleeblumen sagt man allgemein für Kleeblüten.

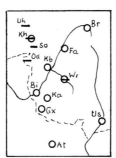
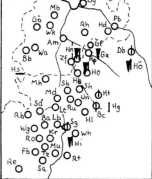

O Rot(er)-Klee   — Deutscher Klee
I Wiesenklee   ▼ Dolleklee

# Kümmel	Carum carvi L.

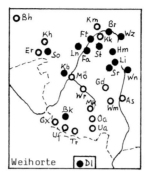
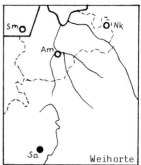

Der Kümmel wächst auf etwas feuchten, nährstoffreichen Wiesen. Das ungefähr 50 cm hohe Kraut trägt **weiße** Doldenblüten. Von dem höheren Wiesenkerbel (Anthriscus sylvestris, Gäulskümmel As Gd Us) wird er ausdrücklich unterschieden. Der Kerbel hat größere Blätter und längere Samen, die auch nicht den typischen Kümmelgeschmack aufweisen.

Als die Bauern ihr Brot noch selber backten, war der Kümmel als Brotwürze geschätzt. Man suchte ihn auf den Wiesen oder las ihn aus dem Heu aus.

Er ist eine sehr alte Würz- und Heilpflanze, die für Mitteleuropa schon im "Capitulare" Karls des Großen (s. S. 157 f.) als careium erwähnt wird. Wie viele andere *laut* (Oa Uf; Bb Bu Hs) riechende Kräuter galt er bei uns als Schutzmittel gegen Hexen.[30] - Der Ausdruck *laut,* der im Hochdeutschen fast nur für das Hörempfinden im Sinne von "stark" benutzt wird, hat diese Bedeutung in der Mundart noch allgemeiner erhalten. Entsprechend sagt man in Hessen (Vogelsberg, auch Wr) *leis,* wenn die Suppe oder ein anderes Gericht zu schwach gewürzt ist.

VOLKSNAMEN

Kümmel: So nennt man ihn überall.

Obwohl der Kümmel eine einheimische Pflanze ist, hat man seinen Namen aus dem Lateinischen (cuminum) entlehnt. Bei den Römern bezeichnete er allerdings den auch in der Bibel erwähnten Kreuzkümmel (Cuminum cyminum).
Dieser kommt bei uns neuerdings wieder als Gewürz zu Ehren. Er wird auch als "Mutterkümmel" gehandelt.

Sumpfgarbe   Achillea ptarmica L.

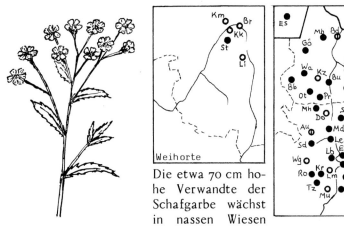

Weihorte

Die etwa 70 cm hohe Verwandte der Schafgarbe wächst in nassen Wiesen
sowie an Bächen. Ihre Blütenscheibe ist weißgrau wie bei der Schafgarbe, die **weißen** Zungenblüten sind jedoch größer. Die schmalen Blätter haben einen gesägten Rand. Auch die Gartenform mit den gefüllten weißen Köpfchen zeigt die gleichen gesägten Blätter und unterscheidet sich dadurch deutlich von dem gefülltblütigen Mutterkraut (Tanacetum parthenium), obwohl dieses ebenfalls *Hemdenknöpfe* genannt wird (s. S. 184).

Die Sumpfgarbe ist ein altes Hexen- und Beschreikraut.[16] Es hat daher in Ostdeutschland den Namen *Berufkraut*, wurde also gegen das "Berufen" (s. S. 37) gebraucht.

Auch und besonders im Rheinland gehört die Sumpfgarbe als *Blitzkraut* in den Weihstrauß. Sie ist nämlich blitzabwehrend und wird dort bei Gewitter im Herd verbrannt.

VOLKSNAMEN

Hemdenknöpfe (Hemmerknepp, Hemmerknöpfli) stellt einen guten Vergleich dar. *Weiße Hemdenknöpfe* nennt man im Westteil (Br Gd Ko St Wm Wz) auch die gefüllten Gartenformen. Die Wildpflanze wird durch den Zusatz *weiß* besonders von den *gelben Hemdenknöpfen*, dem Rainfarn (Tanacetum vulgare), geschieden. Die "Hemdenknopfpflanzen" sind auf S. 199 zusammengestellt.

Weißes Bachkräuti(ch): Der Name nennt den Standort und hebt die Pflanze ab gegen andersfarbige Kräuter am Bach: den Blutweiderich (Lythrum salicaria, *Rotes Bachkräuti;* s. S. 55) und den Gilbweiderich (Lysimachia vulgaris, *Gelbes Bachkräuti;* s. S. 68). Manchmal heißt die Sumpfgarbe einfach *Bachkräuti* (ri).

Weißer Anton(ius): Der Name wurde wohl von einer anderen Pflanze übertragen. Mit diesem Ausdruck belegte man verschiedene Lippenblütler, besonders den Andorn (Marrubium vulgare).[33] Man hielt demnach die Sumpfgarbe für genauso zauberkräftig und wirksam wie den Andorn.

Weiße Daschte (pr): So bezeichnet man die Sumpfgarbe auch bei Neckarsulm.[33] Vielfach heißt auch die Schafgarbe so (wie in Ei). Die Pflanzen sollen ebensolche Eigenschaften aufweisen wie der Dost (Origanum vulgare); diesen nennt man Braune Daschte o. ä.

Barbarakraut: Auch dieser Name meint im bayrischen Odenwald, aber auch im übrigen Deutschland meist die Schafgarbe. Er soll nach Marzell[33] aus Garbe (= Schafgarbe) über Gerwel (so schon bei Hieronymus Bock[4]) und Bärwel entstanden sein.

Margaretenkraut: Der nur in Breitendiel, aber dort durchweg gebräuchliche Ausdruck ist sonst wiederum üblich für die Schafgarbe.[33] Sie heißt nach Marzell[33] so, weil sie um den Margaretentag (20. Juli) in Blüte steht.

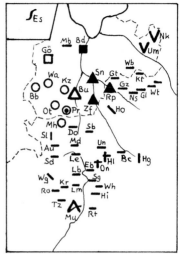

| Hemdenknöpfe
— Weiße Hemdenkn.
\ Weiße Knöpfe
O Weißes Bachkräuti
□ Weiße Bachbolle
∫ Weißer Wurmsamen

△ Weißer Anton
⩟ Weißer Antonius
• Weiße Daschte (pr)
▲ Barbarakraut
■ Margaretenkraut
V Weißer Rafflder, Weiße Rafflderknöpf

Weiße Bachbolle beruht vielleicht auf einer Verwechslung mit Mädesüß (Filipendula ulmaria), das im Nachbarort (Bx) Bachbolle genannt wird. Bolle bedeutet etwas Dickes, Klumpiges, was auf die Sumpfgarbe kaum zutrifft.

Weißer Wurmsamen und

Weiße Rafflder(knöpf) werden mit dem entfernt ähnlichen Rainfarn (Tanacetum vulgare: Gelber Wurmsame bzw. Gelber Rafflder; s. S. 80) verglichen. Auch Tabernaemontanus nennt die Sumpfgarbe schon im Jahre 1591 Weißen Rainfarn.[33]

# Heidenelke	Dianthus deltoides L.

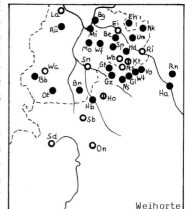

Diese hübsche, auf mageren Trockenrasen wachsende Nelke wird ungefähr 20 cm hoch und hat **purpurrote**, weiß gefleckte Blüten, die meistens einzeln stehen.

Da sie weder Heilpflanze ist noch als Abwehrkraut in Betracht kommt (falls man sie wegen ihrer leuchtendroten Blütenfarbe nicht als Blitzabwehr einstufen will), dient sie wohl nur als zusätzliche Zier der Würzbürde.

Weihorte

Vielleicht wird sie aber auch mit einer Legende in Verbindung gebracht. Nach einer böhmischen Sage sollen die Blumen aus den Tränen der Muttergottes entstanden sein, als sie zur Leidensstätte ihres Sohnes ging. Nach einer anderen Legende seien es die Kreuzesnägel, die von den römischen Soldaten herausgerissen und auf die Erde geworfen wurden. Maria habe sie aufgehoben, und an ihrer Stelle seien dann die "Näglein" (= Nelken) entsprossen.[8]

Die Heidenelke ist nur im östlichen Odenwald Bestandteil der Würzbürde.

VOLKSNAMEN

Blutströpfli: Diesen Namen, der entweder einfach die kleine rote Blüte meint oder auf einer Legende beruhen mag, hat sie im östlichen Odenwald mit dem Wiesenknopf (Sanguisorba officinalis; s. S. 43) gemein. Daher heißt die Heidenelke manchmal *Kleine Blutströpfli* (Bn).

Blutsblümli ist eine Abwandlung von *Blutströpfli.*

Steinnelke nennt man sie (oder eine ähnliche Art) nach dem Standort.

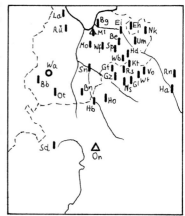

| Blutströpfli
O Blutsblümli
△ Steinnelke

Blutweiderich Lythrum salicaria L.

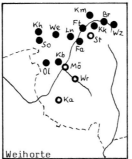

Weihorte

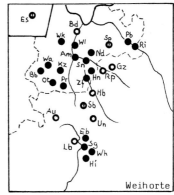

Weihorte

Das etwa knapp 1 m hohe Kraut mit seinen langen, dicht mit **purpurroten** Blütenquirlen besetzten Ähren wächst recht häufig in nassen Wiesen und besonders an Gräben.

Blutweiderich gehört auch bei Dieburg (Zm), in der Pfalz[51] sowie im Rheinischen[38] in den Kräuterstrauß.

Er wird bei Viehdurchfall, hauptsächlich bei Kälbern (früher bei Ziegen), mit gutem Erfolg verwendet (Kh Sn Wl). Im nördlichen Hessen wird er ebenfalls in der volkstümlichen Tierheilkunde benutzt.[19] Sogar beim Menschen hat man bei Durchfall gute Erfahrungen gemacht (Wl).

Bock[4] sagt von ihm: *Ein rauch gemacht von gedachten gedörrten Kreuttern vertreibt alle gifftige würm und schlangen.*

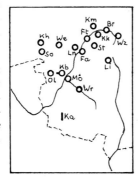

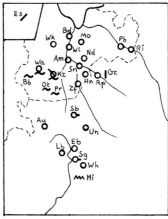

VOLKSNAMEN

Fuchsschwanz (im östlichen Odenwald *Fuchse-*) bietet sich beim Anblick dieser hübschen Pflanze geradezu an wegen Form und Farbe der

o Fuchs(e)schwanz
o- roter Fuchsschwanz
-o Wiesen-Fuchsschwanz
/ Katzenschwänze

~ rotes Bachkräuti
| rote Kerzen
\ Scheißkräuti
m Gäigeli

Blütenähren. Diese und ähnliche Bezeichnungen sind in ganz Deutschland verbreitet[33]. Gelegentlich (kb) nennt man ihn *Wiesen-Fuchsschwanz*, um ihn von der beliebten Bauerngartenpflanze Amaranthus caudatus bzw. paniculatus (s. S. 173) abzuheben.

Im ganzen sind im Odenwald vier Weihpflanzen unter der Bezeichnung *Fuchsschwanz* geläufig: Blutweiderich, Schachtelhalm, Amarant und das Schmalblättrige Weidenröschen (siehe dazu das Kärtchen auf S. 196).

Katzenschwänze sagt man wegen der dichten, ährigen Blütenstände.

Rotes Bachkräuti(ch) weist einmal auf seinen bevorzugten Standort, zum andern grenzt man es ab gegen das *Gelbe* (Gilbweiderich Lysimachia vulgaris) und das *Weiße Bachkräuti* (Sumpfgarbe Achillea ptarmica).

Rote Kerzen bezieht sich auf den aufrechten Wuchs und scheidet sie im Westteil (Ka) von den *Gelben Kerzen* (Odermennig Agrimonia eupatoria).

Scheißkräuti(ch): Die drastische Bezeichnung deutet natürlich auf die vielfach bewährte Verwendung gegen Viehdurchfall.

Gäigeli: Damit sind eigentlich Hähnchen gemeint. Vielleicht hat die rote Farbe des Hahnenkammes zu diesem Vergleich geführt.

Flockenblume (Schwarze)   Centaurea nigra L.

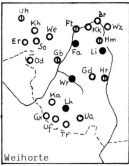
Weihorte
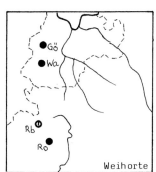
Weihorte

Diese etwa 50 cm hohe Flockenblume wächst häufig auf leicht feuchten Wiesen. Sie blüht **bläulichrot** und hat einen schwarzbraunen, zottigen Außenkelch.

Als Weihkraut erwähnt sie schon Tabernaemontanus im Jahre 1731: *Flockenblumen ... werden von den alten Weibern in ihre Würtzwische gesamlet / darmit sie viel seltzamer Fantaseyen treiben.*[49]

VOLKSNAMEN

Zigeunerköpfe und *Teufelsköpfe* sagt man des dunklen Aussehens halber.

Vatersköpfe: Ob man den zottigen Kopf als bärtigen Mann ansieht? Dem steht jedoch entgegen, daß die Mariendistel (Silybum marianum) auch so heißt (Bx).

Nägel: Man pflückt *drei Nächel*, d. h. drei Blütenköpfe, und meint damit wohl die Kreuzesnägel.

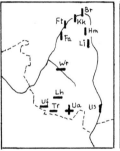

| Teufelsköpfe
O Vatersköpfe
— Zigeunerköpfe
▼ Nägel

Wiesenflockenblume   Centaurea jacea L.

Diese ähnliche Art hat insgesamt hellere Köpfe: die Blüten sind **hellpurpurn** und der Außenkelch ist hellbraun. Sie kommt gelegentlich zur Weihe, wird jedoch oft nicht von der Schwarzen Flockenblume unterschieden.

VOLKSNAMEN

● Irrerichkepp

Irrerichkepp (= *Iterüchköpfe*) heißt sie im vordern Odenwald. Der Ausdruck erklärt sich aus einer früheren Verwendung. Man wollte mit dem Kraut das **Wiederkäuen**, ein Zeichen für Gesundheit, erneut in Gang setzen. Unsere Mundart hat die alten mittelhochdeutschen Wörter *iterüchen, iterücken* bewahrt; *ite* bedeutet "wieder", *iterücken* also das "Wiederhochrücken" des Futters aus dem Pansen.

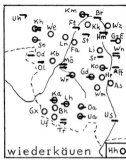
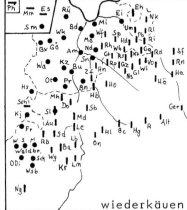

wiederkäuen   wiederkäuen

● iddriche
→ irreriche
| ittern
O ill(e)riche
— i(e)riche

Waldengelwurz   Angelica sylvestris L.

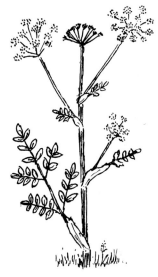

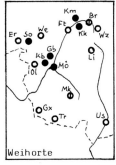

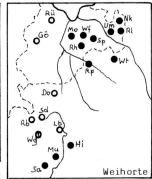

Die Waldengelwurz ist im Odenwald das häufigste und praktisch das einzige hohe Doldengewächs. Die stattliche, bis mannshohe Pflanze liebt nasse Waldwiesen. Ihr hohler, glatter Stengel trägt grünlich**weiße** Blütendolden, deren Stiele flaumig behaart sind.

Die Waldengelwurz war eine volkstümliche Heilpflanze mit gleichen Eigenschaften wie die echte Engelwurz (Angelica archangelica), nur schwächer. Beide wurden im Kreis Offenbach als Heilkräuter verwendet.[19]

Wenn die Kinder Halsweh hatten, gab man ihnen durch das Rohr Milch zu trinken (We; Gl Sp Wf), ein Gebrauch, der ursprünglich nur dem Liebstöckel (Levisticum officinale) zukam (s. S. 167). Auch dem Vieh flößte man durch das Rohr Heiltee ein (So). Von diesem Gebrauch her mußte es durchgehend, d. h. ohne Knoten, geweiht werden.

Eingang in unseren Würzbüschel hat die Waldengelwurz der Heilverwendung zufolge sowie den Volksnamen nach nur als Ersatz für das Liebstöckel gefunden. Nirgends auch werden beide Pflanzen gleichzeitig genommen.

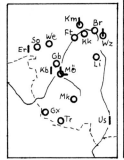

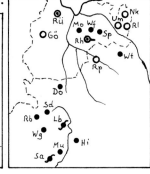

○ Liebrohr, -röhrle, Liebröhrchen

— Liebesröhrchen

● Röhrle, Röhrchen
ƒ Bachröhrle
| Liebstöckel

VOLKSNAMEN

Liebrohr mit der kuriosen Weiterbildung *Liebesrohr:* Diese Namen sowie *Liebstöckel* hat die Waldengelwurz mit dem echten Liebstöckel (Levisticum officinale) gemein, da sie, wie schon Bock[4] sagt, *dem Liebstöckel so ähnlich ist.* Das gilt nicht nur für Wuchsform, Größe und Blätter, sondern besonders für ihren hohlen Stengel, der für die Namensgebung bestimmend war. Daher heißt sie oft einfach *Röhrchen* bzw. *Röhrle.* (Um sie von anderen weißblühenden Doldengewächsen zu unterscheiden, sucht man sie manchmal (Mu) als *glattes Rohr.*) Das echte Liebstöckel ist jedoch eine Kulturpflanze mit gelben Doldenblüten.

Bachröhrle: Damit drückt man deutlich aus, daß es sich um die Waldengelwurz, die Bachränder bevorzugt, handelt und nicht um das Liebstöckel im Garten.

Über die Herkunft der Volksnamen, die mit *Liebstöckel* zusammenhängen, ist auf S. 209 unter "Liebstöckel" mehr zu finden.

Augentrost — Euphrasia rostkoviana Hayne

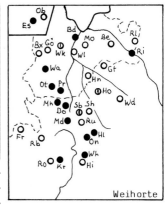

Der seltener gewordene kleine Halbschmarotzer liebt freies Gelände. Das etwa 10-15 cm hohe Pflänzchen verschwindet durch Überdüngung oder zu frühe Mahd. Es blüht erst im Spätsommer. Die in der Grundfarbe **weißen** oder hellila Blütchen haben auf der Unterlippe einen leuchtend gelben Schlundfleck mit darauf zulaufenden dunkelvioletten Linien, so daß die Blüte einem tränenden Auge ähnelt, was auch im Volk so gesehen wird (*ebbes, wo tränt;* On).

Das hielt man in der Signaturenlehre (s. S. 202) für einen Hinweis darauf, daß man die Augen erfolgreich damit behandeln könne. Das hübsche Blümchen kam daher als Heilkraut in den Weihstrauß.
Allerdings diente es am nordöstlichen Odenwaldrand auch dem Abwehrzauber: In Obernburg am Main kam es als *Beschreikraut* in die Würzbürde; man wusch damit beschriene Kinder.[33]

VOLKSNAMEN

Augentrost in Mundart oder als Buchname bezieht sich auf seine Heilwirkung bei Augenleiden.

Muttergottesäugli wird er liebevoll genannt, weil man ihn an *Maria Würzweih* im Kräuterbüschel segnen läßt.

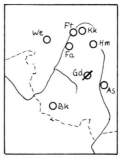
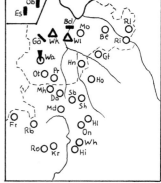

○ Augentrost / Augentränen
△ Muttergottesäugli ▮ grün Lorenzekräuti
− Weißer Nix \ Weißer Wendelin
▮ Augennixchen

Weißer Nix: Dieser merkwürdige Ausdruck, der in Franken geläufig ist, bedeutet nach Marzell[33] die Pflanze, die keinen Heuertrag gibt, da sie auf Graswurzeln schmarotzt. Es könnte sich nach seiner Meinung aber auch um eine Übersetzung von *Nihilum album* handeln, einer Zinksalbe, die man bei Augenleiden benutzte. Das erscheint mir wahrscheinlicher.

Augennixchen (Aachenixchen) ist eine Mischform aus *Augentrost* und *Weißer Nix.* Auch im Egerland ist der Name als *Augennixel* bekannt.[33]

Augentränen: Hiermit spielt man wohl auf die Blütenzeichnung an. Oder sollte damit gesagt werden, daß man den Augentrost bei tränenden Augen verwendete?

Grün Lorenzekräuti(ch): Der Name bezieht sich auf die Blütezeit (Laurentiustag ist der 10. August). Man stellt die Pflanze dem *dürren Lorenzekräuti,* einem Unkraut im Korn, gegenüber. Damit ist vielleicht der Zahntrost (Odontites verna) gemeint.

Weißer Wendelin: Den Ausdruck hörte ich nur einmal. Man vergleicht das Blümchen wohl mit dem Quendel (Thymus pulegioides), der manchmal (rb) *Wendelin* heißt. (Den Augentrost bezeichnet man übrigens in Tirol mit *Gwenling,* einer Ableitung von *Quendel* wegen entfernter Ähnlichkeit.[33])

Den bei Marzell aufgeführten Namen *Beschreikraut* (s. o.) konnte ich in Obernburg nicht mehr ausfindig machen.

Weißklee   Trifolium repens L.

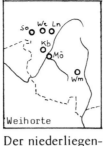
Weihorte
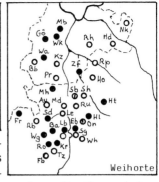
Weihorte

Der niederliegende Stengel des häufigen Weißklees ist etwa 20 cm lang. Darüber erheben sich die **weißen** Blütenköpfchen, deren abgeblühte Einzelblüten hellbraun werden und herunterhängen.

Statt Weißklee nimmt man wohl auch den ähnlichen Schwedenklee Trif.hybr.

Der Legende nach soll der heilige Patrick den heidnischen Iren am Blatt des Weißklees (oder einer anderen Kleeart) das Geheimnis der Dreifaltigkeit erklärt haben. Irland hat daher das Kleeblatt seines Schutzheiligen zum Nationalzeichen erkoren. Heute versteht man unter diesem *shamrock* (= kleiner Klee) zumeist den gelbblühenden Zwergklee (Trifolium dubium).

VOLKSNAMEN

Steinklee heißt er allgemein (in den Kärtchen sind jedoch nur einige Belegorte angegeben). Mit diesem Namen will man vermutlich andeuten, daß er (auch) auf steinigem Boden wächst. *Steinklee* ist aber kein Weihkrautname. An seiner Stelle ist

Weißer Klee geläufig. Man benennt ihn so, um ihn gegen andersfarbige "Kleearten" der Würz-

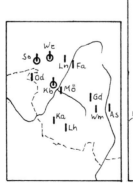
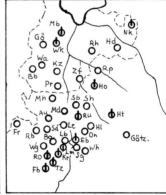

 Steinklee   O Weißer Klee

bürde abzuheben, wie den *roten Klee* (Wiesenklee Trifolium pratense), den *gelben Klee* (Goldklee Trifolium aureum oder Hornklee Lotus corniculatus) und den *blauen Klee* (Luzerne Medicago sativa).

61

Hornklee — Lotus corniculatus L.

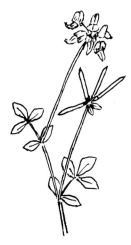

Der etwa 15 cm hohe Schmetterlingsblütler wächst auf halbtrockenen Wiesen. Seine **gelben** Blüten sind in der Knospe meist rötlich bespitzt. Man kann ihn leicht mit dem feuchteres Gelände bevorzugenden Sumpfhornklee (Lotus uliginosus) verwechseln. Dieser wird wohl auch nicht davon unterschieden. Dessen Kelchzähne sind jedoch vor dem Aufblühen zurückgekrümmt, und der Stengel ist meist nicht markig, sondern röhrig hohl.

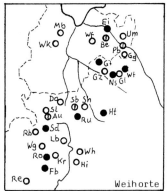

Weihorte

VOLKSNAMEN

Gebackene Eier: Diesen Namen trägt auch das Leinkraut (Linaria vulgaris), manchmal in der gleichen Gegend, was zu Verwechslungen Anlaß gibt.

Eierdotter ist eine ähnliche Bezeichnung, die gelegentlich ebenfalls für beide Pflanzen gilt, wobei der Hornklee *kleine Eierdotter* genannt wird (rb). Auch im Egerland heißt man diesen Hornklee *Eierdotter*.[33]

Diese beiden Volksnamen beziehen sich auf die dottergelbe Farbe der Blüten.

Gickerlesblume: Die rötlichen Blütenspitzen ähneln dem Kamm eines Hahnes *(Gickerle)*.

Muttergottesschuh: Vergleich mit Schühchen. Sie werden am Muttergottesfest geweiht.

Hasenmäuli (Ei: *kleine H.*): In der Schmetterlingsblüte mit der gefurchten Fahne sieht man deutlich ein Hasenmäulchen. Auch diesen Namen finden wir bei Miltenberg (Ei: *große H.*) und verschiedentlich in Baden[33] für das Leinkraut (Linaria vulgaris).

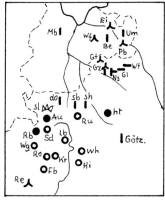

○ Gebackene Eier
● Eierdotter
⋙ Gickerlesblume
— Muttergottesschuh
⋏ Hasenmäuli
| Gelber Klee

Gelber Klee: Unterscheidender Name gegenüber andersfarbigen Kleearten.

Mädesüß Filipendula ulmaria (L.) Maxim.

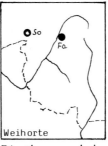
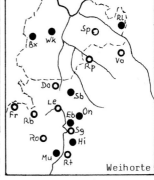

Die über 1 m hohe Staude liebt nasse Wiesen. Ihre rauhen, gefiederten Blätter besitzen einen sägeblattähnlichen Rand. Die kleinen, **kremfarbigen** Blütchen bilden im länglichen Blütenstand förmliche Nester. Sie lassen die Pflanze im Sommer schon von weitem, auch durch ihren süßen Duft, auffallen.

Nach Heidt[19] wurde sie in Hessen (z. B. im Kreis Dieburg) als schweißtreibender Tee genommen und auch bei Ischias und Rheuma verwendet. Die Wurzeln enthalten Gerbstoff. Sie werden in der Schweiz gelegentlich als Abkochung gegen Durchfall benutzt.[64]
Der Imker reibt mit den Blüten den Stock ein, damit sich das neue Volk eingewöhnt (Igelsbach). Krankem Vieh gab man die Pflanze zu fressen (So).

VOLKSNAMEN

Geißbart: Ein alter Name, den man schon im 16. Jahrhundert findet. Auch viele andere Pflanzen mußten den Vergleich hinnehmen.

Bartgeist: Der merkwürdig scheinende Ausdruck ist nur eine Umkehrung des vorigen.

Wachsstöckle: Im Blütenstand sieht man eine entfernte Ähnlichkeit (Form und hauptsächlich Farbe)

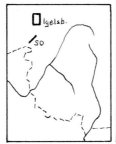
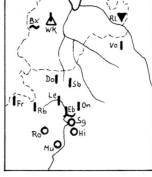

| Geißbart ~ Bachbolle
/ Bartgeist ▼ Würzeli
O Wachsstöckle ☐ Bienenkraut
(△ Wiesenkönigin)

mit einem gewundenen Wachsstock, der besonders in Wallfahrtskirchen von den Gläubigen zur Andacht auf der Bank angezündet wird. Im Haus hatte man dazu einen eisernen Wachsstockhalter.

Bachbolle bezieht sich auf den Standort und auf den zu Klumpen gedrängten Blütenstand.

Würzeli: Eigenartigerweise wird in Rl der ausgegrabene oder ausgerissene Stengel (gekürzt ohne Blätter und Blüten) mit dem Wurzelstock nach oben in die Würzbürde gesteckt; demnach kommt es besonders auf die Wurzeln an. Von einer Verwendung wie in der Schweiz ist jedoch nichts bekannt.

Bienenkraut ("Biekraut") heißt das Mädesüß bei Heppenheim (Igelsbach) wegen des Gebrauches (s. o.).

Wiesenkönigin: Der in Wk übliche Name wurde wohl aus Büchern übernommen.

Wachsstock auf eisernem Halter

Ackerminze & Quirlminze   Mentha arvensis (L.) & M. x verticillata

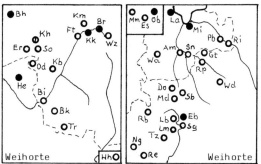

Beide Minzen sind sehr ähnlich und werden unter den gleichen Volksnamen gesammelt. Ich habe sie daher zusammengefaßt. Beider Stengel hört mit einem Blätterschopf auf, während z. B. die Wasserminze (Mentha aquatica) und die Roßminze (M. longifolia) einen Blütenstand an der Spitze tragen. Alle diese Minzen blühen in **lila**farbenen Tönen.

Die etwa 25 cm hohe Ackerminze wächst nicht nur auf Äckern, wie der Name nahelegen möchte, sondern auch in sumpfigen Wiesen.

Die Quirlminze ist aus Kreuzungen der Ackerminze mit der Wasserminze und anderen Minzenarten hervorgegangen. Sie ähnelt der Ackerminze, ist aber doppelt so hoch und im ganzen stattlicher.

Minzen kommen sowohl wild als auch kultiviert in vielen Arten und Kreuzungen vor. Das "Capitulare" Karls des Großen nennt drei verschiedene, und auch im St. Galler Klosterplan sind unter den 16 Pflanzen zwei Arten. Schon im Altertum waren die stark duftenden Minzen als Heilkräuter geschätzt. Entweder sind sie als solche in den Weihstrauß gekommen, oder sie gerieten wegen des Geruches als Abwehrpflanzen gegen böse Geister hinein.

VOLKSNAMEN

Krottenbalsam bedeutet den Balsam im Lebensraum der Kröten. Im oberen Weschnitztal (Br) meint man damit die am Bach stehende Ackerminze. Auch die Wasserminze trägt in Südhessen den gleichen Namen.[48] – *Balsam* hieß man verschiedene Pflanzen mit flüchtigem Duft, darunter auch die Minzen. Schon Bock[4] nennt sie *Balsamkräuter*.

Krotteschmacke: schmacken bedeutet im Odenwald (z. B. Tr Bn Ho) "Geruch von sich geben".

Krottebolle: Das Grundwort *Bolle* weist, wie in den folgenden Ausdrücken, auf die kugeligen Blütenstände hin.

Bachbolle ist natürlich auch ein Standortname.

Stinkbolle: Der Geruch dieser Minzenart ist offenbar nicht nach jedermanns Nase.

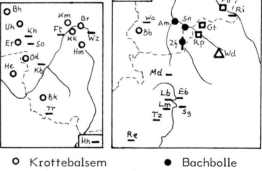

○ Krottebalsem
  (Mm: -balschen)
□ Krottebolle (Pb: Kröüte-)
△ Krotteschmacke
● Bachbolle
| Stinkbolle
— P(f)efferminz, Wilder Pf.

(Wilder) Pfefferminz sagt man wegen der Ähnlichkeit mit der Pfefferminze (Mentha piperita), besonders im Geruch, sowie der Einfachheit halber.

Gelegentlich werden auch andere Minzenarten zur Weihe genommen, wie z. B. die schon erwähnte Wasserminze oder die Roßminze (Mentha longifolia). Diese heißt auch *Beenseli* (sb). Ihr sehr ähnlich ist die Rundblättrige Minze (Mentha suaveolens). Im Ried (Fh) nennt man sie *Kreuzbalsam*. Sie verträgt größere Trockenheit und wird im Odenwald manchmal im Garten gehalten. Ich habe sie bei den Gartenpflanzen eingeordnet (s. S. 187).

Moschusmalve — Malva moschata L.

Auf mageren, sonnigen Wiesen ist diese Blume mit den hübschen **rosa** Blüten nicht selten. Sie gedeiht sowohl im Buntsandsteinraum als auch auf Granit, wird aber nur im östlichen Odenwald in die Würzbürde genommen.
Die zarten Blüten duften schwach nach Moschus, was ihr den deutschen Buchnamen eingebracht hat.

Weihorte

Die mundartliche Bezeichnung deutet darauf hin, daß sie gegen das "Flugfeuer" verwendet wurde, worunter man meist die Gesichtsrose versteht. Diesen Heilgebrauch hat sie mit der Krausen Malve (Malva crispa) gemein.

"Flugfeuer" brannte man an und fuhr damit über die betroffene Hautstelle (Ot). Leider ist nicht mehr bekannt, um welche Pflanze es sich dort gehandelt hat; es könnte auch die Krause Malve gewesen sein.

Die Moschusmalve soll auch gegen "böse Leute" (= Hexen) helfen (Rü).

VOLKSNAMEN

Flugfeuer: Der Name bezieht sich auf die oben angeführte Verwendung. Man glaubte, daß die Gesichtsrose durch die Luft (Zugluft; Bk) zugeweht würde und nannte sie daher "Flugfeuer".

Da auch die Krause Malve diesen Volksnamen führt, ist die Zuordnung nicht immer eindeutig. Wenn das Kraut jedoch von der Wiese geholt wurde, handelt es sich mit Sicherheit nicht um die Krause Malve, sondern sehr wahrscheinlich um die verhältnismäßig häufige Moschusmalve.

Wilde Malve nennt man sie im Gegensatz zu den im Garten gezogenen Malvengewächsen, der Krausen Malve und der Bechermalve (Lavatera trimestris).

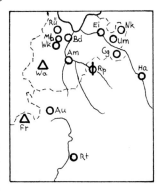

○ Flugfeuer
⌽ Flugfeuerkraut
△ Wilde Malve

Teufelsabbiß Succisa pratensis Moench

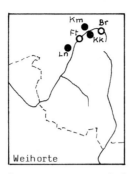
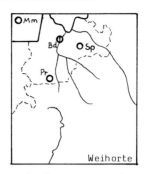

Weihorte Weihorte

Die etwa 50 cm hohe Pflanze findet man im August häufig auf moorigen Wiesen. Abgesehen von den Blättern ähnelt sie der Witwenblume (Knautia arvensis; s. S. 70), die mit ihr verwandt ist und mit der sie manchmal verwechselt wird. Die **blauen**, halbkugeligen Köpfchen der beiden Seitentriebe erblühen später als die des Hauptstengels.

Das Kraut wurde im Odenwald seltener zur Heilung von Krankheiten verwendet[19] und ist deshalb bei uns wohl wegen seiner Beziehung zum Teufel in den Weihstrauß gekommen. Im Hortus Sanitatis[23] (1485) wird die hexen- und teufelabwehrende Kraft angeführt: *Welcher diss krut by ym dreyt* (= trägt) *oder die wurzel dem mag der dufel keyn schaden zufugen. Auch mag yn keyn zauberey geschaden von den bösen wyben* (= Weibern).

VOLKSNAMEN

Teufelsabbiß, mancherorts ***Teufelsanbiß*** (Fh: /ā́biš/), bezieht sich auf die Beobachtung, daß die Wurzel wie abgebissen erscheint. Nach einer verbreiteten Legende soll der Teufel sie aus Wut abgebissen haben, weil ihm entweder die Muttergottes die Macht genommen habe, mit dem Kraut Unfug zu treiben, oder weil er dem Menschen die Heilverwendung nicht gönnte.

Teufelsköpfe bezieht sich wohl auch auf diese Legende.

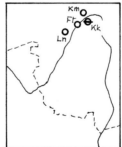
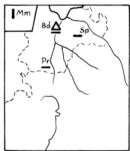

— Teufelsabbiß
| Teufelsanbiß /ā́bīs/
o Teufelsköpfe
△ Blauer Anton (bd)

Blauer Anton: Wie auch der *Weiße Anton* soll das Kraut gegen das "Antun" der Hexen helfen. Der Ausdruck ist nur an den Namen *Anton* angelehnt.

Gilbweiderich — Lysimachia vulgaris L.

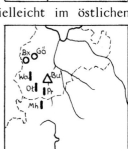

In moorigen Wiesen wächst die etwa 1 m hohe Staude mit den **goldgelben** Blütensternen häufig und gesellig.

Früher hat man Wolle und Stoffe damit gefärbt; ihre Wurzel ergibt braune, das Kraut gelbe Töne.

Für den Kreis Dieburg wird sie als Mittel zum Herbeiführen des Wiederkäuens erwähnt.[19] Deshalb ist sie vielleicht im östlichen Odenwald in der Würzbürde.

VOLKSNAMEN

Gelbes Bachkräuti(ch): So heißt sie im Gegensatz zum *weißen* (Ot: Sumpfgarbe Achillea ptarmica) bzw. *roten Bachkräuti* (Pr: Blutweiderich Lythrum salicaria).

Gelbe Bachblodern: Ob der Name etwas mit Blattern zu tun hat? Vielleicht hat man diese Pflanze wie das *Schwarzblodernkraut* (Braunwurz Scrophularia nodosa) gegen die Blattern verwendet.

Gelbe Bachbollen: Mit *Bollen* bezeichnet man Blütendolden.

I Gelbes Bachkräuti
Δ Gelbe Bachblodern
O Gelbe Bachbollen

Schwertlilie — Iris pseudacorus L.

Anstelle der Blätter der an Ufern wachsenden, **gelb**blühenden Schwertlilie nimmt man als Ersatz auch die der Garteniris (Iris germanica).

VOLKSNAMEN

Schwertel heißt sie nach der Form der Blätter wie schon im Althochdeutschen (swertala; mittelhochdeutsch swertel[25]). In Götzingen (Bauland) nennt man sie oder eine ähnliche Pflanze *Säbel*.

● Schwertel

Jakobskreuzkraut Senecio jacobaea L.

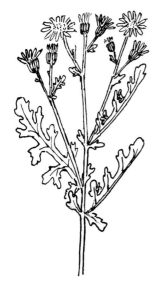

Der auf halbtrockenen Weiden anzutreffende Korbblütler steht auch gerne an Wegrändern und Rainen. Er wird bis etwa 1 m hoch und trägt in seinem verzweigten Blütenstand fast schirmförmig angeordnete Körbchen mit **gelben** Scheiben- und Strahlenblüten.

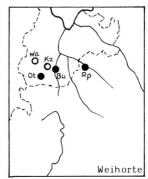

Weihorte

Ihren Namen soll die Pflanze nach der Hauptblütezeit um den Jakobitag (25. Juli) bekommen haben.

Sehr ähnlich ist das etwas später erblühende Raukenblättrige Kreuzkraut (S. erucifolius), das nicht davon unterschieden wird.

Das Jakobskreuzkraut ist nur im östlichen Odenwald weihwürdig. In Westfalen ist es ebenfalls Bestandteil des Weihbüschels.[7] An der Mosel heißt es *Jag den Teufel*[38]; es ist also ein Abwehrkraut. Auch in Thüringen hat es als *Wiederkomm* Kraft gegen Milchzauber.[33]

VOLKSNAMEN

Kuhkräuti(ch): Die Pflanze fällt auf Kuhweiden als höheres Gewächs besonders auf, da sie vom Vieh meist nicht mitgefressen wird.

Gelber Anton: So heißt das Kraut wohl, weil es etwas Ähnlichkeit mit der Sumpfgarbe (Achillea ptarmica) hat, die im gleichen Ort (Bu) unter dem Namen *Weißer Anton* in die Würzbürde kommt. *Antoniusblume* sagt man auch bei Paderborn.[33] Ob der Name mit dem "Antun" der Hexen oder mit dem "Antoniusfeuer" (Rotlauf und Ähnliches) zusammenhängt, sei dahingestellt.

(Gelber) Rainfarn ("Reefahn"): Der Ausdruck beruht entweder auf einer Verwechslung mit dem Rainfarn (Tanacetum vulgare), oder er wurde bewußt von ihm übertragen.

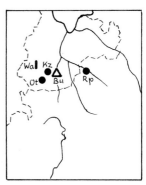

● Kuhkräuti
△ Gelber Anton
| (Gelber) Rainfarn

Ackerwitwenblume   Knautia arvensis (L.) Coult.

Die etwa 50 cm hohe Knautie steht häufig auf Wiesen und an Wegrainen. Ihre **bläulichen** oder **rötlichlila** Blüten sind zu einem flachgewölbten Kopf vereinigt.

Die Blume wird öfter mit dem ähnlichen und eng verwandten **Teufelsabbiß** (Succisa pratensis) verwechselt.

Die älteren Botaniker nannten das Kraut Skabiose, was auf Wirkung gegen Krätze und Grind deutet. Es ist nicht auszuschließen, daß die Pflanze wegen dieser Heilwirkung in die Würzbürde gelangt ist.

VOLKSNAMEN

Mutterskopf: Mit diesem Namen hebt sich der weiche Blütenkopf von dem als härter empfundenen *Vaterskopf* (Flockenblume Centaurea nigra; s. S. 56) ab.

Blaue Kissen (Kischele) erklärt sich von selbst.

Nadelkissen ist eine weitergebildete und gelungene Bezeichnung: die Blütenköpfe sind zum einen wie ein Nadelkissen gewölbt, zum andern ragen die Griffel der vielen Blütchen gleich Nadeln nach oben.

● Mutterskopf
◬ Blaue Kissen
\\\\ Nadelkissen

Wiesenstorchschnabel   Geranium pratense (L.)

Die hübsche Blume mit ihren **blauvioletten**, großen Blüten wird etwa 30-40 cm hoch. Sie liebt etwas feuchtere Wiesen.

Wahrscheinlich kommt sie nur als Zierde in die Würzbürde.

VOLKSNAMEN

Storchschnabel: Der wohl nur eingemundartete Name bezieht sich auf die Form der Früchte.

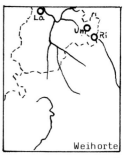

○ Storchschnabel

Frauenmantel

Alchemilla vulgaris L.

Das etwa 15 cm hohe Kräutchen hat unscheinbare, **grünliche** Blüten. Häufig liegt in der Mitte des leicht gefalteten Blattes ein großer Wassertropfen. Durch ihren Gerbstoffgehalt wirkt die Pflanze zusammenziehend. - Früher glaubten die Frauen, sie könnten mit Hilfe des Frauenmantels wieder jungfräulich werden. So schreibt Tabernaemontanus[49] über den "Sinau": *Dieses Kraut in Regenwasser / oder aber in Löschwasser darinn die Schmiede das glüend Eisen ablöschen / gesotten / und mit demselbigen Wasser die heimlichen Oerter der Weiber gewäschen / dringt es dieselbigen zusammen / als wenn sie Jungfrawen wären.*

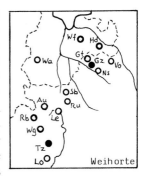

Weihorte

VOLKSNAMEN

Frauenmänteli: Natürlich ist damit der Mantel der Gottesmutter gemeint, zumal die Blätter am gezackten Rand oft mit ausgepreßten glitzernden Tröpfchen besetzt sind, die in der Morgensonne wie Geschmeide funkeln.

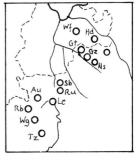

O Frauenmänteli

Bachnelkenwurz

Geum rivale L.

Die etwa 40 cm hohe alte Heilpflanze feuchter Wiesen ist selten geworden. Sie zeigt in rotbraunen Kelchblättern **gelbliche, rosa** angehauchte Blütenblätter.

VOLKSNAMEN

Blutströpfchen heißt sie nach ihrer Blütenfarbe.
Sie ist vermutlich auch das in Dieburg *Glöckelchen* genannte Kraut.

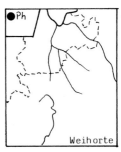

Weihorte

● Blutströpfchen

71

Blutwurz   Potentilla erecta (L.) Räuschel

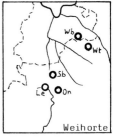

Die in moorigen Wiesen, aber auch in Magerrasen häufige, etwa 20 cm hohe Blutwurz hat als einziges unter den Fingerkräutern (meist) nur vier **gelbe** Blütenblätter.

Ihr Wurzelstock ist im Innern blutrot. Mit Alkohol angesetzt, hilft er als beliebter Kräuterschnaps bei allerlei Beschwerden.

Auch beim Vieh war "Tormentill" bei blutiger Milch angezeigt, wie ein handgeschriebenes altes "Zauberbuch"[86] ausweist (s. S. 106).

VOLKSNAMEN

Blutwurz oder *Blutwurzel:* Die Bezeichnung weist auf den roten Wurzelstock hin. Man nahm seine Farbe als Heilanzeige gegen die Rote Ruhr und gegen zu starke Monatsblutungen (s. Signaturenlehre auf S. 202).

● Blutwurz
❘ Blutwurzel

Kriechendes Fingerkraut   Potentilla reptans (L.)

Dieses niedrige Fingerkraut hat auch **gelbe** Blüten und wächst an den gleichen Standorten wie das vorige, doch liebt es auch Wegränder.

VOLKSNAMEN

Fünffingerkraut (Wb: -*kräuti*, Ng: -*fingerleskraut*) heißt es nach den fünffach geteilten langgestielten Blättern.

○ Fünffingerkraut

Weg- und Ödlandpflanzen

Johanniskraut Hypericum perforatum L.

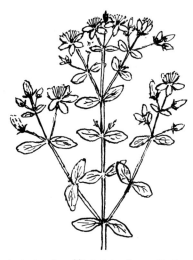

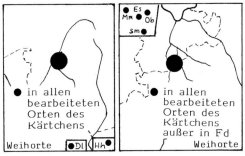

● in allen bearbeiteten Orten des Kärtchens
Weihorte ●Dl (Hh●

● in allen bearbeiteten Orten des Kärtchens außer in Fd
Weihorte

Die etwa 50 cm hohe Pflanze trägt auf dem runden Stengel leuchtende, kräftiggelbe Blüten mit vielen Staubbeuteln.

Wenn man eine Blütenknospe zerdrückt, färben sich die Finger karminrot. Dieses "Blut" ist ein rotes Harz, das sich in Alkohol oder Öl leicht löst. Bei uns legt man die Blüten in eine Flasche mit gutem Pflanzenöl, am besten von Sonnenblumen (As), ein und läßt sie an der Sonne stehen, bis das Öl eine schöne rote Farbe angenommen hat (allgemein, z. B. As Uf).

Tabernaemontanus[49] bringt 1731 (und schon 1625) folgendes Rezept: *Die Apothecker und auch die Wundärtzte pflegen ein köstlich Oel aus dieses Krauts Blumen zu machen: welches man aber auf schlechte (= schlichte) Weiß also präparieren soll: Nimm der frischen Blumen so viel du wilt / thu sie in ein Glaß / geuß Baumöl (= Olivenöl) darüber / stopffs oben zu / und stelle es an die Sonne / etliche Tag darnach seige das Oel ab / truck die Blumen wol aus / und thu andere frische darein / setze es wiederum an die Sonn / darnach trucke es aus wie zuvor / solches thue etlich mal nacheinander / zu letzt stoß die Hülsen samt dem Saamen und lege sie auch in das Oel / so wird das Oel schön blutroth: Dieses Oel schreibet Matthiolus* (ein italienischer Arzt Mitte des 16. Jahrhunderts) *heylet die Wunden gar wol / sonderlich aber die verwundten Sennadern* (= Sehnen).

Dieses Öl wird äußerlich bei Verbrennungen (z. B. Uf) und Prellungen (As) benutzt; sogar bei Heiserkeit soll es, auf die Zunge getröpfelt, helfen (As).

Einem Kalb, das immer noch nicht auf den Füßen stehen konnte und geschlachtet werden sollte, machte man Beinwickel mit gekochtem Johanniskraut und konnte es für den Bauernhof retten (Ei).

Das echte Johanniskraut wird im Volke von dem sehr ähnlichen Gefleckten Johanniskraut (Hyp. maculatum) unterschieden, da dieses dickere (soll wohl heißen: breitere) Blätter habe (Wm). Sicherer erkennt man jedoch das "falsche" an dem vierkantigen Stengel. Außerdem bevorzugt das Gefleckte feuchtere Standorte.

Sehr deutlich, nämlich mit dem Ausdruck *Zank und Streit,* sondert man in Riedern das Behaarte Johanniskraut (H. hirsutum) von dem echten ab. Wenn man es in die Würzbürde nimmt, soll es in der Familie "Zank und Streit" geben. Dennoch lassen es manche Leute entgegen der Überlieferung dort weihen.

Schon seit alter Zeit wehrt das Johanniskraut allem Bösen, und Brunfels[6] bezeugt es 1532 als Weihkraut:
Von etlichen auch Fuga demonum genennt, darumb das man meynet / wo solichs kraut behalten würt / da komm der teüffel nicht hyn / möge auch kein gespenst bleiben / vnd darumb bereüchet man in etlichen landen die kindtbetterin damit / lassen es aber vor segnen vff vnßer Frawen vffart tag (= Mariä Himmelfahrt) *vnd haben also ire kurtzweil damit.*

E. H. Meyer[35] schreibt: *Früher hängte man in Hettingen (Buchen) kreuzweise gebundene Sträußchen vom Johanniskraut, die man aus der "Würzbürde" nahm, am Bett auf, um Kind und Wöchnerin gegen Hexen zu schützen.*

Bock[4] sagt in seinem Kräuterbuch: *also vermög alles gespenst / wo Harthaw* (= Hartheu, Johanniskraut) *ist, nichts geschaffen. Die alten weiber sprechen also /*
> *Dost Harthaw vnnd weiße Heyd* (s. dieses S. 141 bei Waldgamander)
> *thut dem Teüffel vil leyd.*

Auch die Anwendung bei Wunden ist ihm bekannt:
Harthaw öly inn die frische wunden gestrichen / hefftet sie zusamen.

Und weiter erwähnt er: *Vil Menschen tragen dise kreutter bey sich / für böse gespenst vnd vngewitter.*

Dieser Abwehrkräfte wegen geriet es unter die Weihkräuter. Bei Amorbach, aber auch im Vogelsberg[42], heißt es geradezu *Hexenkraut,* weil es dem Gegenzauber diente (vgl. auch die Abwehrsprüche unter "Dost" S. 90).

Das beim Zerdrücken der Blüten ausgepreßte "Blut" hat zu einer Legende Anlaß gegeben, nach der es an der Enthauptungsstätte Johannes des Täufers entsprossen sein soll.[39] Nach einer anderen Überlieferung[38] stand es unter dem Kreuz und fing die Blutstropfen Christi auf.

VOLKSNAMEN

Johanneskraut (auch *Johanniskraut*): Der überall geläufige Name läßt sich vom Büchernamen nicht trennen und wird daher in den Kärtchen nicht eigens aufgeführt. Er bezieht sich auf den Beginn der Blütezeit um Johanni (24. Juni).

Ghannskraut /kǫnsgraud/, auch *Ghannsstengel*, ist die mundartliche Form.

Hartheu (*Haddehai*): Das ist ein alter Name, der nach Marzell "härtendes" (= stopfendes) Heu bedeutet oder einfach wegen der im Heu harten Stengel so heißt.[33]

Ghannslepakraut /kǫnslébɒgraud/ (auch Ei 1889[45]): Vielleicht aus *Leberkraut* verstümmelt, wie das Johanniskraut nach Heidt[19] bei Dieburg (Zm) heißen soll. In der Mundart lautet die Leber allerdings *die Lewwern* (Ei).

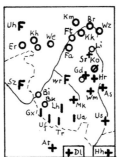

○ Ghannskraut
● Ghannslepakraut
/ Ghannsstengel
+ Maria Bettstroh
I Gelber Dostich
◻ Gelbe Daschte
F Feuerkraut

△ Elisabethenstroh
❢ Heilig(s) Blut
▲ dem Heiland seine Blutstropfen
✱ Hexenkräuti
■ Hartheu
S Schreinerle

Maria Bettstroh benennt man die Pflanze auch anderswo in Deutschland und in Böhmen.[33] Über *Bettstroh* ist auf S. 203f. mehr zu erfahren. Schon Bock[4] führt diesen Namen an. Auch die von Brunfels oben erwähnte Beräucherung mag damit zusammenhängen. Eine andere Auslegung (Gd) sagt, die Muttergottes sei so arm gewesen, daß sie auf dem Johanniskraut schlafen mußte.

Gelber Dostich bzw. *Gelbe Daschte* vergleicht die Staude mit dem in der Gestalt ähnlichen Dost (Origanum vulgare), zumal dieser ebenfalls ein Abwehrkraut ist, wie schon der Spruch auf der vorigen Seite beweist.

Feuerkraut ist wohl auf die leuchtend gelben Blüten im Verein mit den rötlichen Fruchtkapseln zurückzuführen.

Elisabethstroh ist eine Anlehnung von *Bettstroh* an *Elisa-beth*.

Heilig(s) Blut sowie *dem Heiland seine Blutstropfen* betreffen den beim Zerdrücken der Blüten austretenden Saft.

Hexenkräuti(ch) bezieht sich auf die Macht gegen Hexenzauber.

Schreinerle: Ob die Schreiner es bei Schnittwunden benutzten?

Schafgarbe Achillea millefolium L.

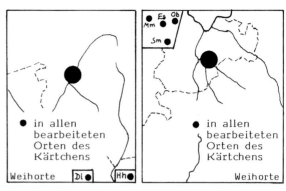

Die Schafgarbe ist eine etwa 60 cm hohe, steifstengelige Pflanze mit **weißen**, manchmal auch **rosa** Blüten, die scheinbar einen Schirm bilden; die Verzweigungen des Blütenstandes gehen jedoch von einer Stelle aus.

In der Oberpfalz und in Frankreich schützt sie vor bösem Zauber.[17] Auch in Britannien war sie ein wichtiges Kraut bei Zauber und Hexerei: Man streute sie auf die Türschwelle, um die Hexen vom Haus fernzuhalten; an die Wiege gebunden, schützte sie das kleine Kind.[60]

Bemerkenswert ist, daß man in der Pfalz in evangelischen Orten anstelle des Weihbüschels ein Bündel Schafgarbe an Stall und Scheuer hängt, damit der Blitz nicht einschlägt.[17] Ob sich das auf die Pflanze selbst bezieht, oder ob es ein Überbleibsel der Kräuterstraußverwendung aus der vorreformatorischen Zeit ist, sei dahingestellt.

Daneben ist die Pflanze ein geschätztes Heilkraut, und ihre seltenere, rosablühende Spielart wird oft als wirksamer angesehen. Sie soll z. B. gegen Gicht helfen (Wm) und Schlaf bringen (Lh).

VOLKSNAMEN

Schafgarbe ist allgemein bekannt oder üblich; ich führe den Ausdruck daher in den Wortkärtchen nicht auf. *Garbe* heißt sie zwar schon bei der hl. Hildegard[20], doch ist das heutige Vorherrschen von *Schafgarbe* gegenüber *Schafrippe* dem Einfluß des Hochdeutschen zuzuschreiben.

Die Fachgelehrten sind sich nicht darüber klar, ob *Garbe* mit *gerben*, d. h. bereitmachen (abgeleitet von *gar*; heute auf das "Garmachen" von Leder eingeschränkt) zusammenhängt. Die allgemeine Bedeutung hat sich bei uns noch bei der Bearbeitung von Spelz (Triticum spelta) erhalten. Dieses Getreide mußte vor dem eigentlichen Mahlen in einem vorbereitenden Mahlgang erst *gegerbt* (Oa u. a. Orte), d. h. von den Spelzen befreit werden. Daß die Schafgarbe demnach wie Kluge in seinem Wörterbuch[25] meint, vielleicht "das den Schafen bereitgestellte Wundkraut" sei, erscheint mir doch weit hergeholt. Allerdings wird sie von Schafen gern gefressen.

Schafrippe ist fast überall im westlichen Odenwald bekannt, doch meist nur älteren Leuten. Auch in Guttenbrunn in Rumänien haben die Odenwälder Siedler (s. S. 18) diesen Volksnamen bis heute bewahrt. Man vergleicht ihre fiederteiligen Blätter mit Rippen.

Barbarakraut wurde nach H. Marzell[33] aus *Garbe* (über *Gerwelkraut* - *Bärwelkraut*) umgedeutet.

Weißer Rainfar /rǫfā/ für die Schafgarbe ist schon im 16. Jh. in Deutschland belegt.[33] Dieser Ausdruck wird auch z. B. im Schwäbischen, bei Aachen, im Westerwald und in Siebenbürgen gebraucht.[33] Er beweist, daß man die Schafgarbe als ebenso wirksam ansah wie den in der Tracht (Blätter, steife Stengel, Höhe) ähnlichen Rainfarn (Tanacetum vulgare). Bock[4] versteht unter dem *Weißen Rainfar* die eng verwandte Sumpfgarbe (Achillea ptarmica).

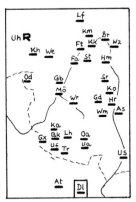
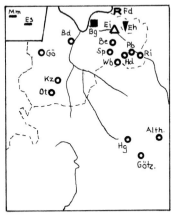

— Schafrippe
R Weißer Rainfar (Fd /rē-/)
■ Rote Quette
O Barbarakraut
△ Weiße Daschte
▼ Matteblume

Weiße Dragoner (*Weiße Drachóne*; Zm): Der vordergründig mit dem alten Darmstädter Regiment verbundene Name entpuppt sich als eine Verfälschung von *Weißer Rainfar*. Im 15 km entfernten Niederroden heißt die Sumpfgarbe *Weiße Raffóne* (*Weiße Raáfohne* in Dieburg die Schafgarbe).

Weiße Daschte wurde vom Dost (Origanum vulgare) übertragen. Der Gedankengang ist der gleiche wie gerade unter *Weißer Rainfar* dargelegt. Auch in Nordhessen (bei Warburg) bezeichnet man die Schafgarbe so.[14]

Matteblume (so auch bei Marktheidenfeld[33]) hängt mit der weißen Blütenfarbe zusammen: *Matte* ist der weiße Käse (Quark).

Rote Quette: *Quette* bedeutet Quecke. Man benannte die Schafgarbe nach den queckenähnlichen Wurzelausläufern. Die rote Quette ist die als Heilpflanze bevorzugte Spielart.

Leinkraut, Frauenflachs　　　　　　　Linaria vulgaris Mill.

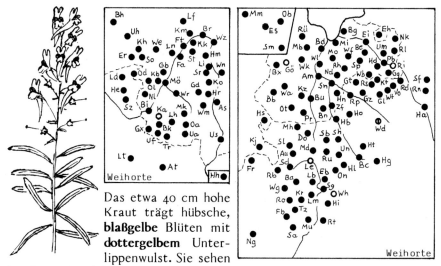

Das etwa 40 cm hohe Kraut trägt hübsche, **blaßgelbe** Blüten mit **dottergelbem** Unterlippenwulst. Sie sehen dem Löwenmäulchen (Antirrhinum majus) ähnlich, haben jedoch einen Sporn. Die nichtblühenden Triebe erinnern an die Zypressenwolfsmilch (Euphorbia cyparissias). Hieronymus Bock[4] sagt schon: *Das kraut (= die Blätter) ... ist der Wolffsmilch so ähnlich / dz mans kaum voneinander scheiden kan / doch Wolffsmilch gibt milch safft / das thut kein Leinkraut.*

In Hessen verwendete man den Frauenflachs gegen Kälberdurchfall.[19]

Er ist aber auch ein altes Mittel gegen das Berufen.[33] *Ein Büschel, in die Wiege gelegt, bewahrt die Kinder vor dem Beschreien.*[41]

Nach einer Legende[51] soll die Gottesmutter sich und dem Jesuskind aus diesem Kraut ein Lager bereitet haben, deshalb sei es in den Würzwisch aufgenommen worden und heiße daher auch *Maria Bettstroh*.

VOLKSNAMEN

Maria Bettstroh bezieht sich auf die genannte Legende. Sinngleich sind *Jungfraubettstroh* (so auch im Ried: Fh) und *Muttergottesbettstroh*.

Gelbe Eva hörte ich zweimal (von einer Familie; Mi). Es hängt vielleicht zusammen mit *Eva Bettstroh* (Fh), was von *Maria Bettstroh* abgeleitet ist.

Elisabethenstroh (hs Ph Sl), auch *Lisabeth-* (Bx Kz Pr Sb Sn), *Elisabeth-* (Au) oder *Liesbethstroh* (Bb Bu Ot Wa) ist eine Umdeutung von "Bett" zu (Elisa-)"beth". *Elisabethenkraut* ist davon abgewandelt.

Herrgottsschüchelchen drückt die religiöse Verwendung aus und vergleicht die Blüten mit Schuhen. - Das gilt auch für

Muttergottesschuh bzw. *Muttergottesschläpple* und *Maria Schüchelchen*. So nennt man sie, weil sie am Muttergottesfest geweiht werden.

Schüchelchen bzw. *Schühli* sagt man oft vereinfacht.

Maria Bettschuh ist offensichtlich eine sinnlose Mischbildung aus *Maria Bettstroh* und *Muttergottesschüchelchen*.

Wolfsmilch: Die Pflanze wird häufiger mit der Zypressenwolfsmilch verwechselt; man meint sogar, sie führe Milch.

Kin(d)lesdreck: Dieser drastische Ausdruck bezieht sich auf die Wirkung als Abführmittel. Auch die Blütenfarbe mag dabei eine Rolle gespielt haben.

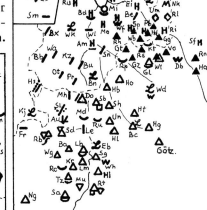

Gebackene Eier ist ein sehr treffender Vergleich.

Eierkraut sowie *Eierblume* besagen dasselbe.

Eierdotter bezieht sich wohl nur auf den Unterlippenwulst.

Melkstühli heißt es vielleicht wegen des Spornes, da der Melkschemel (den man umschnallt) nur 1 Bein hat.

—	Maria Bettstroh	O	Gelbe Eva
I	Muttergottesbettstroh	w	Wolfsmilch
\	Jungfraubettstroh	▲	Kindlesdreck
/	(E)lis(a)beth(en)stroh	△	Gebackene Eier
∴	Elisabethenkraut	▢	Eierblume
)	Herrgottsschüchelchen	◇	Eierkraut
⌣	Muttergottesschuh	▽	Eierdotter
⌣/	Muttergottesschläpple (sl)	◆	Kälberzähne
⌒	Maria Schüchelchen	M	Melkstühli
(	Schühli, Schüchelchen	H	Hasenmäuli
•	Maria Bettschuh	ℒ	Löwenmäuli
		ʃ	Täubchen, Täubli

Kälberzähne: Damit meint man sicher den langen, gelblichweißen Sporn.

Hasenmäuli: Man vergleicht die Blütenform mit dem Tiermäulchen. Der Ausdruck ist in Baden weit verbreitet.[33]

Löwenmäulchen hingegen verweist auf das bekannte Gartenlöwenmäulchen (Antirrhinum majus).

Täubchen: Ein ähnlicher Vergleich, nämlich *Göikerli* (= Hähnchen), findet sich in Franken.[33]

Rainfarn   Tanacetum vulgare L.

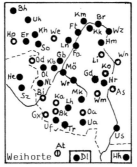
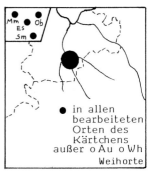

Der Rainfarn ist gestaltlich der Schafgarbe ähnlich und wird daher oft mit ihr verglichen. Er ist ebenso steif und hoch (etwa 60 cm) und hat die gleiche Blütenstandsform. Durch seine strahllosen, **gelben** Blütenköpfe und den würzigen Duft der zerriebenen Blätter ist er jedoch unverwechselbar.

Karl der Große befahl im "Capitulare" (s. S. 157 f.) den Anbau auf seinen Hofgütern. Noch heute wird er oft in Gärten gezogen (z. B. Fr Un).

Der Imker hält sich durch Rauchen der kleingeschnittenen und gedörrten Pflanze die Bienen vom Leib. Das Rezept stammt vom Guldenklinger Hof (zwischen Heppenheim und Fürth) und hat sich von da aus verbreitet.

Er ist auch ein altes Mittel gegen Eingeweidewürmer. Brunfels[6] schreibt: *Der som von dißen blumen den kinden yngeben mit wein / oder mit milch / vertreibet die würm.* (Nach heutigem Wissen gefährlich!) Heidt[16] führt ihn für Hessen als Wurmmittel für Pferde auf. - Das Vieh erhielt ihn zur Appetitanregung (Wr). Die Geißen bekamen ihn nach dem Jungen (Hg).

Wegen seines starken Geruches gehört er zu den hexenabwehrenden Pflanzen. Er wird diesbezüglich verschiedentlich in den Kräuterbüchern des 16. Jahrhunderts erwähnt, so bei Brunfels[6]: *Damit kein böse gespenst einem kinde schaden möge / so bereüch es mit dem rauch von dißem kraut.*

In Belgien schützt der Rauch des geweihten Krautes vor Blitz.[16]

VOLKSNAMEN

Hemdenknöpfe, im Westen *Hemmerknepp,* im Osten *Hemmerknöpfli.* Auch die Guttenbrunner (Rumänien; s. S. 18) haben *Hemmerknepp* aus der Odenwälder Heimat mitgenommen und bis heute bewahrt.

Kragenknöpfchen (Kraacheknepflin; Dl) ist ähnlich verglichen (auch Fh).

Gelbe Knöpfe (Gäle Knepp) sowie *Gelbköpfe (Gälkepp):* Hier werden *Knöpfe* bzw. *Köpfe* in der allgemeinen Bedeutung von etwas Dickem gesehen.

Gelbe Hemdenknöpfe grenzt ihn ab von den *Weißen Hemdenknöpfen* (Mutterkraut Tanacetum parthenium und Sumpfgarbe Achillea ptarmica).
Rainfar /rōfā/ schreibt schon Bock[4]. Er nennt ihn auch *Knöpfblumen*.
Rainfarn, im westlichen Odenwald /rōfan/ (Bh er kh) oder /rǭfān/, im östlichen /rēfǭn/, ist auch echte Mundart. Einmal hörte ich **die** Reefahn (hs). Ursprünglich hieß er (wie bei der hl. Hildegard[20]) *Reynfan*, d. h. Fahne am Rain.
Reefahnsknöpf ist davon abgewandelt.

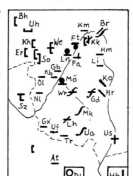

Gelber Rainfar heißt er im Unterschied zur Schafgarbe, die man im gleichen Ort (Uh) *Weißen Rainfar* nennt.

Rainfart /rōfād/: Diese Lautung ist auch im Ried (Fh) geläufig.

Reefaden /rēfǭdə/ und

Raflder sind weitere Wandlungen. *Raflder* spricht man verschieden aus: *Rafflder* (Nk Rl Um) oder auch *Raaflder* (Rn Sf Ha).

— Hemdenknöpfe	] Rainfar
/ Gelbe Hemdenknöpfe	⌣ Gelber Rainfar
○ Kragenknöpfchen	= Reefaden
I Gelbe Knöpfe	▢ (gelber) Raflder
\ Gelbköpfe	◇ (gelbe) Rafflderknöpf
[Rainfarn	
⌐ Reefahnsknöpf	∫ Wurmkraut
L Rainfart	∿ Gelber Wurmsamen
	• Gäulskamille

Rafflderknöpf ist eine erweiterte Form.
Wurmkraut bezieht sich auf die Verwendung gegen Eingeweidewürmer.
Gelber Wurmsamen (*Gäle Wormsoome*): So scheidet man ihn vom *Weißen Wurmsamen*, der Sumpfgarbe (Achillea ptarmica). Unter *Wurmsamen* verstand man eigentlich ein ausländisches Wurmmittel aus einer Artemisia-Art.
Gelbe Dragoner (*Gäle Drachone*): Hiermit wird der Rainfarn bei Dieburg (Zm) von der Schafgarbe abgehoben (s. S. 77 und S. 208).
Gäulskamille nennt man sie, weil die Pferde einen Absud davon bekamen, wenn sie krank waren (Mö).

Beifuß   Artemisia vulgaris L.

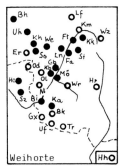

Weihorte

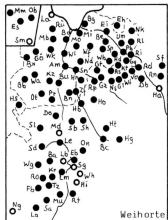

Weihorte

Die stark eingeschnittenen Blätter des etwa 1 m hohen Beifußes sind im Gegensatz zu dem ähnlichen und eng verwandten Wermut nur auf der Unterseite graugrün. Seine in vielen Rispen stehenden, **gelblichen** Blüten wirken gegenüber dem Wermut mehr **grau-braun**.

In dem berühmten angelsächsischen Neunkräutersegen steht der Beifuß als "ältestes der Kräuter" an erster Stelle.[34]

Wie der Wermut ist auch er ein Mittel gegen Zauberei. In Niederbayern wird er zur Sonnwendzeit als Schutz vor Krankheiten im Stall aufgehängt.[16] In einer Handschrift vom Jahre 1400 heißt es, daß er gegen Müdigkeit helfe und auch Zauber und Teufel abwehre.[41]

VOLKSNAMEN

Beifuß: Er sollte den Wanderer, wenn er ihn *bei Fuß* trug, vor Müdigkeit schützen. Der Glaube geht auf den römischen Schriftsteller Plinius (1. Jh.) zurück, wie auch Bock[4]

— Beifuß /baifūs/
▲ Beiwes /baiwəs/
/ Roter Beifuß
\ Roter Anton

• Wermut
| Wilder Wermut
■ Schägfuß
△ Weißer Anton

im 16. Jahrh. schreibt: *Andere haben von Plinio gelehrnet / wa sie Beifuß mit Salbey anhencken / sollen sie auf der reiß nicht müd werden.*
Beifuß, bei der hl. Hildegard[20] *biboz*, hängt aber zusammen mit *boʒ* = Schlag (vgl. Amboß) und ist nach Kluge[25] als dämonenabwehrend zu verstehen.
Beiwes ist eine Mundartform (auch in der Pfalz[51] und in Oberhessen[42] so).

Roter Beifuß: Früher schied man den *roten* (mit rötlichem Stengel) vom *weißen*. Brunfels[6] schreibt 1532: *Beifusß ist zweyerley / weisß vnnd rot / einander vast gleich / bedarff nicht vil abmalens / affter der farben halb.*

Wermut mit den Formen *Wermet, Wermede, Bermede* ist vom echten Wermut (Artemisia absinthium) übertragen. Unterschieden wird er davon mit

Wilder Wermut. - Die verschiedenen Mundartformen stehen auf S. 163.

Schägfuß (/šēgfūs/): Der eigenartige Name muß etwas mit dem Gehen zu tun haben. *Schägen* bedeutet einerseits (jemand) *treten,* andererseits *die Füße beim Laufen schief setzen.* Ob man den Beifuß nach dem alten Glauben früher in den Schuh legte und dadurch schief lief?

Weißer Anton: Dieser Ausdruck (Wl) ist für den Beifuß sonst nicht bekannt. Mit anderen Pflanzen, die mit diesem Namen belegt werden (Andorn Marrubium vulgare und ähnliche Lippenblütler) hat er nichts gemein, es sei denn, man hätte die Bezeichnung wegen der Abwehrkraft übernommen, die besonders dem Andorn zugesprochen wurde.

Roter Anton ist wieder der Beifuß mit rötlichem Stengel.

Nußbaum   Juglans regia L.

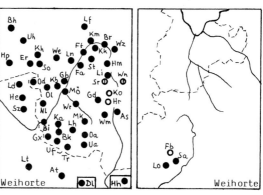

Der bekannte Baum wird nicht überall angepflanzt, da die Blüten hier leicht erfrieren.

83

Erst die Römer brachten ihn aus dem Süden zu uns; daher die Frostempfindlichkeit und daher auch der hochdeutsche Name *Walnuß*, d. h. *welsche Nuß* (wie noch oberhessisch *Welschnuß*).
Auch Karl der Große ließ ihn auf seinen Hofgütern anbauen (s. S. 157 f.).
Von alters her sind Nüsse ein Symbol der Fruchtbarkeit.[16]
Bis in die neueste Zeit benutzte man die stark bräunenden grünen Nußschalen zum Vertuschen der ersten grauen Haare (At Wt). - Auch Strumpfwolle wurde damit eingefärbt (Lh).

Fast immer werden nicht nur Blätter, sondern auch drei Nüsse an einem Stiel in den Kräuterstrauß eingesteckt. Diese gedrängte Verbundenheit kommt in einer Redensart zum Ausdruck: *Die henke beinanner wie drei Niß* (Wz-Leberbach). Damit meint man unzertrennliche Freunde.

VOLKSNAMEN

Häufig heißt es einfach *drei Niß*.

Grüne Nüsse oder

Baumnüsse: Damit unterscheidet man sie von Haselnüssen.

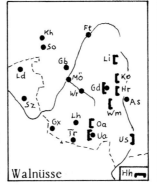
Walnüsse

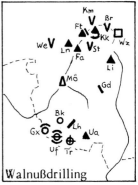
Walnußdrilling

Sehr vielgestaltig sind die Ausdrücke für drei Nüsse an einem Stiel: Da sind einmal Wörter, die einfach einen Haufen bezeichnen:

Bützel (*Bitzel*) ist eine Verkleinerung von *Butzen*, d. i. Klumpen (vgl. Butzenscheiben; dazu oberhessisch *Botzen* für Haufen, große Menge).

Bündel (*Binnel*) kommt auch in der Form *Dreibinnel Niß* (Lh) vor, womit nicht 3, sondern 1 Bündel mit drei Nüssen gemeint ist.

• Grüne Nüsse
[Baumnüsse: Bohniß /bōnis/
]   Båhniß /bǭnis/
⌐   Bohmniß /bōmnis/

\ Bützel /bidsəl/   O Klöpperle /glebɒlə/
/ Bündel /binəl/   — Klöppertel /glebɒdəl/
☐ Dotzen /dodsə/   I Klüppertel /glibɒdəl/
▲ Zwack /dswag/   ⌐ 3-klöpprig /draiglebriš/
V Gappe /gab/   ⌣ 3-gabelig /draigawəliš/
△ Gaupe /gaub/

Dotzen sagt man auch von einem Büschel Kirschen an einem Fruchtholzstielchen, oder: die Blüten stehen *gedotzt*, d. h. in dichter Dolde (Wz).

Zum andern betonen viele Benennungen ihrer Bedeutung nach das aus Teilen **Zusammengesetzte** bzw. das **Gespaltene**:

Zwack: Ein *Zwack* ist ein gegabelter Zweig (Grimm[15] schreibt *die Zwacke*). Drei Nüsse an einem Stiel nennt man einen *Dreizwack* oder *dreizwackige Niß* (Li). In der Pfalz heißt die Traube der Johannisbeere *Ghannsdrauwezwagge*.[51] Es spielt also wohl auch das traubig Gehäufte eine Rolle.

Gappe (Gapp) aus dem oberen Weschnitztal bedeutet eine Astgabel.[48] Ähnlich heißt es e *Dreigapp Niß* (Km Br), *dreigappige Niß* (We St Km) oder e *dreigappig Nuß* (We).

dreigabelig (Kk Uf) ist gleichbedeutend.

Gaupe ist wohl mit *Gappe* verwandt. Ein aus Garben zusammengesetzter Getreidehaufen heißt so (z. B. Bh).[48] In gleicher Weise spricht man auch von einer **Nußgaupe** *(Nißgaub;* mö).

Klöpperle (e Glebbale Niß = drei Nüsse an einem Stiel): Der eigenartige Ausdruck aus dem Gorxheimer Tal bereitete mir einiges Kopfzerbrechen. Er ist wohl verwandt mit *Klumpen* und dem englischen *club* (Keule). Man sagt auch *drei Klöpperle(n) Niß* oder *dreiklöpprige Niß*.

Drei Klöppertel, eine Zwischenform, leitet über zu

drei Klüppertel und *drei geklüpperte (/gəglibɒdə/) Niß* (Tr). Eine ähnliche Form erscheint in Lörrach in Südbaden: Mit *Kliberli* meint man dort die Früchte der Haselnuß.[56]

Diese Ausdrücke gehen wohl zurück auf *Kluppe* (= gespaltenes Stück) sowie *Kluppert*, eine Nebenform. Das Grimmsche Wörterbuch[15] führt von Eicheln an: *drei auf einem Kluppert, d. h. drei an einem Stiel*. Auch in der Pfalz kennt man *Kluppert* als "eine Menge zusammenhängender Dinge". Und im Badischen Wörterbuch[1] wird ebenfalls *Klupper* (= Büschel von Kirschen, Nüssen ...), *Kluppert* und *Klüppert (e Klüppertle Kinder)* genannt.

All diese Bezeichnungen gehören zu *klieben* (= spalten). Verwandt damit ist *Knoblauch*, früher *Kloblauch*, d. i. der in Zehen gespaltene Lauch.

In vielen dieser Ausdrücke schlägt sich die Bedeutung "geeinte Dreiheit" nieder und symbolisiert damit vortrefflich die Dreieinigkeit.
Der Sprachgebrauch schwankt zwischen 1 und 3-*Klöpperle,* doch wird der Begriff wohl als Einheit gedacht (*Es sinn drei Niß an dem Klöpperle;* Ua). Zur Stütze meiner Ansicht möchte ich die ähnliche Bildung *ein dreiklumpe Nuß* aus dem nordbadischen Kräuterstrauß vom Ende des 19. Jahrhunderts anführen[35] (s. S. 216).

Königskerze   Verbascum thapsus L.

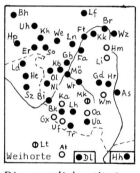
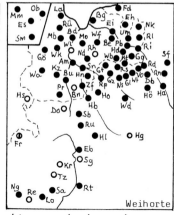

Die stattliche Königskerze mit ihren wolligen Blättern und den **gelben** Blüten kann 1 m bis mannshoch werden.

Sie schützt gegen bösen Zauber und hält in Bayern, besonders wenn sie geweiht worden ist, den Blitz ab.[29]

Auch ähnliche Arten nimmt man, z. B. die Mehlige (V. lychnitis; s. nächste Seite), die Schwarze (V. nigrum Bd), die dort **Eiskraut** genannt wird, oder die Großblumige Königskerze (Verbascum thapsiforme).

VOLKSNAMEN

Kinnskerze wurde zu **Kinnerkerze** verformt, weil man *Kinn* mundartlich als *Kinder* verstand. Es geht jedoch auf *künig* (= König) zurück. Heute noch sagt man *Mauskinnich* (Wm) zum Zaunkönig. (Vgl. auch *Kinnich* für Bad König.) Aus *Künigskerze* wurde durch Zusammenziehung **Kinnskerze**.

Wille, Willestengel und **Willekerze** haben nichts mit *wild* zu tun, obwohl es manchmal (Ha: *willi Kerze*) so gedacht wird. Die Namen sind verwandt mit dem mittelhochdeutschen *wüllin* (= aus Wolle) und beziehen sich auf die filzig behaarten Blätter. Die heilige Hildegard nennt die Pflanze *wullena*.[20]

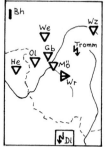

▽ Kinnskerze
▷ Kinnerkerze
○ Wille
⊘ Willestengel
⊕ Willekerze
⊖ Wolleblume

♪ Donnerkerze
↳ Wetterkerze
| Herrgottskolben
~ Schlangenkraut
╲ Kuhschwanz, Kühstengel

▲ Gelber Antoni

Wollblume *(Wolleblum):* Wollblume heißt sie daher auch hochdeutsch.

Herrgottskolben: Dieser Ausdruck ist auch im Ried (Fh) geläufig. Den religiösen Namen erhielt sie, weil sie im Würzwisch geweiht wird; *Kolben* weist auf die Blütenstandsform hin.

Schlangenkraut: So bezeichnet man sie auch in der Schweiz (im Böhmerwald *Otternkraut*), vielleicht weil sie gegen alles Böse, also auch gegen die giftigen Schlangen schützt, wie Marzell[33] vermutet.

Gelber Antoni ist nur in einem Ort (Rt) gebräuchlich und hebt die Pflanze ab gegen den *Weißen Antoni,* die Mehlige Königskerze (s. u.). *Antoniusblume* heißt die Königskerze auch in Westfalen.[33] Ob man sie gegen das "Antoniusfeuer" (Rotlauf u. ä.) eingesetzt hat?

Kuhschwanz und ***Kühstengel*** hörte ich nur je einmal (pr). Der Vergleich meint den dichten Blütenstengel.

Wetterkerze (Tromm) und ***Donnerkerze*** beziehen sich auf die Blitzabwehr.

Mehlige Königskerze   Verbascum lychnitis L.

Diese zierlichere, nur etwa 90 cm hohe Königskerzenart liebt die gleichen Standorte wie die vorige. Sie blüht **weißlich** oder **gelb.**

VOLKSNAMEN

Osterkerze: Die weißblühende Form wird wohl hauptsächlich der Farbe wegen mit der Kirchenkerze verglichen, die an Ostern geweiht wird.

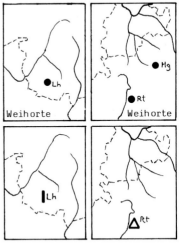

Weißer Antoni: So unterscheidet man sie in Rittersbach vom *Gelben Antoni* (s. o.).

Warum beide Königskerzenarten *Antoni* genannt werden, ist auch dort (Rt) nicht bekannt.

❙ Osterkerze
△ Weißer Antoni

Wilde Möhre — Daucus carota L.

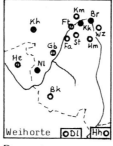
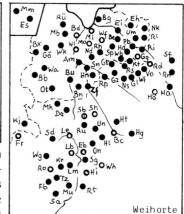

Weihorte

Das etwa 75 cm hohe, **weiß** blühende Doldengewächs hat in der Mitte des Blütenschirmes meist einzelne schwarzrote Blütchen. Auffälliger ist aber der nestartig zusammengezogene Fruchtstand. - Die Wilde Möhre ist die Stammpflanze der Gelben Rübe.

Heidt[19] meldet die Verwendung der Wurzel für den Kreis Bergstraße (gegen Blutarmut). Für die Würzbürde kommt es jedoch hauptsächlich auf den Fruchtstand an.

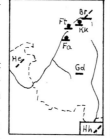

VOLKSNAMEN

Vogelnest, Krappennest
Grabbenääschder (darunter versteht man Krähennester) oder einfach **Nester:** Vergleiche mit Nestern fordert der Fruchtstand heraus.
Auch die meisten folgenden Namen deuten auf den Fruchtstand:

Futtermännli: Damit sind keine Männchen gemeint, wie der Mundartfremde annehmen könnte. Eine Manne ist

— Vogelnest
⚓ Krappennest
→ Nest, Nestle
● Futtermännli
⊕ Körbli
⊙ Schüsseli
V Schlocke(r)fässer
⌣ Weihwasserkesseli
⤩ Weihwasserspritzer

△ Kelchli
▲ Muttergotteskelchli
▼ Dutte
▼ Fraadutte /frãdudə/
⋇ Muttergotteskrönli
■ Muttergotteshäusli
▲ Bieweräl und Boweräl
▯ Himmel und Hölle
/ wilde Gelberübe
／ Rüwekraüti

ein Korb. Die Fruchtdolden werden also mit einem Futterkorb verglichen.

Körbli: So heißt es oft klar und einfach.

Schüsseli: So spricht man den napfförmigen Fruchtstand auch an.

Schlocke(r)fässer sind Wetzsteinbehälter. Ursprünglich nahm man dazu ein Kuhhorn, das man beim Mähen hinten am Gürtel befestigte und mit Wasser füllte. Der hineingesteckte Wetzstein "schlockerte" darin hin und her.

Kelchli spielt schon ins Religiöse hinüber.

Muttergotteskelchli drückt das noch deutlicher aus. Den Zusatz erhielt die Wilde Möhre wie viele andere Weihpflanzen, weil sie am Fest Mariä Himmelfahrt der Gottesmutter dargebracht wird.

Weihwasserkesseli ist ein weiterer religiöser Vergleich.

Weihwasserspritzer: Dieser Name, den ich nur einmal (fb) hörte, bezieht sich vielleicht auf eine mögliche Verwendung. Die behaarte Fruchtdolde bietet sich an, um damit z. B. auf dem Friedhof einem lieben Verstorbenen den Segen des Weihwassers zuteil werden zu lassen.

Muttergotteshäusle: Im Fruchtstand sieht man vielleicht die Nische eines Marienbildstockes.

Muttergotteskrönle, bei Mudau (Do) *der Muttergottes ihr Krönle:* Damit könnte die Blütendolde mit der Zier der dunklen Blütchen gemeint sein.

Dutte: Hier vergleicht man den Fruchtstand wohl mit Tüten.

Fraadutte ist eine erweiterte Form. Mit *Fraa* = Frau wird natürlich Unsere Liebe Frau, die Gottesmutter, geehrt.

Bieweräl /bīwərḙl/ und *Boweräl* /boẉərḙl/: Mit *Boweräl* bezeichnet man einen Blütenstand mit schwarzroten Mittelblütchen, eine Dolde mit heller roten Mittelblütchen heißt *Bieweräl.* Für die Würzbürde müssen beide Formen gesucht werden. Die Ausdrücke sind offenbar von der Bibernelle (Pimpinella major), einem weiteren Doldengewächs, übertragen worden. Der alte Name *Boberella*[20] für die Judenkirsche (Physalis alkekengi), auch *Juledändele* (Hö) genannt, hat wohl nichts mit der Wilden Möhre zu tun. Allerdings führt Marzell[33] *pubarella* aus dem Althochdeutschen an, was für den Zwergholunder (Sambucus ebulus) gilt. Dieser besitzt einen der Wilden Möhre ähnlichen Blütenstand, eine Trugdolde, und er blüht auch weiß.

Himmel und Hölle: Man sucht einen gegabelten Stengel, der sowohl einen Fruchtstand als auch eine blühende Dolde trägt. Der helle Blütenschirm ist der Himmel, der "dunklere", tiefe und haarige Fruchtstand die Hölle.

Rübenkraut (Rüwekraüti) zeigt die Verwandtschaft mit der Kulturform an.

Wilde Gelberübe (Wille Gäleriewe) ist wohl kein echter Volksname. Vielleicht wurde nur der Buchname *Wilde Möhre* in Mundartform gebracht.

Dost   Origanum vulgare L.

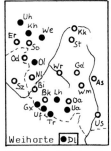
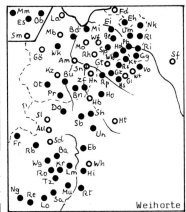
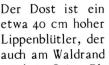

Der Dost ist ein etwa 40 cm hoher Lippenblütler, der auch am Waldrand wächst. Seine Blüten sind zwar nicht sehr groß, sie stehen jedoch doldenähnlich in **hellpurpurnen**, selten weißen Büscheln dicht beisammen.

Was den lateinischen Namen Origanum (!) angeht, so ist das aromatische Kraut tatsächlich das bekannte Pizzagewürz aus Italien. Im Odenwald entfaltet es allerdings bei weitem nicht den würzigen Duft wie in den Mittelmeerländern. Der Dost zieht aber auch bei uns wärmere Lagen vor.

Wenn das Vieh krank war, gab man ihm die Pflanze (Kh).

Der Dost ist ein altes Hexen und Teufel vertreibendes Kraut und gelangte aus diesem Grunde in den Weihstrauß. In vielen Sagen und Redensarten wird er seiner Abwehrkraft wegen gelobt.

Spiegel[45] führt ihn 1889 aus der Miltenberger Gegend (Ei) in den drei folgenden Sprüchen als teufelabwehrend an:

       Lorenzi-Daschte,
          die tut 'n Teufl verbaschte (= unterkriegen, packen).

Oder: *Mit Lorenzi-Daschte*
            kann mer'n Teufl verbaschte.

(Mit dem Volksnamen meint man den am Laurentiustag (10. August) gepflückten Dost.)

In Verbindung mit Baldrian sagte man dort (Ei) auch:

       Baldrian un Daschte
       welle 'n Teufl verbaschte.

Auch heute noch sind ähnliche Sprüche geläufig. Man nannte mir folgende:

       Braune Dorschde
       dun de Deifel aus'm Haus naus baschte.   (Robern)

Oder: *Mit Dorschde*
kann mer'n Deifel zum Haus naus baschte.   (Robern)
Mit Daschte
kann mer'n Deifel baschte.   (Schippach, Hornbach)
Mit Schwarze Wirregumm (Asplenium trichomanes)
un Braune Daschte
kann mer'n Deifel zum Haus naus baschte.   (Einbach)

Oder: *Mit Schwarze Wirregumm un Braune Daschte*
kann mer'n Deifel mit baschte.   (Friedrichsdorf)
Mit Dauschedgüllekraut un Daschte
kann mer de Deifel mit baschte.   (Scheidental)
Wörrmede un Daschte,
die müsse de Deifel baschte.   (Reinhardsachsen)
Mit Dunnerdischl (Golddistel Carlina vulgaris) *un Daschte*
kann mer'n Deufel mit baschte.   (Reichartshausen)
Mit Kannschkraut (Johanniskraut) *un Daschte*
do kann mer de Deifel baschte.   (Rippberg)

In Hp-Erbach war folgende Sage bekannt (mündlich aus Kh):
Der Teufel stellte einem Mädchen schon lange nach. Einmal, als ihm der Böse wieder begegnete, war es glücklicherweise mit einem Würzwisch unterwegs. Enttäuscht mußte er unverrichteterdinge fliehen und schimpfte:

Wenn du nicht hättst Johanniskraut und Doschge,
tät's dich 'es Läwe koschte.

Eine vergleichbare Sage erzählt man in Hettigenbeuren. Dort war es üblich, etwas von der Würzbürde als Schutz ins Taufkissen zu stecken. Dabei war auch der Dost. Als sich nun der Teufel des Täuflings bemächtigen wollte, wurde er durch die Kräuter abgewehrt. Ärgerlich rief er:

Hättst du nicht Disteln und Dosten,
tät es dir das Leben kosten.

Spiegel[45] gibt aus Buch bei Amorbach einen Spruch an, in dem der Dost wieder in Verbindung mit dem Johanniskraut genannt wird:

Doschta (wohl *Doschder*) *und Hirtheid*
is Teufels Herzeleid.

Ich konnte jedoch weder den Spruch ausfindig machen, noch ist der Ausdruck *Hirtheid* für das Johanniskraut in der Gegend geläufig.

Erinnert sei hier an den schon angeführten, 500 Jahre alten Beschwörungssegen beim Pflücken des Dostes (s. S. 23).

VOLKSNAMEN

Der hochdeutsche Name *Dost* wie auch dessen mundartliche Abwandlungen beziehen sich auf die Blütenstandsform. Althochdeutsch *dost* bedeutet Blumenbüschel; dazu bairisch *Dosten* = Busch und schwäbisch *Dost* = Strauß.[25]

Braune Daschte bzw. *Braune Do͑schde* und *Brauner Doschdich* gehen auf alte Namen zurück. Die Kräuterbücher des 16. Jahrhunderts führen den Dost als *Brundosten* auf. Hierbei bedeutet "braun" nicht den gewohnten Farbton; die Bezeichnung hängt vielmehr zusammen mit dem lateinischen prunum für "Pflaume" und bezieht sich auf deren violette Farbe.[25]

Weiße Daschte bzw. *Weiße Do͑schde* betrifft nur die seltene weiß blühende Abart, die man zusätzlich zur normalen Art sucht.

Blaue Daschte: Unter *blau* versteht man wie so oft das bläuliche Rot.

Rote Daschte sagt man aber auch.

Große Daschte nennt man ihn zur Unterscheidung vom Quendel (Thymus puleg.) in Bu u. Gz, der dort *Kleine Daschte* heißt.

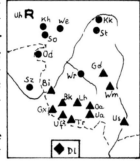

① Braune Daschte
◯ Weiße Daschte
⊖ Blaue Daschte
∪ Rote Daschte
O Daschte
△ Do͑schde /do͑šdə/
R Roter Rainfar

▲ Braune Do͑schde /- do͑ršdə/
V Weiße Do͑schde
▲ Brauner Doschdich /- došdiš/
◆ Braune Dostje /- dosdjə/
■ Dostchen /dostxən/
● Doschge /došgə/
T Antoniuskraut

Dostchen lautet so, wie es geschrieben wird. Es ist auch aus Thüringen bezeugt.[33]

Braune Dostje (Dl) zeigt eine ähnliche Aussprache.

Doschge: Diese Nebenform ist auch bei Rastatt bekannt[1] und ebenso im hessischen Ried (Fh) geläufig.

Roter Rainfar /rourə rǭfā/: Den Dost sah man als ebenso wirksam an wie den Rainfarn (Tanacetum vulgare), obwohl er ihm äußerlich nicht ähnlich ist. Auch im Niederelsaß vergleicht man ihn damit als *rot Räbet*.[33]

Antoniuskraut: Den Namen hörte ich nur zweimal (sn). Er ist anderswo für den Dost nicht nachgewiesen, wohl aber für das Johanniskraut.[33] Vielleicht hat man ihn wie sonstige "Antoniuskräuter" gegen das sog. Antoniusfeuer (Rotlauf und ähnliche Krankheiten) verwendet.

Hasenklee   Trifolium arvense L.

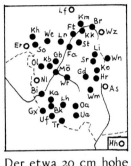
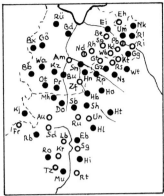

Der etwa 20 cm hohe Klee mit den **grauen** Köpfchen (blühend rosa überhaucht) erobert schnell Rohboden. Früher häufig auf Stoppeläckern.

Er hilft als Tee gegen Durchfall bei Vieh (Kh Mö Uf) und Mensch (Bk). Tabernaemontanus schreibt 1731 sogar: *Etliche wischen den Hindern mit den weichen Butzen / die rohte Ruhr damit zu vertreiben.*[49]

Mit den zarten Köpfchen streichelte man sich die Backen (Tz), oder man machte den Mädchen "binselebaansele" (Rp), d. h., man koste sie damit im Nacken.

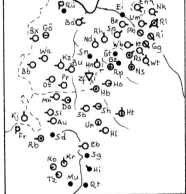

VOLKSNAMEN

Kätzelchen (im östlichen Odenwald *Kätzli*) heißt er wegen der zarten Köpfchen.

Beenseli und ähnliche Formen sind Kosenamen für Kätzchen.

Palmkätzchen: Man vergleicht sie mit Weidenkätzchen (Salix caprea).

Katzentape (-deebele = Pfote), **Katzenpfote** (-peedele) und

-O Beenseli
⊖ graue   ⊙ weiße
O- Beenserli
Q Bee^{e}nserli /bēənsə^{r}li/
ȯ Benseli
⦾ weiße Benseli
⊚ graue Benseli
△ Katzentape
▽ Katzenpfötchen
ʃ Schafhämmelchen

♂ Bienserli
ρ Bie^{e}nserli /bīənsə^{r}li/
⦹ Baansele
⊘ Baanserle
⊖ Binsele-baansele
• Kätzelchen, Kätzli
❥ graue Kätz.
P Palmkätzli
▲ Stopparsch
╱ Maria Bettstroh

Schafhämmelchen (= Schäfchen) deuten auch auf ihre Weichheit.
Stopparsch: Der Name bezeugt unverblümt die Wirkung gegen Durchfall.
Maria Bettstroh (s. S. 203) heißt es vielleicht auch, weil es so weich ist.

Goldklee Trifolium aureum Pollich

Tr. camp.

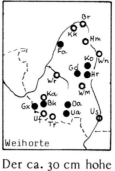

Weihorte

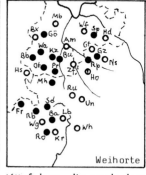

Weihorte

Der ca. 30 cm hohe Klee hat **goldgelbe** Köpfchen, die nach dem Verblühen bräunlich werden. Von dem ähnlichen Ackerklee (Tr. campestre) unterscheidet man ihn nicht immer, doch scheint der Goldklee das echte Weihkraut zu sein.

VOLKSNAMEN

Maria Bettstroh: Den Namen (s. S. 203) erhielt er wohl wegen der nach dem Abblühen strohig werdenden Blütenblätter.

Hasenknottel: Mit diesem anrüchigen Ausdruck (*Knottel* = Kotballen) vergleicht man die verblühten Köpfchen treffend.

Gelber Klee: So unterscheidet man ihn von anderen Arten.

Gelbe Benseli (d. h. Kätzchen) und *Gelbe Kätzelchen* grenzt ihn ab gegen die eigentlichen (grauen) Kätzchen, den Hasenklee (Trifolium arvense).

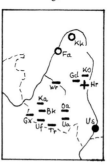

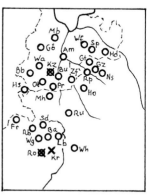

— Maria Bettstroh ✚ Gelbe Kätzchen
● Hasenknottel ✘ Gelbe Benseli
○ Gelber Klee

Rosengalle   Rosa canina / Rhodites rosae

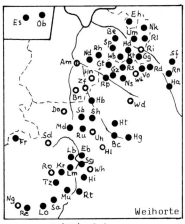

Das zottige Gebilde wird von der Gallwespe Rhodites rosae verursacht. Sie legt ihre Eier im jungen Trieb ab, und die saugenden Maden regen die Pflanze zu diesem **gelb**- und **grünlich-roten** Auswuchs an.

Weihorte

Man legte ihn unter das Kopfkissen, "wenn was war" (Fr), d. h., wenn man sich krank fühlte. In Deutschland glaubt man allgemein, daß der "Schlafapfel" guten Schlaf bringt, wenn man ihn unter das Kissen legt.[16]
Es dürfte auch eine Rolle spielen, daß der Rosenstrauch wegen seiner Stacheln gegen Hexen schützt, da diese angeblich den unruhigen Schlaf verursachen.[66]

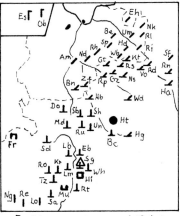

Übrigens hat die Heckenrose, besonders die Weinrose (Rosa rubiginosa), Beziehung zu Maria: Ihre Blätter duften herrlich, da die Muttergottes die Windeln des Jesuskindes daran getrocknet habe; sie riechen daher heute noch nach dem himmlischen Wässerchen (Tr). Man legte sie auch als *Schmackkraut* (Tr) ins Gesangbuch, um sich während der Predigt wach zu halten.

VOLKSNAMEN

Muttergotteskissen: Den Namen erhielt der Schlafapfel entweder nach der Legende, oder weil er am Marienfest geweiht wird. Der gleiche Ausdruck ist auch in der östlichen Nachbarschaft des Odenwaldes und nach Marzell[33] im Elsaß gebräuchlich. Ähnlich *(Herrgottskissen)* bezeichnet man ihn im Rheinland.[33]

⌐	Muttergottes- -kißchen
ǀ	-kissele
⊥	-kischele
∕	-küssele
∠	-küschele
☐	Muttergottes Bettkischele
⊓	Maria Kopfekisse
⋃	Kopfekischele
△	Dornkischele
●	Maria Bettstroh

(Maria) Kopfkissen und *Muttergottes Bettkissen* heißt es statt dessen auch.

Dornkischele ist natürlich das "Kissen am Dornstrauch". Mit *Kissen* bezeichnet man auch die Blütenköpfe der Witwenblume (Knautia arvensis) (s. S. 70). Marzell[33] und Zimmermann[56] geben von Hettingen den Ausdruck *Schlofkrahnsche* (Schlafkränzchen) an. Das ist wahrscheinlich aus Meyer, S. 569[35] falsch übernommen und bezieht sich nicht auf Hettingen, sondern auf Rosenberg. Ich konnte jedenfalls den Namen in Hettingen nicht belegen.

Maria Bettstroh: Es lag wohl nahe, die für eine Reihe von Pflanzen geltende Bezeichnung auch für die Rosengalle zu übernehmen, da diese ins Bett gelegt wurde. Auch Zimmermann[55] führt den Namen aus dem Bauland (Berolzheim) an.

Taubenkropf (-Leimkraut)　　　　　Silene vulgaris Garcke

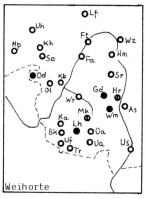
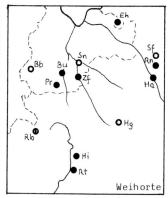

Die tagsüber wie verwelkt aussehenden **weißen** Blüten der bis zu 50 cm hohen Pflanze hüllt ein aufgeblasener Kelch ein. Sie öffnen sich erst abends für die Nachtfalter.

Die Frühjahrssprossen haben einen anfangs niederliegenden Stengel mit dicklichen, feinsamtig blaugrünen Blättern. Davon kochte man - noch vor 50 Jahren häufig - ein sehr schmackhaftes und zartes Gemüse.

Auch im Kinderspiel ist das Kraut gut bekannt. Man zupft eine Blüte ab, hält sie oben zu und läßt sie auf dem Handrücken zerknallen.

Die Beliebtheit des feinen Gemüses zeigt sich in einem Verschen, das in vielen Varianten auftaucht. Meist ist jedoch nur die erste Zeile geläufig, die auch einem Vogellied, offenbar dem der Kohlmeise, unterlegt wird:

Gippelkern ess' ich gern ...   Die bekannteste Fortsetzung lautet:

Griekraut net.	(Fb Gd Sr Lh Tr Wm)
Abweichungen davon sind:	
wann se net so daier wärn.	(Lh Mö Nl Wm Wz)
wann se nur gekocht wärn.	(Oa Ua Wr)
wann er nur geputzt wär.	(Fa He Ua)
wann se nur schon zeirig wärn.	(Mk Wr)
Griekraut noch viel liewer.	(gd)
Griekraut noch viel liewer,	
wann de e bissel hawwe willscht,	
muscht halt zu mer riewer.	(gx)
Kuckucksbrot isch mein Tod.	(Heiligkreuz)

Ein anderes Verschen hörte ich an der Bergstraße (He), das wohl die Zartheit des Gemüses meint: *Gippelkern / essen die alten Weiwer gern.*

Wenn sie nicht so teuer wärn soll sich auf das strafbare Sammeln im Feld beziehen. Es ist an die gleiche Spottantwort wie bei der Anpreisung der *"Odenwälder Heidelbeern!"* angelehnt.

Das in den Verschen häufig genannte **Grünkraut** ist den Leuten kein Begriff mehr, doch gehört es zu den vielen in Deutschland ebenfalls mit *Grünkraut* bezeichneten Gemüsepflanzen, die man vor der Einführung des Spinates verwendete:

Amaranth (Amaranthus blitum)
Melde (Atriplex hortensis)
Taubenkropf (Silene vulgaris)
Wiesenknöterich (Polygonum bistorta), bei uns *Laacheblätter* (Br Ft Km Us Wz), *Laafelsblätter* (Gd Hr Lh Li Wm) oder ähnlich genannt und meist mit jungen Brennesseln zusammen gekocht, und schließlich der
Gute Heinrich (Chenopodium bonus-henricus), der bei uns noch in der Nähe alter Miststätten wächst. - Auch Malvenarten, wie die **Krause Malve** (Malva crispa; s. S. 174), waren ebenfalls Gemüsepflanzen.[9, 27]

Was mit *Kuckucksbrot* im obigen Verschen gemeint war, das mir eine aus Rippenweier-Heiligkreuz gebürtige Frau mitteilte, konnte ich nicht ermitteln. In der Pfalz werden vielfach der **Sauerklee** (Oxalis acetosella) und das **Buschwindröschen** (Anemone nemorosa) so benannt.[51] Der gleiche Name gilt in Thüringen für die Frucht der Herbstzeitlose.[33]
Man sollte annehmen, *Gippelkern* und *Kuckucksbrot* müßten, da sie zusammen genannt werden, in irgendeiner Weise ähnlich sein. Ich könnte mir im Zusammenhang mit *Tod* zwar die Frucht der Herbstzeitlose vorstellen, die *Teufelsbrot* und *Kuckucksweck* als Volksnamen hat *(Kuckucksbrot* wäre als eine Mischbildung beider Bezeichnungen anzusehen), die Frucht der im Heu mißliebigen Giftpflanze erscheint jedoch erst einige Wochen später

als die jungen Triebe des Taubenkropfes. Zur Sammelzeit des Gemüses käme das Buschwindröschen in Frage. Es hat aber gar keine Ähnlichkeit mit dem Taubenkropf; außerdem ist seine Giftwirkung nur schwach, so daß man nicht mit Todesgefahr drohen muß.

Der Taubenkropf ist eine alte Heilpflanze und ist von daher zum Weihkraut geworden.

VOLKSNAMEN

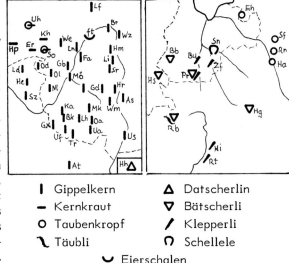

Kernkraut /ke͞ngraud/ bezieht sich wohl auf die im aufgeblasenen Kelch befindliche harte Fruchtkapsel. Diesen Ausdruck kennt man auch in Oberfranken[33]; mit dem allgemeinen Namen *Grünkraut* bezeichnet man die Pflanze in Franken[33], deutlicher *Kerngrünkraut* in Unterfranken[33], was das *Grünkraut* auch als Sammelbegriff für vielerlei Gemüse ausweist.

Gippelkern	△ Datscherlin
— Kernkraut	▽ Bätscherli
O Taubenkropf	/ Klepperli
ᒡ Täubli	∩ Schellele
ᒎ Eierschalen	

Gippelkern /gibəlke͞n/:
Der Taubenkropf heißt wahrscheinlich so, weil man die *Gippel* (= Triebspitzen; Ua) für das Gemüse sucht.

Taubenkropf (im Westen *Dauwegrebbel /-grebəl/*, im Osten *Dauwegröbfle*) meint - wie auch hochdeutsch - den aufgeblasenen Kelch.

Eierschalen wurde mir nur von einer Person aus Fürth genannt, obwohl dieser Ausdruck der Taubenkropfblüte eher zukäme als dem im Fürther Raum allgemein damit angesprochenen Waldweidenröschen (Epilobium angustifolium). Ähnliche Namen sind für den Taubenkropf vom Thüringer Wald *(Kräheneier)* belegt und in England als *birds' eggs* bekannt.[33]

Datscherlin und **Bätscherli** beziehen sich auf das oben erwähnte Kinderspiel. Eine Tatsche oder Patsche ist ein leichter Schlag.

Klepperli meint vielleicht auch das Aufklatschen der Blüte.

Täubli ist wohl an *Taubenkropf* angelehnt.

Schellele: Den glockigen Blütenkelch vergleicht man mit einer Schelle.

Lanzettdistel Cirsium vulgare (Savi) Ten.

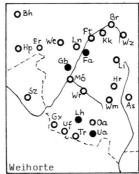
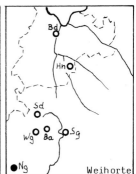

Diese kräftige, an die 2 m hohe Distel blüht **bläulichrot.** Sie wächst auch auf Waldblößen. Wegen ihrer Häufigkeit heißt sie in Büchern auch Gewöhnliche Kratzdistel, obwohl sie eine prachtvolle Erscheinung ist.

Bei dieser Pflanze wird besonders deutlich, daß sich der Kräuterbüschel - abgesehen vom Getreide - nicht ausschließlich aus Heilpflanzen zusammensetzt, wie man meist annimmt, sondern mindestens ebenso viele Abwehrkräuter aufweist. Disteln scheinen mit ihren spitzen Blättern und mit ihrer Bestachelung schier dazu vorbestimmt zu sein, dem Bösen die Zähne zu zeigen.

VOLKSNAMEN

Donnerdistel: Diesen Namen teilt sie mit anderen Disteln (s. S. 207). Die Form ihrer stachligen Blätter hat sie als Abbild des Blitzes erscheinen lassen.
Auch im Posener Gebiet hieß sie *Donnerdistel.*[33]

Dorndistel und *Dreidörnerdistel* sind vereinzelt vorkommende Ausdrücke, die sich eindeutig als Übertragungen zu erkennen geben. Da die Golddistel (Carlina vulgaris) nicht mehr zu finden war, übernahm man deren Bezeichnung für eine andere Distel.
Die Lanzettdistel ist daher häufig als Ersatz für die Golddistel anzusehen.

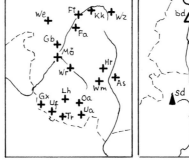
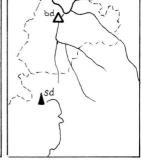

+ Donnerdistel △ Dreidörnerdistel
▲ Dorndistel

Quendel, Thymian Thymus pulegioides L.

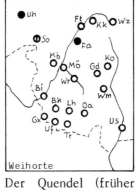
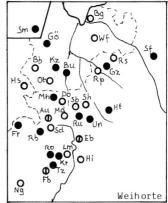

Der Quendel (früher Th. serpyllum) ist ein etwa 15 cm hohes Pflänzchen, das wir an trockenen Rainen finden. Er wächst gern auf den Erdhügeln kleiner Ameisen. Sein Blütenstand ähnelt dem Dost, besonders farblich. Der Gesamteindruck ist **rosa/braunpurpur**. Die Kleinheit macht der Quendel mit meist dichten Polstern wett, die sich durch Ausläufer bilden.

Mit dem Kraut rieb man früher die "Bienenfässer" aus; man wollte so den eingefangenen Schwarm an sein neues Zuhause gewöhnen (Hs Bb Rb). Schon Bock[4] sagt, der Quendel diene dazu, die *Bienen zu erhalten.*

Mit Quendel half man dem Vieh. Wenn die Kühe nicht aufstießen, gab man ihnen das Kraut (Fb). Auch krankes Vieh, z. B. wenn es gebläht war, erhielt ihn, dazu auch immer einen geweihten Zweig (So). Nach dem Kalben bekam ihn die Kuh ins erste Saufen, damit sie sich besser "putzte", d. h. die Nachgeburt ausstieß (Ft-Altlechtern So We). In ähnlicher Weise half er in der Pfalz zur Erleichterung der Geburt.[51]

Auch dem Menschen war er bei Geburten förderlich. Die aromatische Pflanze ist nämlich ein sogenanntes Frauenkraut, das der Gebärenden ins Lager gelegt wurde (s. S. 203f). Auch Maria (oder das Jesuskind) habe, wie einige Legenden erzählen, darauf geschlafen; daher stamme der in mehreren Gegenden Deutschlands für das Kräutchen gebräuchliche Name *Maria Bettstroh*.[30] Brunfels[6] bezeichnet 1532 den Quendel ebenfalls mit *Unser Frauen Bettstroh*.

Wenn schwächliche Kinder nicht laufen lernen wollten, hat man sie damit erfolgreich gebadet (Sm Sf Sg Tz). Auf der Schwäbischen Alb war dieses Verfahren allgemein üblich.[28] Auch Marzell führt aus der Münchener Gegend an, daß die Pflanze dem Bad gliederschwacher Kinder zugesetzt wurde und dort deshalb *Badkraut* hieß.[33]

Der Quendel ist auch ein Abwehrkraut. Bei Salzburg wird er als *Hexenkräutl* im Stall aufgehängt, damit die Hexe nicht an die Milch kommt.[29]

Besonders im süddeutschen Raum gehört der Quendel in den Weihstrauß.[33]

VOLKSNAMEN

Quendel, mundartlich auch *Quennel* oder gar *Gewandel*, ist eine Bezeichnung, die schon vor tausend Jahren bekannt war. Die hl. Hildegard heißt ihn *quenula*.[20]

Wilder Quendel: *Wild* dient wohl der Verstärkung.

Wendel mit der erweiterten Form **Wendelin** (nach dem Viehheiligen) sind weitere Abwandlungen.

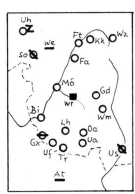
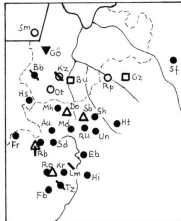

- Quendel
- Quennel
- Gewandel /gəwǫndəl/
- Willer Quennel
- Lavendel

△ Wendel
| Wendelin
□ Kleine Daschte
▼ Roter Anton
Z Zwangskraut (uh)

Lavendel: Wegen der klanglichen Ähnlichkeit mußte der wirkliche Lavendel (Lavandula officinalis) für unser einheimisches Kraut Pate stehen.

Kleine Daschte nennt man den Quendel im Gegensatz zum ähnlichen Dost, der in den betreffenden Orten (Bu Gz) *Große Daschte* heißt.

Roter Anton: Den nur in Gönz bekannten Volksnamen gab man dort dem Quendel zur Unterscheidung von einer nicht mehr erinnerlichen Pflanze, die man *Schwarzen Anton* (Gö) nannte. Dies ist in anderen Gegenden die Schwarznessel (Ballota nigra),[33] ebenfalls ein Lippenblütler und ein altes Heilkraut. - Ob ein sprachlicher Zusammenhang mit dem Dost (Origanum vulgare) besteht, der auch die Bezeichnung *Antoniuskraut* (Sn) führt?

Zwangskraut: Der Ausdruck soll aus Hambach (Uh) stammen. Er wurde mir in Hp-Erbach genannt, war aber im Ursprungsort nicht mehr ausfindig zu machen. Diesem Namen nach hat man den Quendel wohl gegen "Harnzwang" benutzt. Brunfels[6] schreibt nämlich vom Quendel: *Ist auch dyenstlich / denen so schwärlich harnen.*

Ampfer, Stumpfblättriger Rumex obtusifolius L.

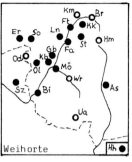
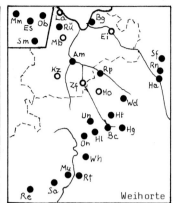
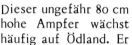

Dieser ungefähr 80 cm hohe Ampfer wächst häufig auf Ödland. Er ist jedoch auch auf Äckern und viehgedüngten Wiesen als lästiges Unkraut anzutreffen.

Früher wickelte man die Butter in die großen, breiten Blätter ein, um sie frisch zu halten (Gd Sr Ua Uh Us Wm; Sa), sie hießen daher *Butterblätter* (Sr Ua). Auch Meerrettich-, Rhabarber- und Dickwurzblätter dienten dazu.

Mit gutem Erfolg werden die Blätter bei Geschwüren benutzt: Man entfernt die Mittelrippen und legt alle Blätter nach innen zusammen. Mehrere Lagen davon kommen abends auf die "Schwären"; am nächsten Morgen sind sie aufgegangen (Ft).

Eine ältere Frau aus Hemsbach empfahl ihn als Hausmittel bei Milzbrand: Ihr Sohn hatte Milzbrandbeulen auf dem Kopf. Arzneimittel halfen nicht. So nahm sie "Halben Gaul" und legte die Blätter nach Entfernung der Rippen auf. In der Geschwulst entstanden Löcher und sie ging ganz auf.

Die gerbstoffreichen Früchte werden bei Durchfall angewendet, sowohl beim Vieh (Km Mö So; Rb Sh Sm) als auch beim Menschen, *wenn nichts anderes mehr hilft* (Us), in Form eines Aufgusses. In Dahn in der Pfalz nennt man den Fruchtstand deshalb auch *Stobb der's Loch*.[51]

Diese Wirkungen verzeichnen bereits die Kräuterbücher des 16. Jahrhunderts. Bock[4] schreibt: *Dargegen aber stopffen die samen / die soll man brauchen zu allen Bauchflüssen / solches ist von mir selbs warhafftig wargenommen.* Und weiter hält er die Pflanze für *gar nutz vnd gut allerhand Raud vnd Grind zu heylen / sonderlich die Eyterechte geschwär von Hitz entstanden.* Brunfels[6] sagt: *Vnd die bletter daruon übergelegt / dewen* (= verzehren) *die geschwulsten die eytter haben wie honig. ... Der somen von Saurampffer in wein gesotten / mag nützlich gebraucht werden wider die rot Rur / vnd auch andere außlauffen des bauchs.*

Beim Umlauf (Nagelbetteiterung) bindet man Ampferblätter um den Finger; sie "ziehen die Hitze heraus" (Wm).
Meist wird nur der Fruchtstand geweiht, seltener auch der blühende Stengel. Daß man ausdrücklich auf die dürre Pflanze Wert legt, heißt doch wohl, daß die heilkräftigen Samen geweiht werden sollen.

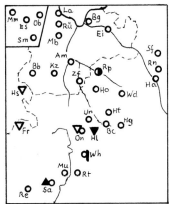

VOLKSNAMEN

Halber Gaul: Den Namen deutet man so (Kh): Früher mußte dieser lästige Ampfer im Acker ausgerissen werden. Die lange Wurzel steckte so fest im Boden, daß man glaubte, sie stemmte sich mit der halben Kraft eines Pferdes dagegen. Der Ausdruck *Halber Gaul* ist im deutschen Sprachraum weit verbreitet.[33]

○ Halber Gaul
◐ grüner und dürrer Halber Gaul
− Halbgaul
▼ Alter Gaul
| Kälberstengel

\ Halbert
/ Halbertsstengel
▽ Gäulswurzel
● Gäulsstengel
▲ Alte Gäulsstengel

Halbgaul, eine Abwandlung davon, ist seltener zu hören (auch Mittershausen und Igelsbach bei Heppenheim sowie Fh).

Grüner und dürrer Halber Gaul (blühend und fruchtend): Der *grüne* kommt nur zusammen mit dem *dürren* in den Weihstrauß.

Halbertsstengel /halwəds-/ (Er kh So), auch /halbəds-/ (Kh so We) und *Halbert* /halbəd/ sind wohl Nebenformen von *Halbgaul* oder *Halber Gaul.*

Gäulswurzel bzw. *Gaulswurzel* betonen die kräftige Wurzel.

Alter Gaul: Die bei Buchen (Hl) geläufige Bezeichnung meint mit *alt* wahrscheinlich den Fruchtstand.
Einen entsprechenden Ausdruck hörte ich in Würding bei Passau: Dort sagt man zu diesem Ampfer *Alte Kih.*

Gäulsstengel und *Alte Gäulsstengel* sind weitere Varianten.

Kälberstengel zielt auf die Verwendung bei Kälberdurchfall.

Fetthenne

Sedum telephium aggr.

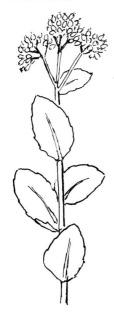

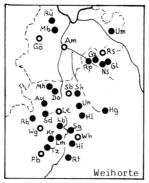

Weihorte

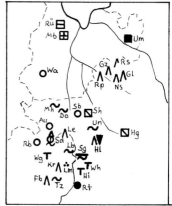

Die saftige Fetthenne findet man recht häufig an Ackerrändern und an Wegrainen. Sie wird 40 bis 50 cm hoch und hat einen dicken, leicht zu brechenden Stengel mit fleischigen Blättern. Ihre **grünlichen** oder schwach **rosa** Blüten stehen in dichten Büscheln.
Ähnliche Arten werden in Gärten gehalten.

Die Fetthenne hat man vor zwei Generationen als Gemüse zubereitet (Rü).

Die Pflanze war früher ein gelobtes Heilkraut zur Behandlung von Bruchleiden. Nach der Signaturenlehre (s. S. 202) sah man nämlich in den hodenähnlichen Wurzelknollen einen Hinweis auf die Heilwirkung bei Nabel- und besonders bei Hodenbrüchen. Hieronymus Bock[4] schreibt 1577 von der Fetthenne:

O	Nabelkraut
⊕	Nabelwurzel
⊟	Knabenkraut
⊠	Knäbliskraut /-liš-/
⊞	Knäbliswurzel
■	Buwesknötterli
Λ	Hauswurzel
⋏	Hauswurz
⋎	Altes Haus
∴	Pfeffer
~	Schlangenkraut
T	Teufelskraut
—	Barfüße
●	Galleriau /gáləriau/

Dieweil man das kraut zu den Brüchen brauchet / nennet mans auch Bruchwurtz / Knabenkraut. ... so ein Knäblein gebrochen were / dem soll man das gebrandt wasser vil tag nacheinander zudrincken geben. ... Das kraut hefftet vnnd heilet allerhand wunden / sonderlich was gebrochen ist an heimlichen enden (hiermit sind Hodenbrüche gemeint).

E. H. Meyer[35] berichtet vom vorigen Jahrhundert: *Ein Nabelbruch des Kindes heilt in Hettingen (bei Buchen), wenn das "Dödle" (der Pate) unberufen gefundenes Knabenkraut pflanzt.*

In die gleiche Familie der Dickblattgewächse gehört auch die Hauswurz (Sempervivum tectorum), die früher auf den Dächern (besonders Strohdächern) angepflanzt wurde, wie es schon Karl der Große auf seinen Hofgütern zu haben wünschte (s. S. 157f.). Heute sieht man sie noch häufig auf den Torpfosten der Bauernhöfe. Ihre vermeintliche Schutzwirkung gegen Blitz übertrug man auf die Fetthenne.

VOLKSNAMEN

Nabelkraut /nawᵊl-/ und *Nabelwurzel* /nawᵊlwoʳdsᵊl/: Die Ausdrücke hängen zusammen mit der erwähnten Verwendung bei Nabelbrüchen.

Knabenkraut (Knabe-, Knawe-), Knäbliskraut und *Knäbliswurzel (-worzel):* Diese Namen betreffen die angebliche Heilkraft bei Hodenbrüchen.

Buwesknötterli: Die lustig klingende Bezeichnung meint sicher die knotigen Wurzelknollen und hat ebenfalls Beziehung zum früheren Gebrauch.

Hauswurzel (Hauschworzel) und *Hauswurz:* Die Namen übertrug man von der ähnlichen Dach- oder Hauswurz (Sempervivum tectorum).

Altes Haus: Auch dieser Ausdruck hat wohl etwas mit der Hauswurz zu tun. Ob man dabei an ein altes, strohgedecktes Haus dachte, auf dem die Dachwurz wuchs?

Pfeffer wurde vom verwandten Mauerpfeffer (Sedum acre) übernommen.

Schlangenkraut: Die bei verschiedenen Pflanzennamen auftretende Beziehung zu Schlangen kann ich nicht klären. Vielleicht wächst die Fetthenne am Aufenthaltsort der Schlangen. *Natternkraut* heißt sie auch im Böhmerwald und im Bayrischen Wald.[33]

Teufelskraut wird sie auch in Unterfranken sowie im Thüringer Wald genannt.[33] Marzell[33] meint, man habe vielleicht die Wurzelknollen mit Teufelsfingern verglichen. Möglicherweise sollte sie den Teufel abwehren.

Barfüße (Barfieß): Den eigenartigen Namen bekam die Fetthenne vielleicht wegen ihrer unbehaarten, glatten Blätter, die gewissermaßen unbekleidet dastehen. (Bei Bensheim heißt es übrigens, man trinkt den Kaffee *barfuß*, wenn man nichts dazu ißt.[48])

Galleriau: Der sonst nirgends vorkommende Ausdruck ist unverständlich ("es heißt halt so"). Eine Verbindung könnte bestehen zum Galgant (Alpinia officinarum), einer chinesischen Heilpflanze, die die hl. Hildegard als Heilmittel erwähnt.[20] Er ist mit dem Ingwer verwandt und hat ebensolche Wurzelknollen. Diese waren vielleicht der Anlaß, ihn mit der Fetthenne in Zusammenhang zu bringen. Auch eine Namensähnlichkeit ergibt sich: 1889 wurde der Galgant auch unter dem Namen *Gallerjahn*[33] aufgeführt.

(*Wolfskraut* /wolfš-/ nennt man die Fetthenne in Götzingen im Bauland).

Odermennig — Agrimonia eupatoria L.

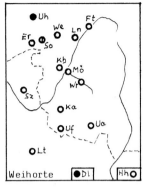
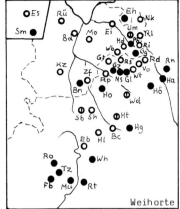

Weihorte

Weihorte

Das hübsche Kräutchen wird etwa 50 cm hoch. Es hat unterbrochen gefiederte Blätter und trägt eine lange Blütenähre, dicht besetzt mit **gelben** Blüten. Der behaarte, blühende Stengel sieht wie eine Taschenausgabe der Königskerze aus. Seine kleinen, klettenähnlichen Früchte bleiben vorbeistreifenden Tieren am Fell oder dem Menschen an der Kleidung hängen und werden so verbreitet.

Die Pflanze wächst auf trockenen Wiesen und an Wegrainen, aber auch an Waldrändern.

Der Odermennig stand früher als Heilpflanze in hohem Ansehen. Walahfried Strabo besingt ihn im "Hortulus", worin er alle Kräuter seines Klostergartens preist (s. S. 161).

In alten Brauch- und Rezeptbüchern wird er empfohlen, so auch in dem schon erwähnten bayrischen:
Wan die Kuh Blud mit der Milg Gibt so nim 5 Turmentel wurzel (Blutwurz Tormentilla, jetzt Potentilla erecta), *1 Schlangen wurtzel* (wohl Wiesenknöterich Polygonum bistorta) *und eine Guthe hand voll Ottermänglein kraut auch so viel Paldrian Kraut und anderhalb hand voll Salz dieses alles stos unter einander und Giß Eßig darzu als dan rühre es woll durch einander und gib es den vieh zu trincken so lang bis es vergeht.*[86]

Der Odermennig ist auch eine Abwehrpflanze, denn in der Eifel wird er *Jag-den-Teufel* genannt.[38]

VOLKSNAMEN

Der deutsch anmutende Buchname *Odermennig* ist aus dem lateinischen *Agrimonia* entlehnt worden. Den Buchnamen hat das Volk noch weiter umgebildet:

Od(d)ermännli, Orermännelchen (Orermännel Lt), **Oremännli** und *Od(d)dermenning* sind alles Mundartformen von *Odermennig.*

Kerzen sagt man wegen des aufrechten Wuchses. *Gelbe Kerzen* hebt die Pflanze vom Blutweiderich (Lythrum salicaria; *rote Kerzen*) ab.

Kleine Königskerze oder *Kleine Kerzen:* Der Vergleich mit der Königskerze (Verbascum thapsus) liegt auf der Hand.

Kleine Kinnskerze ist die echt mundartliche Form des vorigen Namens (siehe dazu die Ausführungen bei der Königskerze auf S. 86).

Teufels Abbiß ist für den Odermennig ein seltener Name, der aber schon 1889 von Eichenbühl belegt ist (s. S. 217). Sonst gilt er nur für den echten Teufelsabbiß (Succisa pratensis).

Peitschenmännle: Die schlanke, schmale Form des Blütenstengels regte wohl zum Vergleich mit einer Peitsche an.

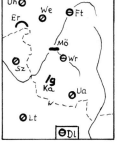

① Oddermännli
⊖ Odermännli (Ostteil)
  Odemännle (ft)
  Odermännlin (Dl)
⊘ Orermännelchen
  Orermännel (Lt)
◯ Oremännli
∪ Oddermenning
⌒ Odermenning
P Peitschenmännle

| Kleine Königskerze
— Kleine Kinnskerze
\ Kleine Kerzen
ϑ Gelbe Kerzen
/ Kerzen
● Teufels Abbiß
~ Schlangenkraut
▼ Barbarastengel

-Männle ist möglicherweise vom Odermennig übernommen worden.

Schlangenkraut: Der nur einmal genannte Ausdruck ist auch im Schwabenland für den Odermennig gebräuchlich. Vielleicht hat man *Odermennig* an *Otter* angelehnt. Es sind auch Zusammensetzungen mit *Natter* in Deutschland bekannt.[33] Übrigens nennt man die Königskerze als Vorbild des Odermennigs in Breitendiel ebenfalls *Schlangenkraut.*
Brunfels[6] führt seine Heilwirkung gegen Schlangenbisse auf: *Agrimonien ... kraut / vnd der somen / in wein getruncken / ist gut zu der roten rur / zu bresten der leberen / vnd heylet die schlangen bissz.*

Barbarastengel: Eine Verbindung mit *Barbara* weisen zwar verschiedene Volksnamen auf, doch ist dies für den Odermennig sonst nirgends bekannt.

Wilde Karde   Dipsacus fullonum L.

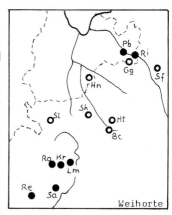

Die etwa 1 m hohe, stachlige Pflanze steht im östlichen Odenwald öfter an Gräben, Bahndämmen und auf Schuttstellen. Sie gehört trotz ihres Aussehens nicht zu den Disteln. Ihre gegenständigen, miteinander verwachsenen Blätter bilden einen Trichter, in dem sich das Regenwasser sammelt und der so zu einer Insektenfalle wird. Die rauhen Köpfe sind von bogig aufsteigenden Hüllblättern umgeben. Die **blaßlila** Blütchen stehen zunächst ringförmig in der Mitte des Kopfes und blühen dann nach oben und unten ab.

Wie geschmiedet wirken die Fruchtstände. Sie werden daher oft für einen Trockenstrauß verwendet.

Eine verwandte Art, die Weberkarde (Dips. sativus), baute man früher für die Weber an, die damit den Wollstoff aufrauhten.

Die Wilde Karde ist wegen ihrer unheilabwehrenden Stachligkeit weihwürdig. Der in Guttenbrunn in Rumänien (s. S. 18) übliche Name *Donnerköpfe* weist eindeutig auf die Schutzwirkung gegen Blitzschlag.

VOLKSNAMEN

Stechäpfel bezieht sich auf den rundlichen, stachligen Kopf. Auch die Kugeldistel (Echinops sphaerocephalus), die an Bahndämmen verwildert ist, und die Jungfer im Grünen (Nigella damascena) aus dem Garten tragen diese Bezeichnung.

Apfelstecher ist die Umkehrung des vorigen Namens. Solchen Umstellungen begegnet man häufiger, z. B. *Euterkühe* (Wm) anstelle von *Kuheuter* für die (Frucht der) Herbstzeitlose.

Flaschenputzer: Der Vergleich mit dem Haushaltsgerät liegt nahe.

Kloputzer (sf) ist neueren Datums.

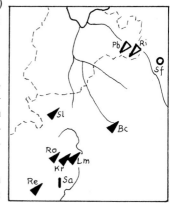

◀ Stechäpfel
△ Apfelstecher
| Flaschenputzer
○ Kloputzer

Weiße Taubnessel — Lamium album L.

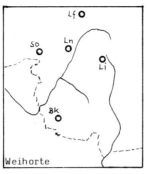

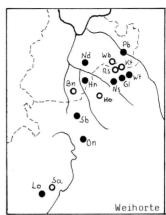

Die ungefähr 30 cm hohe, **weiß** blühende Taubnessel ist an Wegen und in Dorfnähe verbreitet und daher allgemein bekannt. Ihre Blütenkronenröhren enthalten süßen Nektar, der von den Kindern gerne ausgesaugt wird.

VOLKSNAMEN

Tau(b)nessel (Daanessel): Die erste Silbe gehört nach Marzell[33] zu einem germanischen Wort, das *sterben* bedeutet. Das entspricht der englischen Bezeichnung *deadnettle*, was soviel wie tote, nicht brennende Nessel heißt.

Schnorressel: Der eigenartige Name scheint auf den ersten Blick unerklärlich; auch die Einheimischen verstehen ihn nicht (mehr?). Ich vermute, daß er mit einem alten Kinderspiel zusammenhängt, das in Siebenbürgen *Schnurr* oder ähnlich genannt wurde.[33] Man kniff dazu ein Stengelstück mit zwei Blütenquirlen ab, steckte eine Nadel durch die Mitte und blies dann dagegen. - Von einer solchen "Windmühle" ist allerdings im Odenwald nichts bekannt.

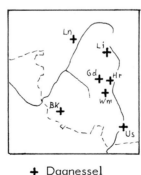

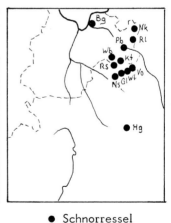

+ Daanessel   ● Schnorressel

Der zweite Wortbestandteil wurde von *Brenn-essel* (mit falscher Silbenabtrennung) übernommen.

Wegwarte   Cichorium intybus L.

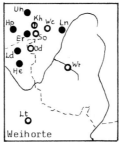
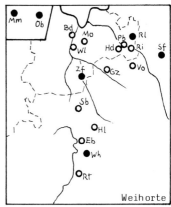

Weihorte

Die zarten, **blauen** Radblüten der etwa 60 cm hohen alten Heilpflanze stehen zu den steifen, sparrigen Stengeln im Gegensatz.

Weihorte

Die Wurzeln röstete man früher, um Ersatzkaffee daraus zu kochen.

Im Volksglauben hatte die Wegwarte, besonders die weißblühende, Zauberkraft.

In dem handschriftlichen bayrischen Zauberbuch[86] findet man - offenbar verstümmelt - eine Anweisung, in der die Pflanze als beseelt betrachtet und wie ein Mitmensch angeredet wird:

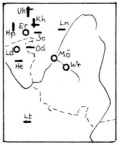
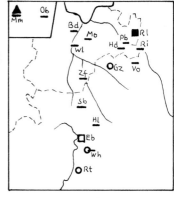

Gruß an die Weise wegwarden
Lauf 3mal darum und Sprichst Gott Grüse dich weise Grüne wie stehest du hier so schöne wie stehest du hir so Frech und wer dich Gräbt und bej sich trägt. Jetzt knüehe nieder und Sprich(s)t weise da find ich dich im Namen Gottes Grab ich dich und gebitte dir bei Gott das du die Kraft behaltest wie sie dir Gott gegeben hat im Namen Gottes der H:Dreifaltigkeit Gott Vatter Sohn und H: Geist † † † Amen

○ Zigóri
◻ Zichóri
■ Eisenkraut

❘ Wegerich
— Weg(e)warte
▲ Weghaare (mm)

Nb: die wortzel muß mit Silber abgestocken werden.

Hier wird wieder das alte Verbot, Eisen zu benutzen, deutlich, da dieses den Zauber bricht (s. S. 24).

VOLKSNAMEN

Zigori (oder *Zichori*) entspricht der wissenschaftlichen Bezeichnung und ist noch von der Verwendung der Kulturform zu Kaffee-Ersatz bekannt.

Wegerich wie auch **Wegwarte** heißt sie, weil sie entlang der Straße wächst. *Wegerich* nennt man sie auch in der Wetterau.[42]

Eisenkraut: Diesen Namen trägt sie vermutlich wegen ihrer sehr zähen Stengel. So sagte man auch in der deutschen Sprachinsel Gottschee (80 km östlich von Triest) und ähnlich (*Eisenhart*) an der Lahn.[33]

Weghare hörte ich nur einmal (mm). Der Name wurde vielleicht aus *Weghart* (wegen der harten Stengel) verderbt. (*Weghartel* sagt man in Oberfranken.[33])

Hasel   Corylus avellana L.

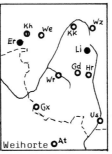
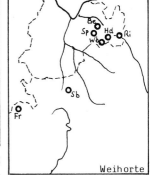

Eine Beschreibung des bekannten Gehölzes erübrigt sich. Zu erwähnen wäre, daß die Hasel einhäusig ist, d. h., die männlichen Kätzchen und die weiblichen Narbenpinselchen, die aus einzelnen Knospen ragen und die Nüsse bringen, stehen zwar auf demselben Strauch, jedoch getrennt voneinander.

Bei den Germanen war die Hasel eine Zauberpflanze. Das beweist auch die Verwendung der jungen Zweige als Wünschelruten.
Dazu sei eine Anleitung aus dem erwähnten bayrischen Zauberbuch[86] mitgeteilt, die ausführlich schildert, welche Kräfte man der Wünschelrute beimaß und wie man mit ihr umzugehen hatte:

Eine rechte Glücks Ruthe oder Wünschel ruthen zu brechen

Es ginen Aus • 3 • H. Jungfrauen des Morgens früh im Dau über eine Grüne Blaun eine wünschel Ruthen zu brechen die Erste SPrach so wahr als unser der herr Jesus Christus gebohren ist! die Andere SPrach unser H. Jesus ist gebohren! die dritte SPrach unser H. Jesus Christus ist Warhaftig gebohren So Warhaftig unser H. Jesus Christus geborhen ist so warhaftig Soll mir meine Ruthen zeigen wo ein Schatz ist oder Stein Quellen oder wan jemand in der Fremt ist ob er noch lebt oder gestorben ist und wie weit er in Fremten länder ist ob er wieder nach haus komt und wan etwas Gestolen ist wer es hat und wo das Gestolene Gut ist das bitte ich die H. Dreifaltigkeit Gott Vatter † † †

Das Amen darfst du aber nicht sagen bis du das 3te mal geSProche hast und dan brichtdu die Ruthe ab.

Jetzt die Ruthe zu Fragen. Ruthe ich Frage dich durch Gottes Wahrheit erzweige mir Gottes Wahrheit so wahr unser her Jesus Christus gebohren ist so wahr erzeige mir Gottes Wahrheit das du mir anzeigest durch Gottes Wahrheit was ich dich Frage ist es dan wahr so laß meine Ruthen Schlagen ist es nicht wohr so laß sie stehen bis ich weider Frage und sie mir den Ort thut zeigen † † †

Die Ruthe muß von einem weisen haselnüß busch mit einer Gleichen Gabel in einem Jahr Gleich gewachsen sein.

Die Hasel schützt auch vor Gewitter. Dazu wurde mir folgende Legende berichtet (Wr): Auf ihrem Gang zu Elisabeth flüchtete die Muttergottes während eines Gewitterregens unter die Hasel. So wurde sie beschützt. Wegen dieser Schutzkraft kam sie auch in den Weihstrauß (Wr).

In Oberfranken und in der Oberpfalz werden bei Blitzgefahr Haselzweige an Türen und Fensterläden gesteckt.[29]

Haselnüsse sind ein Fruchtbarkeitssymbol: Wenn es viele Haselnüsse gibt, dann kommen auch viele Jungen zur Welt; es gibt ein "Bubenjahr" (As Affolterbach Langenthal).

Hesselstecke braucht man beim Binden von Birkenbesen: Aus den abgespaltenen, geschälten äußeren Stücken flechtet man die Befestigungsringe; mit dem in vier Teile gespaltenen Herzstück wird der Stiel verlängert (We).

VOLKSNAMEN

Hasselniß heißen die Nüsse überall, mit

Hassel oder *Hessel* ist jedoch der Strauch oder das Holz gemeint.

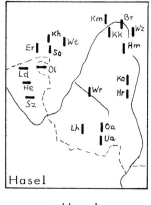

Hasel
— Hassel
| Hessel

Eisenkraut

Verbena officinalis L.

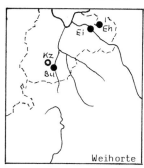

Weihorte

Die etwa 50 cm hohe Pflanze bevorzugt unbebaute Standorte. Ihre **blaßlila** Blüten bilden lange Ähren.

Das Eisenkraut war in der Antike ein so geschätztes Heil- und Zauberkraut, daß die Römer seinen Namen allgemein auf Weihkräuter übertrugen. In seinem Kräuterbuch schreibt Bock[4]: *Der namen Verbena ist gemein / dz jhn die Weiber wissen / dann sie mit dem kraut auch narrheit treiben / in jren Verbenis oder Würtzwüschen.*

Eisenkraut ist also schon im 16. Jh. als Weihkraut bezeugt.

Welche Zauberkräfte man ihm zutraute, beweist auch das nun schon wiederholt angeführte bayrische Rezeptbuch[86]:

De verbena oder etwas von dem Eisenkraut Nim Eisen Kraut das an Maria Himmelfart gegraben und zwar Fruh morgens fruh neme es bej dir auf die Brust an der rechten Seiden Es macht das dich alle Menschen lieb und werd haben werden wan man aber Kraut und Worzel beisich trägt so kan man wisen wen man zu einem Kranken geht ob derselbe an

Leider bricht auch in den Kopien der Text hier ab. Eine Fortsetzung bietet der Hortus Sanitatis[23]: *welcher diß krut by ym dreyt* (trägt) *vnd kumpt zu einem siechen vnd fraget yn wie es ym gang antwort er wole so geneset er antwort er aber vbel so stirbt er* (was wohl einige Wahrscheinlichkeit für sich hat).

Ein solches Zaubermittel half natürlich auch gegen Hexen. In England wird es wegen dieser Abwehrkraft zusammen mit dem Dill erwähnt (s. S. 165).

VOLKSNAMEN

Eiskraut: Der Ausdruck ist durchsichtig. Er ist aus *Eisenkraut* entstanden. Dessen Bedeutung ist unsicher. Vielleicht spielt man damit auf die harten Stengel an wie bei der Wegwarte, die aus demselben Grund Eisenkraut genannt wird. Bock[4] führt als Erklärung an: *weil man Eisen damit herten thut.*

Blaues Eisenkraut heißt es, weil die Wegrauke (Sisymbrium officinale) als *Gelbes Eisenkraut* mitgeweiht wird (Eh).

| Eiskraut
— Blaues Eisenkraut

Hauhechel Ononis repens L.

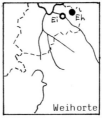

Die alte Heilpflanze kommt in den betroffenen Orten in der Art O. repens vor. Sie hat niederliegende Stengel von etwa 25 cm Höhe mit **rosa** Schmetterlingsblüten in der Größe von Bohnenblüten.

— Altvaterliskraut
| Vaterkräuti

VOLKSNAMEN

Altvaterliskraut: Die Hauhechel hat wohl gegen den "Altvater" geholfen. Damit bezeichnete man das angehexte "Abnehmen" (Schwindsucht, Muskelschwäche) kleiner Kinder, die dann ein greisenhaftes Aussehen bekamen.[33]

Vaterkräuti ist wahrscheinlich eine verkürzte Form des vorigen Namens.

Feldbeifuß — Artemisia campestris L.

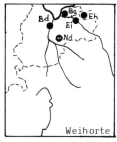

Weihorte

Die etwa 50 cm hohe, struppige Pflanze hat unscheinbare, **rotbraune** Blütenköpfchen. Sie ist mit der Eberraute (s. S. 177) verschwistert und sieht ihr auch ähnlich.

o Besenreisig
/ Besenkraut

VOLKSNAMEN

Besenreisig und *Besenkraut:* Schon Bock[4] bringt diesen Namen: *Das wild Stabwurz* (die Eberraute) *nennet man Besemkraut / vmb seiner vilen Reißlein oder Gertlein willen / darzu sie auch düglich sind.* Man hat also den Feldbeifuß wirklich als Besen benutzt.

Wegrauke — Sisymbrium officinale L.

Der Kreuzblütler trägt am abstehend verzweigten Stengel **hellgelbe** Blütchen. Seine Schoten pressen sich dicht an den Stengel.

Weihorte

Die Wegrauke ist ein altes Heilkraut und hat einen besonderen Mundartnamen. Deshalb führe ich sie auf, obwohl sie nur von 1 Person (eh) genannt wurde.

o Gelbes Eisenkraut

VOLKSNAMEN

Gelbes Eisenkraut heißt sie auch anderswo in Deutschland wegen der gestaltlichen Ähnlichkeit mit dem Eisenkraut (Verbena officinalis). In der Würzburger Gegend sagt man *Eisenkraut* zur Wegrauke.[33]

Bilsenkraut   Hyoscyamus niger L.

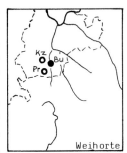

Das selten gewordene Nachtschattengewächs taucht gelegentlich an Schuttplätzen auf, ist meist in Dorfnähe zu finden und wird im Garten geduldet oder sogar gehegt.
Seine buchtig gezähnten Blätter sind am Rand behaart. Der etwa 50 cm hohe Stengel bekommt eine schmutzig gelbe, violett geaderte Blüte nach der andern. Schließlich sitzen die bauchigen Fruchtkapseln dicht an dicht den Stengel entlang, alle nach einer Seite gewendet.

Das Bilsenkraut ist eine berüchtigte Gift- und Zauberpflanze. Seher gelangten mit seiner Hilfe in Entrückung, und im Mittelalter war es Bestandteil der "Hexensalben", wobei die armen Frauen ihre lebhaft geträumten Erlebnisse mit dem Teufel oft für Wirklichkeit hielten.
Darüber hinaus wurde das Gift von Quacksalbern benutzt, um ihre Patienten von Zahnschmerz zu befreien. Im 14. Jahrhundert schreibt Megenberg[70]: *daz öl, daz auz dem sâmen des krauts wird gemacht, ist guot für der zende smerzen.* Bock[4] führt ein sehr altes Mittel gegen Zahnweh an: *Die wurtzel von Bülsen mit Eßig gesotten / ist gut zu den schmertzlichen zänen / darmit warm geweschen.* Er schreibt auch: *Bülsenkraut Blumen vnnd samen / dienen zum schlaff / stillen schmertzen / machen aber (zuuiel gebraucht) schellig* (aufgeregt) *vnnd doll.*
Auch die Zigeuner verwendeten das Teufelskraut bei ihren heimlichen Künsten. Bock[4] berichtet, daß die Pflanze *allem vihe schädlich ist. Solches kan man an den fischen im wasser wargenemmen / wann die fisch durch die Landstreicher mit Bülsen und Kokilien körner im Aas* (Köder) *betrogen werden / also das sie daruon doll werden / springen auff vnd keren zuletzt das weiß vbersich / das sie mit den Händen inn solcher dollheit gefangen werden. Die Hüner auff den balcken fallen heraber / wann sie den rauch von Bülsen gewar werden. Solche künstlein treiben die Zigeiner vnd jre gesellschaft.*

VOLKSNAMEN

Sandtütleskraut *(Sooddüddleskraüti):* Das Kraut mit den tütenähnlichen Fruchtbechern wächst auf Sand.

Zahnkräuti(ch)*:* Es sollte gegen Zahnweh helfen (s.o.).

O Sandtütleskraut
∧ Zahnkräuti

Färberkamille   Anthemis tinctoria L.

Die etwa 40 cm hohe Blume erinnert in Größe und Gestalt der Blüten an Margeriten, die Köpfe - auch die Zungenblüten - leuchten aber **dunkelgelb**.

Ihren Buchnamen erhielt sie aufgrund der Färbeeigenschaften. Abweichend von heutigen Gepflogenheiten wollte man in früheren Zeiten seine Wäsche nicht weiß strahlen lassen; der Modegeschmack forderte den feinen gelblichen Ton.

● Gelbe Knöpfe, Große Gelbe Knöpfe

Bock[4] schreibt dazu: *Die Weiber im Wormßer vnnd Mentzer Bisthumb ... sieden ... dise blumen vnnd kraut miteinander / bereitten also die sterck zu den Betten damit ab / sparen hiemit den Saffran.*

Übrigens lassen sich die Ostereier damit in einem schönen Gelb färben.

Auf der Schwäbischen Alb heißt die Pflanze *Beckeringele* (*Ringele* wegen der Ähnlichkeit mit der ebenfalls zum Färben benutzten Ringelblume), weil der *Beck* (= Bäcker) sie zum Färben von Laugenbrezeln verwendete.[28]

VOLKSNAMEN

Große Gelbe Knöpfe (oder einfach **Gelbe Knöpfe**) nennt man sie gegenüber dem Rainfarn (Tanacetum vulgare: *Kleine Gelbe Knöpfe*; Ei).

Berufkraut, Scharfes   Erigeron acris L.

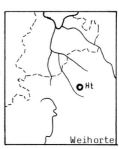

Dieser etwa 30 cm hohe, rauhhaarige Korbblütler hat **hellviolette**, aufrechtstehende Zungenblüten.

Er schützte vor Hexen und hieß daher *Beruf-* oder *Beschreikraut*.[33]

VOLKSNAMEN

Zahnwehkräuti(ch) (*Zehwehkräuti*): Als eines der vielen "Berufkräuter" (s. S. 37) hat es vielleicht gegen (durch Berufen) angehextes Zahnweh geholfen.

○ Zahnwehkräuti

Kugeldistel Echinops sphaerocephalus L

Die über 1 m hohe, distelähnliche Pflanze trägt **bläulich-weiße** Blüten. Man begegnet dem Gartenflüchtling streckenweise häufig an Bahndämmen und anderen unbebauten Orten.

VOLKSNAMEN

Stachapfel bezieht sich natürlich auf ihren kugeligen Blütenstand und auf die Bestachelung. Dieser Name ist vielleicht als Kurzform aus *Stachelapfel* entstanden.

Im nahen Auerbach bei Dallau heißt es unmißverständlich *Stechapfel*.

Dieselbe Bezeichnung führen auch die Wilde Karde (Dipsacus fullonum: *Stechapfel* mit der Umkehrung *Apfelstecher*) sowie die Jungfer im Grünen (Nigella damascena: *Stechapfel*).

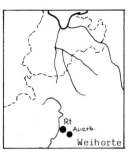

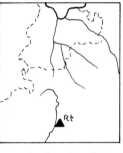

▲ Stachapfel

Nachtkerze Oenothera biennis L.

Die auf Ödland und an Bahndämmen häufige nordamerikanische Pflanze ist erst seit 200 Jahren bei uns eingebürgert. Sie wird ungefähr 70 cm hoch. Ihre **gelben,** duftenden Blüten öffnen sich abends für die Nachtfalter und schließen sich nach 24 Stunden wieder.

VOLKSNAMEN

Schlotterhose: Diesen eigenartigen Namen tragen in Deutschland mehrere Blumen mit weitglockigen Blüten. Unter einer Schlotterhose verstand man eine Pluderhose, wie sie im 16. Jahrhundert bei Landsknechten und dann allgemein in Mode kam.

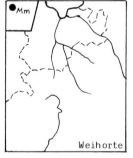

● Schlotterhose

Ackerpflanzen

In die Ackerpflanzen einbezogen sind auch sogenannte Un-kräuter auf sonstigem Kulturland (z. B. Gärten). Die Getreidearten habe ich ausnahmsweise nicht nach der Weihhäufigkeit eingeordnet, sondern insgesamt an den Anfang gestellt.

Hafer   Avena sativa L.

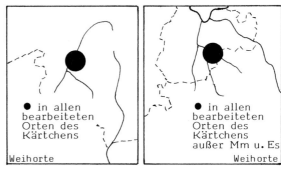

● in allen bearbeiteten Orten des Kärtchens
Weihorte

● in allen bearbeiteten Orten des Kärtchens außer Mm u. Es
Weihorte

Hafer war früher das am häufigsten angebaute Getreide. Anläßlich der Versteigerung eines Überwälder Betriebes wurde vor 150 Jahren (1839) an Getreide aufgeführt[74]:

Hafer	62 %
Roggen	20 %
Spelz oder Dinkel	14 %
Gerste	4 %

Dazu kam noch Heidekorn (Buchweizen). Der Weizen fehlt (s. bei Weizen auf S. 123).

Bis heute ist der Hafer im Westteil meist das einzige Getreide im Weihstrauß. Die Mehrzahl aller Gewährsleute quer durch dieses Gebiet verwendet kein anderes Getreide. Mit ein Grund dafür ist wohl auch, daß um den 15. August sonst keine Frucht mehr auf dem Feld steht, obwohl es keine Mühe machen würde, die Ähren im voraus abzupflücken.

Der Hafer war früher - auch im Odenwald - von Kulthandlungen umgeben. Teilweise noch bis 1944 wurde er mit dem Reff von der Feldmitte her in Spiralform ("Radmähen") geschnitten (Sr As Wr Uf).
(Auch Wiesen wurden "zur Wegeersparnis" (Gd) rund gemäht.)

Nach Winter[79] stellte man im vorigen Jahrhundert einige Halme in der Radmitte auf (Hr Ko Uf Wm Wn Wr), manchmal gebunden (Mö Wz). Dieses *Hafermännchen* (Oa Uf), die *Haferbobb* (= Puppe; Gx) oder der *Haferbock* (Wz) wurde mancherorts (Oa) draußen auf dem Feld verbrannt.

Von der Mehrzahl der Gewährsleute des Westteils wird ausdrücklich "grüner Hafer" gefordert. Das klingt an den Spessart an, wo man "verlorenen" Hafer nehmen soll, d. h. nicht vom Getreideacker, sondern z. B. vom Kartoffelfeld, wo er zufällig aufgegangen ist.[40] Auch bei uns holt man ihn vom Ackerrand, vom Kartoffelacker (We) oder als sog. *Flughafer* (Li) abseits vom Haferfeld, wo er später reift. Der angebaute Hafer ist Mitte August meist schon erntebereit. In der Literatur ist mir die Bedingung, daß der Hafer grün sein müsse, nicht begegnet. Die grünen Rispen scheinen in besonderer Weise Wachstum und damit Fruchtbarkeit zu versinnbildlichen. Hafer ist allgemein ein Fruchtbarkeitssymbol. In Mutterstadt bei Ludwigshafen z. B. warfen die Burschen den Mädchen Haferkörner ans Kleid; die hängengebliebenen Körner entsprachen der Anzahl künftiger Kinder.[51]

Abgesehen vom unreifen Zustand muß der Hafer in der Fürther Gegend eine weitere Besonderheit aufweisen: Die Rispe darf nur nach einer Seite hängen und wird als *Henkelhafer* (auch *Hängelhafer*) geweiht.

Man suchte also für den Würzbüschel das Besondere und meinte wohl, dies müsse auch eine besondere Wirksamkeit haben (vgl. bei Roggen auf S. 121).

In Österreich schützen gelegentlich Haferkörner das Vieh vor Verhexung.[16]

VOLKSNAMEN

Haber, meist *Hawwer* gesprochen. - *Hawwern* sagt man z. B. in Kimbach, Weitengesäß und Trennfurt. - *Habb*ᵒʳ/habᵊʳ/ hört man oft im östlichen Odenwald.

Henkelhawwer /heŋgᵊl-/ und *Hängelhawwer* /heŋəl-/ bedeuten das Herabhängende, haben also nichts mit einem Henkel zu tun, wie er im Hochdeutschen von einer Tasse geläufig ist.

Einseitiger Hawwer erklärt sich von selbst.

▼ Henkelhaber
● Hängelhaber
/ einseitiger Haber

I Habb^{or}
(Belegorte unvollständig)

— Grüner Haber

Roggen   Secale cereale L.

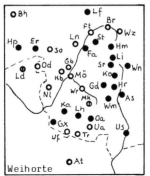
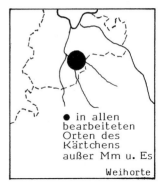

Weihorte

• in allen
bearbeiteten
Orten des
Kärtchens
außer Mm u. Es

Weihorte

Die meisten Brotsorten enthalten als Grundlage Roggen- oder Schwarzmehl. Was das Brot wert ist, haben die Älteren in Kriegs- und Nachkriegszeiten am eigenen Leibe gespürt. Und für unsere Ahnen war das Gebet "Unser tägliches Brot gib uns heute" oft noch ein Stoßseufzer in der Not. Kein Stückchen des fast heilig gehaltenen Lebens-Mittels wurde weggeworfen. Heute noch macht man vor dem Anschneiden auf der Unterseite des Laibes mit dem Messer in Ehrfurcht drei Kreuze (allgemein).

Für den Kräuterstrauß muß auch der Roggen oft noch grün sein (Gb Gd Gx Hr Lh Mö Wr).

Vereinzelt sucht man als besondere Zutat in Wz-Leberbach eine doppelte Ähre. Vielleicht war sie dort auch ein Schutz gegen Blitzschlag, wie das aus Mainfranken bekannt ist.[27]

Bei der Feldbestellung streut man ein paar geweihte Körner aus der Würzbürde mit dem Saatgut auf den Acker, damit sich ihr Segen auf das ganze Feld auswirke; auch bei den übrigen Getreidearten verfährt man so (bx).

VOLKSNAMEN

Korn (allgemein): Da der Roggen bei uns **das** Brotgetreide ist, wird er einfach als *Korn* bezeichnet, wie das auch in anderen Ländern für die jeweilige Nahrungsgrundlage gilt. So heißt in Frankreich der Weizen *grain* (= Korn), in Schottland versteht man unter *corn* den Hafer, und in Nordamerika meint man mit *corn* das Grundnahrungsmittel der Indianer (bekannt sind ja *cornflakes* und *popcorn*). Und auch Bock[4] schreibt 1577: *Gleich wie die Elsässer den Weyssen / vnnd die Westericher (Gegend um Zweibrücken) den Speltzen vnnd Dinckel Korn nennen / also thut man mit dem Rocken auff dem Gaw zwischen Speir vnd Wormbß / damit ja ein jedes Land sein gebreuchliche frucht vnnd Korn hab.*

Mutterkorn   Claviceps purpurea L.

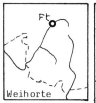

Das violettschwarze "Riesenkorn" auf Roggenähren ist ein zusammengewachsenes Pilzgeflecht. Früher führte es oft zu seuchenartigen Vergiftungen, da man das Mutterkorn besonders in Hungerjahren mit vermahlte. Heute ist es durch die Bekämpfung selten geworden.
In der Hand des Arztes hilft es bei Geburten, denn es regt die Gebärmutter zu Wehen an. Von daher erhielt es auch seinen Buchnamen.

VOLKSNAMEN

Tollkorn (Dollkorn) heißt es wegen der Giftwirkung, die sich in Krämpfen und Unruhe zeigt.
So nennt man es auch in der Pfalz (Alsenztal).[51]   ▲ Tollkorn

Gerste   Hordeum distichum L.

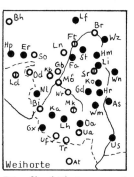

● in allen bearbeiteten Orten des Kärtchens
außer Mm u. Es

Die flachährige zweizeilige Gerste wird bei uns als Sommerfrucht gezogen und steht daher bis Mitte August noch auf dem Feld.
Als Wintergerste baut man die mehrzeilige Gerste (H. polystichum Haller).

Wie beim Hafer wird auch die Gerste im westlichen Odenwald oft nur grün in den Kräuterstrauß genommen (ft gb Gd Hr Ko Lh mö wr).

VOLKSNAMEN

Gerste (Gäerscht /gē̜ᵊšd/ allgemein). Im Ostteil hört man manchmal (Hs Kz Sm Sn) *die Gäerschde* (Mehrzahl).

Weizen Triticum aestivum L.

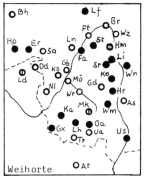

Weihorte · in allen bearbeiteten Orten des Kärtchens außer Mm u. Es · Weihorte

Vor 150 Jahren waren im Odenwald kaum Weizenäcker zu finden. Die damals noch nicht so robusten Sorten bevorzugten wärmeres Klima (vgl. die Anbauflächen von Getreide auf S. 119).

Da der ehedem nur anderwärts gedeihende Weizen viel zu teuer war, mußten *die Ackerleut inn der eyffel / am Erberßwald / Westerwald vnnd Odenwald / vnd andern rauhen orten vnnd gebürgen am Habern vnd Heydenkorn sich lassen genügen*, wie Bock[4] im 16. Jahrhundert schreibt.

Erst seit hundert Jahren kann man von nennenswerten Anbauflächen sprechen. Heutzutage werden widerstandsfähige Sorten gezüchtet, die auch mit schlechterem Boden und rauherem Klima vorliebnehmen.

Auch der Weizen wird im Westteil oft grün gesammelt (Lh Tr Wr).

VOLKSNAMEN

Weizen und seine Mundartformen hängen mit *weiß* zusammen. Er ist das Getreide, das im Gegensatz zu Roggen weißes Mehl ergibt.

Für die verschiedenen mundartlichen Lautungen habe ich mir die Mühe gemacht, auf der folgenden Seite eine flächendeckende Karte zu erstellen. Nicht aufgeführt ist dabei die ans Hochdeutsche anklingende Form *Waize*, die oft von Jüngeren zu hören ist. Im Neckargebiet des Ostteiles (Neckargerach und Guttenbach) konnte ich keine andere Lautung ausfindig machen.

Zur Form *Wees* gibt es ein Wortspiel: *mein vadder hodd koorn vekääfd un ich wees* (ich weiß) (Wb).

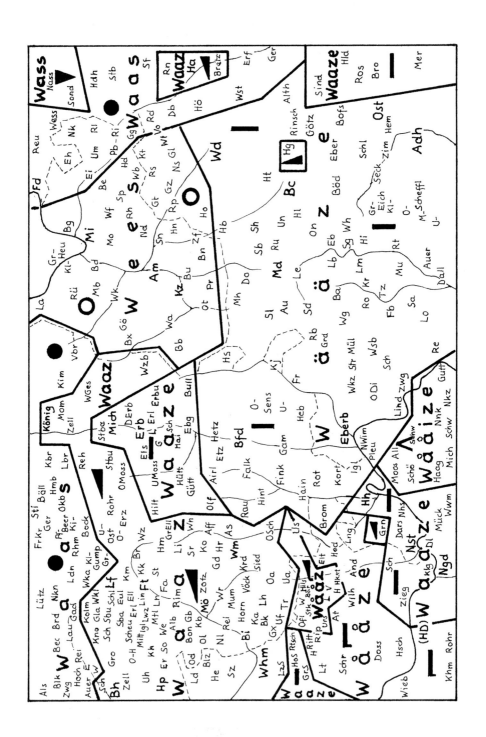

Die obige Karte der mundartlichen Lautungen von "Weizen" ist flächendeckend.

Die Sprachgrenzen verlaufen i. allg. eindeutig. Bei Doppelformen im Grenzraum (Rippenweier, Heiligkreuzsteinach, Unterschönmattenwag und Vollmersdorf) sind die Scheidelinien unterbrochen. Die Neckargeracher Lautung /waidsə/ ist wohl vom Hochdeutschen abgeleitet worden.

Diese Form (Waize) ist im gesamten Gebiet bei jüngeren Leuten anzutreffen.

Manchmal haben sich Sprachinseln gebildet, wie z.B. um Hardheim. Östlich davon (Schweinberg, Pülfringen, Brehmen, Buch) spricht man wieder Waas.

Die zweibuchstabigen Abkürzungen entsprechen denen auf S. 6 und 7.

Zeichen für die Mundartformen:

- ● Waas /wā̱s/ (auch Dieburg)
- ◣ Waaz /wā̱ds/
- ◣ Wääz (die Wä̊ä̊z) /wä̊ds/
- ▎ Waaze /wā̱dsə/
- ◣ Wä̊ä̊ze /wä̱dsə/

▶ Wass /was/
○ Wees /wẹ̄s/
◣ Wääz /wẹ̄ds/
▎ Wääze /wẹ̄dsə/
∧ Wä̊äize /wä̱idsə/

Mit dem Zeichen /ẹ/ habe ich einen Laut zwischen ee (/ē/) und ää (/ẹ̄/) bezeichnet, der gegen den Main hin mehr zum ee, im Süden mehr zum ää neigt.

Dinkel oder Spelz Triticum spelta L.

Anstelle von Weizen baute man noch bis nach dem ersten Weltkrieg Dinkel an (Br Gd Wm). Auf nassen Äckern gedieh kein anderes Getreide (Hs). Seine Spelzen umklammern das Samenkorn fest. Sie müssen daher vor dem eigentlichen Mahlen im sog. "Gerbgang" (gerben = bereit machen) entfernt werden. - Meist säte man die Spelz zur Stütze des Roggens mit ihm gemischt. In diesem Gemenge diente der Dinkel auch als Brotgetreide.

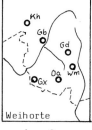

Im Bauland wird der unreife Dinkel noch zu Grünkern verarbeitet. Der Anbau ist jedoch stark zurückgegangen.

Spelz gibt ein sehr gutes Weißmehl. Die hl. Hildegard[20] schreibt: *Die Spelze ... ist die beste Körnerfrucht, fett und kräftig, angenehmer als alle anderen, sie bildet echtes Fleisch und echtes Blut und macht den Geist des Menschen heiter und froh. Sie ist bekömmlich in jeglicher Zubereitung.*

VOLKSNAMEN

Spelz: Das Wort war zur Zeit Hildegards (12. Jh.) weiblich (s. o.). Die Mundart hat dieses Geschlecht noch bewahrt: man sagt fast immer *die Spelz* (z. B. Fa Gb Gd Oa). Der Name hängt zusammen mit den *Spelzen* (die das Korn umschließen) und soll verwandt sein mit *spalten* und *splittern*, da die Ähre beim Dreschen in einzelne Ährchen bricht.[25]

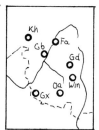
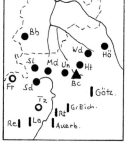

○ Spelz   ● Dinkel
❙ Frucht   ▲ Kern

Dinkel: Die unklare Bezeichnung erscheint schon im Althochdeutschen.

Frucht weist wohl darauf hin, daß dieses Getreide im Bauland Ernährungsgrundlage war (vgl. *Korn* für Roggen; s. S. 121).

Kern: Darunter versteht man meist das schon "gegerbte" Getreide. Entsprechend heißt das unreife Nahrungsmittel bekanntlich *Grünkern*.

Kamille Matricaria chamomilla L.

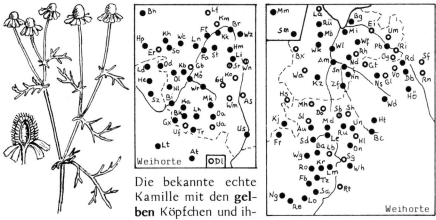

Die bekannte echte Kamille mit den **gelben** Köpfchen und ihren **weißen** Zungenblüten duftet angenehm nach Äpfeln. Sie wird etwa 30 cm hoch und wächst meist auf Äckern. Man darf sie nicht mit der ähnlichen Hundskamille verwechseln. Ein sicheres Kennzeichen der Echtheit ist ihr hohles Blütenköpfchen, was man beim Durchkneifen prüfen kann.

Die alte Heilpflanze ist seit jeher beliebt, und Bock[4] sagt: *Es ist bei allen menschen kein breüchlicher kraut in der artzney als eben Chamillen blumen / dann sie werden beinahe zu allen bresten gebraucht.*
Bei uns wird sie allgemein als Tee gegen Leibweh, Erbrechen und zum Auswaschen von Wunden benutzt.
In Thüringen diente sie auch dem Abwehrzauber: Wer Kamille in der Hand hält oder bei sich trägt, kann nicht behext werden.[16]

VOLKSNAMEN

Kamille wird meist wie im Hochdeutschen ausgesprochen. Von alten Leuten hört man häufiger *Kamelle* (/kamelə/).

Wilde Kamille ist nur selten üblich.

Das Wort *Kamille* wurde aus dem mittellateinischen camomilla zusammengezogen.
Es ist auch in die Mundart eingegangen.

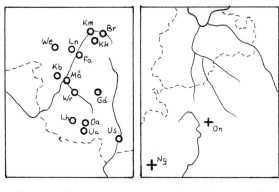

○ Kamelle /kamelə/   + wilde Kamille

Zinnkraut, Schachtelhalm — Equisetum arvense L.

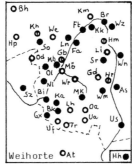
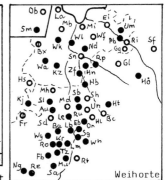

Mit "Zinnkraut" meint man die **grünen** Triebe des ungefähr 25 cm hohen Ackerschachtelhalmes. Das harte Kraut (Kieselsäuregehalt!) benutzte man früher zum Putzen des Zinngeschirrs und noch vor 50 Jahren zum Gläserreinigen (Ei Pb); in Gasthäusern nannte man es "Gläserschwenke" (Pb Wertheim).
Ein Absud hilft als Spülung bei Blasenkrankheiten und Scheidenkatarrh des Viehes (Wm).

VOLKSNAMEN

Schafte, Schafte(r)n und **Schaftel** sind wortverwandt mit **Schachtel**halm. Schacht bzw. Schaft bezieht sich nicht auf die "eingeschachtelten" Stengelglieder, sondern auf den hohlen Stengel (vgl. Stiefelschaft).

Schafterheu: Schaftheu heißt es schon bei Bock.[4]

Fuchsschwanz deutet auf die Wuchsform und ist auch anderswo üblich.[33]

Hammelschwanz sowie **Katzenschwanz** oder **Katzenwedel** sind ähnliche Vergleiche.

Zinnkraut: Diese überall bekannte Bezeichnung ist vom Buchnamen nicht zu trennen und wird daher nicht besonders belegt.

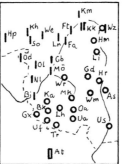
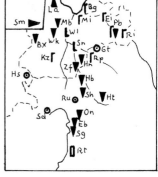

| Schafte(r)n /šafdərn/
Γ Schafte /šafdə/ (/šǭfdə/ Ei Bg)
L Schaftel
▯ Schafterheu /-hai/

○ Fuchsschwanz
⊙ Fuchseschwanz
▼ Hammelschwanz
▲ Katzenschwanz
► Katzenwedel

Sumpfruhrkraut

Gnaphalium uliginosum L.

Das kaum eine Spanne hohe Kräutchen ist auf feuchten Äckern häufig. Es erscheint erst im Juli. Oft wird es als *Edelweiß* angesprochen, dem es ähnelt und mit dem es eng verwandt ist. Seine **bräunlichen** Blütenköpfchen stehen ebenso in einem Kranz von Hochblättern; allerdings ist die Pflanze bei weitem nicht so filzig wie Edelweiß.

Weihorte

Es gehört nur im östlichen Odenwaldteil in den Weihkräuterstrauß.

Dieses Ruhrkraut wird gegen Durchfall verwendet (Zm); auch der Buchname deutet darauf hin.

VOLKSNAMEN

Stopfarsch: Die Bezeichnung gibt die Heilwirkung drastisch zu verstehen.

Schwarzer Mann bezieht sich auf die schwärzlichen Flecken der Blütenköpfchen. Der *kleine Schwarze Mann* ist der "Bruder" zum großen *Schwarzen Mann*, dem Waldruhrkraut (Gnaphalium sylvaticum; s. S. 151).

Schwarze Boze (Bouze): Damit sind die bräunlichen, dunkel gezeichneten Köpfchen gemeint. *Boze* ist verwandt mit *Butzen* und bedeutet etwas Dickes (vgl. Butzenscheiben).

Totenköpfle hörte ich nur einmal von einer 75-jährigen Frau (Ba). Es deutet ebenfalls auf die schwärzlich gefleckten Blütenköpfchen.

Wilder Rosmarein: So heißt bei Glatz das verwandte Waldruhrkraut (Gnaph. sylvaticum).[33] Mit Rosmarin hat es wenig gemein, wenn man davon absieht, daß dieser ebenfalls schmale, auf der Unterseite filzige Blätter hat.

(Wildes) Edelweiß: Diesem Vergleich liegt eine gute Beobachtung des Landvolkes zugrunde, die in der Ähnlichkeit die enge Verwandtschaft mit der bekannten Alpenpflanze erahnt.

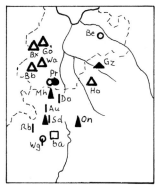

△ Stopfarsch
▲ Schwarzer Mann
▲ Kleiner Schwarzer Mann
● Schwarze Boze
□ Totenköpfle
| Wilder Rosmarein
○ (Wildes) Edelweiß

Luzerne Medicago sativa L.

Die etwa einen halben Meter hohe Futterpflanze trägt **violette** Schmetterlingsblüten. Sie wurde früher häufiger angebaut. Heute steht sie an Wegrändern und auf trockenen Wiesen. Mit ihrer langen Pfahlwurzel kann sie Dürrezeiten gut überstehen.
Die Luzerne stammt ursprünglich aus dem Orient. Araber brachten sie nach Spanien, und von dort gelangte sie später nach Frankreich. Erst im 18. Jahrhundert baute man sie in Thüringen an.

Als Heilpflanze hat sie keine Bedeutung. Im östlichen Odenwald wird sie neben anderen kleeartigen Gewächsen (s. u. bei den Volksnamen) in den Weihstrauß gesammelt.

Vielleicht kam sie als wichtiges Viehfutter (wie der Rotklee Trifolium pratense) in die Würzbürde, oder sie gilt einfach als eine weitere "Kleeart".

VOLKSNAMEN

Ewiger Klee: Das ist der allgemein übliche Ausdruck für die Futterpflanze, da sie bis zu 40 Jahren ausdauern soll.
Auch in der Pfalz[51] und in Schwaben[33] wird sie so genannt.

Blauer Klee: Unter diesem Namen pflückt man die Luzerne in den Kräuterstrauß. So hebt sie sich sprachlich ab von dem immer damit zusammen geweihten *roten* (Wiesenklee Trifolium pratense) sowie dem *weißen* (Weißklee Trifolium repens) und *gelben Klee* (Goldklee Trifolium aureum oder Hornklee Lotus corniculatus).

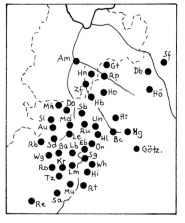

● Blauer Klee

Die Herkunft des Buchnamens *Luzerne* ist umstritten. Er ist aus Frankreich zu uns gekommen und hat sicherlich nichts mit der Stadt Luzern zu tun.

Ackerlöwenmäulchen   Misopates orontium (L.) Rafin.

Das hübsche Pflänzchen mit den kleinen, **dunkelrosa** Löwenmaulblüten ist ab und zu auf lehmigen Äckern anzutreffen. Wo es geweiht wird, duldet man das sonst als Unkraut verschrieene Blümchen auch im Garten. Das etwa 30 cm hohe Kräutchen meidet Kalkboden.

Die reife Samenkapsel öffnet sich mit drei Löchern, was die Phantasie zu Vergleichen mit einem Affenschädel und Ähnlichem angeregt hat.

Neben anderen Gewächsen sah man vor allem diese Pflanze im 16. Jahrhundert als den sagenumwobenen Orant an. Im Hegi[18] heißt es, daß das Ackerlöwenmaul früher als Räucherwerk zum Bannen von Nixen und Hexen eine wichtige Rolle gespielt habe. Der Hortus Sanitatis von 1485[23] führt den Orant wider den Zauber und ausdrücklich als Weihkraut an: *Wer diß krut by im hait* (= hat) *vnd gewyhet wirt zu vnßer frauwen Tag assumptionis* (Mariä Himmelfahrt) *den mag keyn zaubery geschaden.*

Wegen seiner Eigenschaften gegen Zauber und Hexerei ist das geheimnisvolle Kräutchen in die Würzbürde aufgenommen worden - meines Wissens im Odenwald nur bei Limbach (Kr) und vor allem in Robern, dort aber allgemein.

VOLKSNAMEN

Menschengesicht: Der nur in Robern genannte Ausdruck fußt auf einem Vergleich der Blüten und besonders der reifen Samenkapseln mit einem menschlichen Kopf.

Totenkopf: Der Name wird überraschend augenfällig, wenn man sich die aufgesprungene Samenkapsel von oben ansieht.

● Menschengesicht
△ Totenkopf

Ähnliche Bezeichnungen sind aus älteren Werken bekannt: *Affenschädel, Hundsschädel, Totenköpfel, Kalbskopf* u. ä.[33]

Flohknöterich   Polygonum persicaria L.

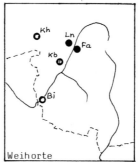
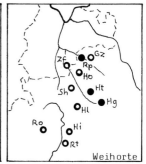

Der Flohknöterich wächst oft als unerwünschtes Kraut auf Hackfruchtäckern, aber auch in der Nähe von Gehöften und auf Schutt fühlt er sich wohl. Die etwa 50 cm hohe, reichverzweigte Pflanze mit ihren weidenähnlichen Blättern trägt **rosa** oder **weiße** Blütenähren. Der etwas höher werdende Ampferknöterich (P. lapathifolium) wird davon nicht unterschieden. Eigenartig sind die bei beiden sehr häufig auftretenden schwärzlichen Blattflecken, über die Brunfels[6] im 16. Jahrhundert staunt:

Dißes krauts ist auch zweyerly / groß vnd kleine / haben aber beyde ein pfersich blatt / welches in der mit gefleckt ist / als ob ein blutstropff daruff getröpffet wer. ein mächtig groß wunderzeychen / welches mich meer verwundert / dann alle andere mirackel der kreütter.

Die dunklen Flecken gaben Anlaß zu allerlei Legenden. So soll das Blut Christi bei der Kreuzigung auf die Blätter getropft sein, oder die Jungfrau Maria sei über das Kraut gegangen, als sie ihre Tage hatte. Vielerorts in Deutschland heißt es daher *Muttergotteskraut* oder ähnlich.[33]

Aus dem 16. Jahrhundert will ich einen Heilsegen anführen, da unser Odenwälder Mundartname darin vorkommt:[16]

... zu den wunden vor gestochen, gehawen, geschossen, gebrochen und vor geschnitten. Wan es aber gebrochen ist und allt, so mach den bruch wider new oder frisch und der segen soll drew (= drei) mol gesprochen werden also, vnd grabe ein geblesterten stein aus vnd nim in zu dem kraut, genant **rötich** *und sprich:* **Röttich**, *ich plantz dich im namen des vatters und des suns und des hl. geists. amen. Das du ausdreibst die maden und das faul fleisch und sie heilest von grund heraus. sprich ein pater noster ... vnd so solcher segenn gesprochen wiertt, so nim das kraut und den kiselstein vnd grabe das kraut vnder den kisellstein, do er vor ist gestanden vnd du in host graben, das er versorgt sej, das man in nit ausgrabe, vnd wan das krautt fault, so heilt die wunde; das ist pferden und hunden gut. Probatum est vere.*

Oft verlangt die Tradition ausdrücklich sowohl die weiß- als auch die rosablütige Form (Fa Kb Ht Rt).

Wohl wegen der damit verbundenen Legenden kam das "Unkraut" in den Kräuterbüschel. Auch im Schwarzwald (Oberglottertal) läßt man es mitweihen.[57]

VOLKSNAMEN

Rottich,

Rodich (auch Mittershausen bei Heppenheim) und

Roderich: Diese Namen sind von alters her in Deutschland geläufig, wie schon oben durch Brunfels bezeugt wird. Die Bezeichnungen haben wohl etwas mit dem oft rötlichen Stengel oder den schwarzroten Blattflecken zu tun.

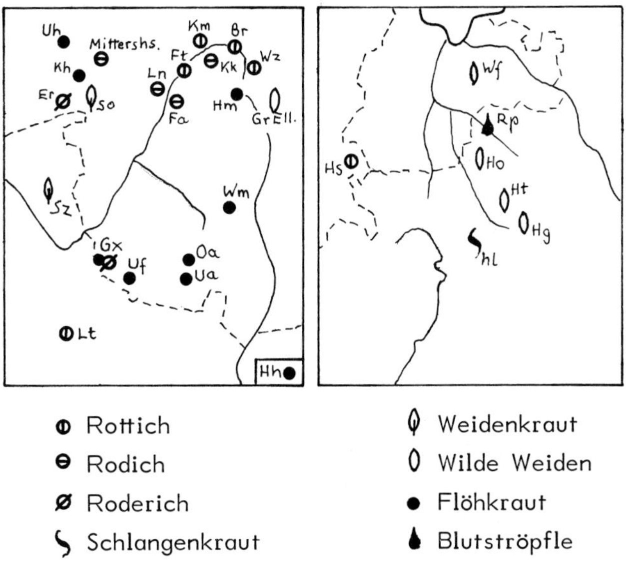

Flöhkraut sowie der hochdeutsche Buchname *Flohknöterich* hängen mit seiner ehemaligen Verwendung zusammen. Brunfels nennt die Pflanze ebenfalls *Flöhkraut,* und er erklärt es: [6] *Etlich sagen, es tödte die flöhe.*

Wilde Weiden (auch in Grasellenbach so) und

- ⓘ Rottich
- ⊖ Rodich
- ⦰ Roderich
- ⌇ Schlangenkraut
- ⦶ Weidenkraut
- ⦿ Wilde Weiden
- ● Flöhkraut
- ♦ Blutströpfle

Weidenkraut: Beide Ausdrücke sind auch in anderen deutschen Gebieten öfter üblich. Sie beziehen sich auf die weidenähnlichen Blätter.

Blutströpfle: Damit meint man natürlich die "Blutstropfen", welche - wie auch Brunfels (s. o.) sagt - auf den Blättern besonders auffallen.

Schlangenkraut: Diese Bezeichnung hörte ich nur einmal (hl). Vielleicht spielt man dabei auf die langen Stengel an, die sich oft erst am Boden hin- und herwinden, bevor sie aufsteigen.

Hohlzahn, Stechender — Galeopsis tetrahit L.

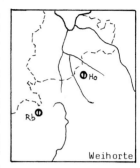

Weihorte

Dieser häufige, entfernt an eine Taubnessel erinnernde Lippenblütler gedeiht nicht nur auf Äckern, sondern er fühlt sich auch auf Waldblößen, an Hecken und an Zäunen wohl. Er ist ästiger als die Taubnessel, besitzt **rötliche** oder **weißliche** Blüten und hat lange, stechende Kelchzähne. Den Buchnamen verdankt er zwei hohlen Ausstülpungen beiderseits der Unterlippe.

Wie beim Flohknöterich läßt man auch hier beide Farbvarietäten weihen. Vielleicht hat man den Hohlzahn wegen seiner Ähnlichkeit mit anderen weihwürdigen Lippenblütlern mit in den Kräuterstrauß genommen. So gilt der eng verwandte Ackerhohlzahn (G. ladanum) als Beschreikraut (s. S. 37), ebenso der Aufrechte Ziest (Stachys recta)[16]; auch der Andorn (Marrubium vulgare) ist eine alte Heil- und Zauberpflanze.[33]

VOLKSNAMEN

Weißer Anton: Die Bezeichnung ist an den Vornamen *Anton* angelehnt und wahrscheinlich vom Andorn (Marrubium vulgare) übernommen worden. Auch die Sumpfgarbe (Achillea ptarmica) hat mancherorts (Bu) diesen Namen.

Roter (bzw. **blauer**) **Anton** ist die rötliche Abart. (Mit *blau* wird in der Mundart häufig das bläuliche Rot bezeichnet.)

Toni /dōnī/ klingt an *Daun* an, wie der Hohlzahn in Österreich genannt wird, und an *Dahndistel*, wie er in der Eifel heißt.[33]

Heckentoni bezieht sich darauf, daß man diesen Hohlzahn auch häufig an Hecken findet.

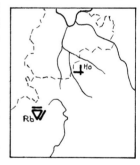

/ Weißer Anton
— Roter Anton
| Blauer Anton
▽ Toni /dōnī/, Heckentoni

Flughafer

Avena fatua L.

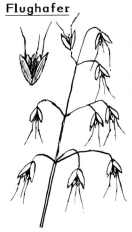

Der Flughafer tritt als Getreideunkraut besonders im Haferfeld auf. Dort springt er ins Auge, weil er über den angebauten Hafer hinausragt. Zudem tragen alle Spelzen im Gegensatz zum Saathafer lange Grannen.

Wahrscheinlich ist der Flughafer die Stammform des Hafers.

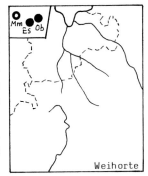

Weihorte

Es ist erstaunlich, daß man im Obernburger Gebiet anstelle der Getreidearten, die sonst ausnahmslos in den Kräuterstrauß gehören, dieses mißliebige Unkraut für weihwürdig hält.

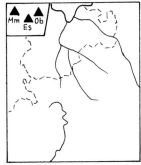

▲ Schwarzer Haber

VOLKSNAMEN

Schwarzer Haber (Hawwer): Diesen Volksnamen erhielt der Flughafer, weil seine Deckspelzen zumeist bräunliche Haare tragen, während der Kulturhafer unbehaarte Spelzen hat.

Die Bezeichnung *Schwarzhafer* erscheint schon in einem schlesischen Pflanzenwerk (Mattuschka) von 1776 (bei Marzell[33] angeführt) und ist nach Marzell[33] sonst nirgends in Deutschland belegt.

Außer Getreide wurden bzw. werden im östlichen Odenwald gelegentlich weitere Nutzpflanzen des Ackers zur Weihe gebracht (vgl. auch S. 191 f.):

Flachs (Linum usitatissimum): *Flachsstengel* (hs le md sd un wa),
Mais (Zea mays): *Maisblüten* (ht sg wh), *Maisbenseli* (sg) und
Hanf (Cannabis sativa): *Hanfstengel* (rb un wa).

Waldpflanzen

Tausendgüldenkraut Centaurium erythraea Rafn.

● in allen
bearbeiteten
Orten des
Kärtchens
Weihorte

● in allen
bearbeiteten
Orten des
Kärtchens
Weihorte

Das dem Namen nach allbekannte Enziangewächs gedeiht nicht nur an Waldwegen und in Schonungen, sondern auch auf Halbtrockenrasen. Das nur etwa 30 cm hohe Kräutchen ist leider schon recht selten geworden. Seine **rosa** Blüten stehen zu vielen straußförmig zusammen.

Das Kraut wird als Heilpflanze sehr geschätzt. Wie auch der Enzian enthält es einen Bitterstoff. Bei Magenbeschwerden soll es noch besser helfen als der Wermut (As). Auch bei Herzbeschwerden wendet man es an (Lh).

In einem Brauchbuch aus Unterostern[82] vom Jahre 1797 wird es als Mittel gegen die Tollwut genannt:

Mittel wieder die Wuth

Wann ein Mensch ein solches un glück durch einen hundbiß bekommen thät? so solle derJenige sich also gleich in ein frisch fliessendes Wasser begeben wohl darinnen herum herum walzen das daß geblüt wohl abgeKühlet wird dann gleich darauf Klein TausendguldenKraut und waldmeister iedes gleich viel in Kühmilch gesotten, und Wieder erKalten lassen daß es nur noch milch lau ist dann genug getruncken und darauf frich wieder ins fliessend Wasser begeben ein solches thue 9 thag nacheinander so ist sicherlich geholffen.

Tausendgüldenkraut schützt auch gegen Zauber und Hexen.[16] Dazu wurde mir folgende Sage berichtet (Sh):
Der Teufel stellte, wie so oft, einem Mädchen nach, das er für sich zu gewinnen trachtete. Als er sich seinem Opfer nähern wollte, hatte dieses jedoch zufällig einen Stengel Tausendgüldenkraut bei sich. Ärgerlich mußte der Böse fliehen und rief zornig:

*Hättst du nicht Tausendguldenkraut,
wärst du geworden meine Braut!*

VOLKSNAMEN

Tausendgülden- oder *Tausendguldenkraut:* Die verschiedenen, echt mundartlichen Formen sind aus der wissenschaftlichen Bezeichnung Centaurium (= Kraut des Zentauren) entstanden. Der Zentaur Chiron soll damit Pfeilwunden geheilt haben.[16] Den lateinischen Pflanzennamen dachte man sich fälschlicherweise aus cent (hundert) und aurum (Gold) zusammengesetzt. Da die Vielzahl *hundert* nicht so volkstümlich ist, machte man daraus ein *Tausend-*güldenkraut. Bei Bad Mergentheim (Kupprichhausen; mündlich) sagt man sogar *Hunderttausendguldenkraut.*
Im gesamten Westteil mit Ausnahme von Dilsberg *(Dausendgilde-)* heißt es *Dausendgillekraut.*

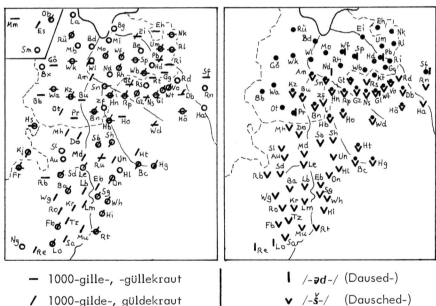

— 1000-gille-, -güllekraut
/ 1000-gilde-, güldekraut
o 1000-guldekraut

I /-əd-/ (Daused-)
v /-š-/ (Dausched-)
• /-ü/ (1000-gül-)

Golddistel Carlina vulgaris L.

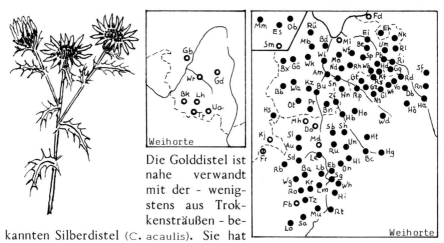

Weihorte

Die Golddistel ist nahe verwandt mit der - wenigstens aus Trockensträußen - bekannten Silberdistel (C. acaulis). Sie hat **strohfarbene** "Blütenblätter", wird etwa 50 cm hoch und ist sehr stachlig. Da sie kalkhaltigen Boden und trockene Waldränder vorzieht, ist sie im vorderen Odenwald kaum zu finden. Schon vor zwei Generationen war sie dort sehr selten. Es wurden mir Gewanne beschrieben, wo sie noch vor fünfzig Jahren vorkam (Gd Tr Wr); ich konnte sie jedoch nirgends mehr ausfindig machen. In Waldmichelbach stand sie nach einer glaubhaften Quelle noch 1974, wo sie durch Ausgrabung verschwand.

Bock[4] erwähnt sie als zum Kräuterstrauß gehörig: *Die Weiber stellen nach diser distel vmb vnser lieben Frawen Himmelfahrt tag / vnnd zölen sie vnder die verbenas oder Wurtzwüsch / welche distel inn drey theil zertheilet ist / mit dreien köpfflein / soll die best sein / daher sie den namen Dreydistel vnnd Frawendistel vberkommen / darumb das sie auff vnser Frawen tag mit anderen Kreuttern geweihet würt.* Und weiter schreibt er: *Es haben die Weiber viel superstition* (Aberglauben) *mit den kreuttern / sonderlich aber mit den Dreydisteln / gehört billich vnder die ... geweiheten kreutter der Weiber.* - Bis heute hat sich bei uns die Verwendung der dreiköpfigen Distel und der Name *Dreidistel* erhalten. (Ich hörte diese Bezeichnung übrigens zufällig auch im Niederländischen auf Texel, wo die Pflanze häufig in den Dünen vorkommt.)

Bei Würzweiler in der Pfalz schützen einige Stengel - auch dort *Donnerdistel* genannt - das Haus gegen Blitzschlag.[51]

Zusammen mit dem Dost (Origanum vulgare; s. S. 90) wird die Golddistel in einem Spruch (Rh) als Teufelsabwehr genannt:

> *Mit Dunnerdischl un Daschte*
> *kann mern Deufel mit baschte* (= bezwingen).

VOLKSNAMEN

Der Überlieferung nach sind nur Disteln mit drei Köpfen weihwürdig. Diese Vorschrift darf auch nicht umgangen werden, indem man unbemerkt überzählige Köpfe abreißt. Nein, die Golddistel muß echt 3köpfig (Hl Le), 3teilig (Es), 3zinket (Kr Sb Sh) bzw. 3zinkig (Gl Sh) sein.

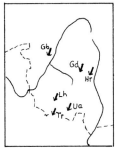

Donnerdistel *(Dunner-):* Ihre goldglänzenden Hüllblätter legen den Gedanken an Blitz und Donner nahe.

Dörnerdistel: Für die spitzstachlige Distel ist dies ein treffender Ausdruck.

Dorndistel /doʳn-/ und **Dorne(n)distel** besagen das gleiche.

Dornerdistel ist wohl eine Mischform aus den beiden vorigen Namen.

- ⌊ Donnerdistel
- 3 Dreidistel
- ◢ Dörnerdistel
- ∣ Dornerdistel
- ∇ Dorndistel
- ⌶ Dorne(n)distel
- O Golddistel
- △ Dreikönigsdistel
- \ Christusdistel

- ⌊ Dreidonnerdistel
- ✦ Dreidörnerdistel
- ⁜ Dreie-dreie-Dörnerdistel
- † Dreidornerdistel
- ⚘ Dreidolledistel
- ● Schwarze Dornerdistel
- ● Schwarze Distel
- X Herrgotte

Dreidistel sowie andere Zusammensetzungen mit *Drei-* bezeichnen damit die ausdrücklich geforderte Anzahl der Blütenköpfe, wie es schon zu Bocks Zeiten Tradition war (s. vorige Seite). Manchmal (Ei) nennt man sie sogar *Dreie-dreie-Dörnerdischl*. Das bedeutet "drei Stengel mit je drei Köpfen".

Schwarze Distel (*Schwarze Dischl;* Bn Pr Wa) heißt sie im Gegensatz zur *Weißdistel* (Kohldistel Cirsium oleraceum).

Schwarze Dornerdistel (Lb) ist eine sinngleiche Benennung.

Golddistel: Der Name wurde nicht aus Büchern übernommen; er ist auch im übrigen Baden, in Mainfranken und in Thüringen gebräuchlich[33] und bezieht sich auf die golden strahlende Blütenfarbe.

Dreidoldendistel *(Dreidolledisdl)* bezieht sich auf den dreiteiligen Blütenstand.

Herrgotte ist wohl eine Verkürzung von *Herrgottsdistel*, wie die Golddistel in Schwaben (Riedlingen)[33] heißt.

Christusdistel ist eine ähnliche Bezeichnung.

Dreikönigsdistel: Diesen dritten religiösen Namen ließ man sich wegen der dreiköpfigen Blütenstandsform einfallen. Eine sinnverwandte Bildung ist *Dreifaltigkeitsdistel*, wie sie in Oberschefflenz (Krs. Mosbach) auch genannt wird.[1]

Waldgamander   Teucrium scorodonia L.

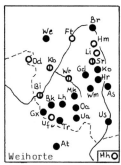

Weihorte

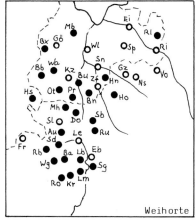

Weihorte

Der etwa 40 cm hohe und im Odenwald häufige Lippenblütler wächst vorzugsweise am Waldrand. Wegen seiner dem Gartensalbei (Salvia officinalis) ähnlichen Blätter heißt er auch Salbeigamander. Zerrieben haben die runzligen Blätter eine unangenehmen Geruch. Seine **rahmweißen** Blüten sind zwar meistens kleiner als 1 cm, sie stehen jedoch nach einer Seite hin dicht gedrängt aufgereiht.

Der Waldgamander war früher Ziegenfutter (Wm Lh Bk). Seine nektarreichen Blüten machen ihn auch zu einer guten Bienenweide.

Er gehört zu den geheimnisvollsten Weihpflanzen des Odenwaldes. Seines Geruchs wegen ist er vielleicht ein Abwehrkraut. Hieronymus Bock[4] nennt ihn *Waldt Salbey* und schreibt von ihm und anderen "Nepten": *Rauch von genanten Kreuttern gemacht / vertreibt die Schlangen / vnnd gifftige thier.*

Zwei Odenwälder Sagen[52] sprechen von *wilden (weißen) Selben.* Das wird in der Literatur als "weißblühender Wiesensalbei" angegeben, was wohl auf Wolfs Anmerkung (s. u.) zurückgeht. Ich nehme jedoch an, daß eigentlich der Waldgamander gemeint ist. Er wird nämlich im Dillgebiet *Wille Sell*[27] und im östlichen Odenwald *Wille Salwe* genannt. Der Wiesensalbei (Salvia pratensis) kommt außerdem im Odenwald nicht oder nur zufällig zur Weihe, der Waldgamander aber sehr häufig und gebietsweise durchgehend.

Die beiden Sagen heften sich an Felsgruppen, Behausungen der sog. Wilden Leute. Dicht bei Lützelbach an der Neunkircher Höhe liegt das Wildfrauhaus. *Da wohnten noch bis vor nicht langer Zeit zwei wilde Menschen, ... die viele Leute kuriert haben. Als einmal der Mann gefangen wurde, rief ihm das Weib nach: "Sag alles, sag alles, nur nicht, wozu die wilden Selben gut sind."*[52]

Ähnlich lautet die Sage vom Wildweibchenstein bei der Ruine Rodenstein: *Die beiden Wildeweibchen sollen allerlei prophezeit und mehrere Male geäußert haben: "Wenn die Bauern wüßten, zu was die wilden weißen Heiden und die wilden weißen Selben* (Wolf gibt hier die Erläuterung: Salbei) *gut sind, dann könnten sie mit silbernen Karsten hacken!"*[52] - (Diese Sage hat Werner Bergengruen in seinem "Buch Rodenstein" dichterisch verarbeitet).

In diesem Zusammenhang läßt es aufhorchen, daß unsere Pflanze auch im Spessart (Hessental) in den Kräuterbüschel gepflückt wird, und zwar als - *Weiße Heid!*[33] Das könnte bedeuten, daß die *Weißen Heiden* und die *Weißen Selben* das gleiche Kraut meinen. Möglicherweise sind beide Namen dafür gebräuchlich gewesen. Vielleicht haben frühere Siedler einen dieser Ausdrücke aus einem anderen Landstrich mitgebracht. Ich habe allerdings weder die eine noch die andere Benennung bei uns ausfindig machen können, auch im Gebiet der beiden Sagen nicht.

Abgesehen davon, daß *weiße Heide* auch für das weißblühende Heidekraut gilt, sind nach Marzell[33] unter

Weiße Heid außer dem
  Waldgamander auch der
  Sumpfporst (Ledum palustre; Böhmen und Vogtland) sowie der
  Steife Augentrost (Euphrasia stricta; in Nunkirchen bei Merzig
    an der Saar) zu verstehen.

Der geheimnisumwitterte Waldgamander kam wahrscheinlich nicht als Heilpflanze in den Weihstrauß, sondern wurde aus vorchristlicher Zeit übernommen.

VOLKSNAMEN

Salz und *Salzkraut* haben mit Salz nichts zu tun. Es handelt sich vielmehr um eine Zusammenziehung aus *Salbs-*(= Salbei-)*kraut*. Eine Nebenform ist *Salzkräuti(ch)*, mundartlich *Salzgräili*.

Salzkrügelchen rührt vermutlich von der Gestalt der Fruchtkelche her.

Salbei (mundartlich *Salwe*) sowie *wilder Salbei* weisen auf die Ähnlichkeit der Blätter mit dem Gartensalbei (Salvia officinalis) hin.

Waldsalwe: Schon H. Bock[4] nennt ihn des Standortes wegen *Waldt Salbey*.

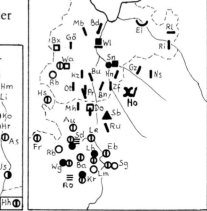

Bittersalz: Dieser nur in einem Dorf (Sb), dort aber allgemein gebräuchliche Ausdruck bezieht sich auf die bitteren Blätter.

① Salzkraut
◐ Salsekraut
● Salzkräuti(ch) /-gręili/
○ Salz
V Salzkrügelchen
▲ Bittersalz
≡ Bettstroh

❙ Salbei, Salwei
\ Salwe
/ wille Salwe(i)
— Waldsalwe
□ Rahmkraut
■ Steinkraut
◡ Mutterkräuti(ch)
✘ Katzenkräuti(ch)

Nach einem britischen Werk (Flowering Plants of Great Britain, Bd. 3) benutzte man das Kraut auf Jersey beim Brauen anstelle von Hopfen.

Rahmkraut: Von der Verfütterung ("rahmweiße" Blüten) versprach man sich wohl fettreichere Milch (daher im Rothaargebirge *Milchkraut* genannt[27]).

Steinkraut bedeutet nicht, daß die Pflanze auf steinigem Boden wächst, sondern zeigt die Verwendung gegen Blasen- und Nierensteine[27] an.

Bettstroh: Wieder eine der vielen Bettstrohpflanzen (s. S. 204)! Zu der Benennung mag das Kraut seines Geruches halber gekommen sein (Abwehr böser Geister bei der Geburt). - Damit hängt möglicherweise auch

Mutterkräuti(ch) zusammen. Den Namen erfuhr ich zwar nur einmal in Eichenbühl, er erscheint jedoch für den Ort auch in der Auflistung von 1889[45]. Dafür hörte ich vereinzelt *Vaterkräuti*, wahrscheinlich mit dem Namen der Hauhechel (im Nachbarort Eh *Altvaterliskraut*; s. S.114) vertauscht.

Katzenkräuti(ch) geht wohl auf die ähnliche Katzenminze (Nepeta cataria) zurück, die anderswo (z. B. in der Pfalz[33]) auch *Mutterkraut* (!) heißt.

Baldrian   Valeriana officinalis L.

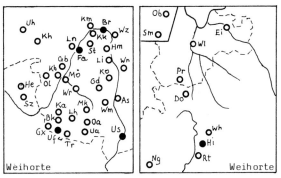

Weihorte   Weihorte

Die etwa 1 m hohe Staude wächst an feuchten Waldwegen. Ihre **weißen**, rosa angehauchten Blütchen stehen doldenartig zusammen. Ihr unangenehmer Geruch fällt einem meist erst beim zweiten Schnuppern auf. Stärker riecht die Wurzel. Das hat die bekannte Heilpflanze wohl zu einem hexenwidrigen Kraut gemacht.

Der Baldrian war schon früher ein "Frauendreißigerkraut" (s. S. 25) und gehört deshalb oft in den Weihstrauß. Otto Brunfels[6] schreibt 1532: *Diße wurtzel sol zwischen den zweyen vnser Frawen tag gesamlet werden.*

Oft wird die abwehrende Kraft in Reimen bezeugt. So sagten die Hexen:
          Baldrian - do messe mer voriebergahn. (Waldhausen)
Bei Siegen heißt es: *Baldrian un Dust* (Dost Origanum vulgare)
          hätt de Hex nit gewußt.[27]

VOLKSNAMEN

Die Bezeichnung *Baldrian* ist allgemein geläufig und wohl nur ein Buchname. Sie wird daher im Wortkärtchen nicht eigens dargestellt.

Katzenkraut ist ein alter Name, der bereits im 15. Jahrhundert genannt wird.[33] Er bezieht sich auf den Geruch, der Katzen anlocken soll.

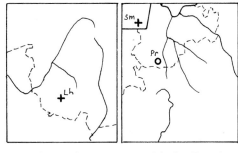

+ Katzenkraut   o Weiße Daschte

Weiße Daschte: Der Ausdruck beruht entweder auf einer Verwechslung mit dem Dost (Origanum vulgare) oder wurde von diesem bewußt übernommen.

Waldweidenröschen Epilobium angustifolium L.

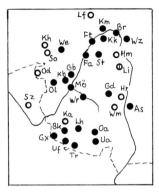
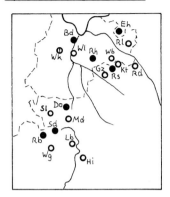

Dieses oft über 1 m hohe Weidenröschen besiedelt gern Kahlschläge, wo es mit seinen **purpurroten** Blüten und durch sein gehäuftes Auftreten weithin leuchtet.

Früher diente es nicht nur als Ziegenfutter (Bk), sondern man suchte die ersten Blätter auch als *Waldsalat* (Lh), *Hagsalat* (Ft-Altlechtern) oder *Heckensalat* (Sr).

Für den Kräuterstrauß nimmt man die fruchtende Pflanze, was auch die Mundartnamen ausdrücken. Im westlichen Deutschland und in der Schweiz kommen ebenfalls Weidenröschenarten in den Würzbüschel; sie sollen - wohl der roten Farbe wegen - gegen Blitzschlag schützen.[33]

VOLKSNAMEN

Waldfahne: Mit *Fahne* meint man die langen, im Wind wehenden Fruchthaare (*de Fohne is schun dro;* Bk). Es heißt auch sonst *der Fahne,* z. B.: *Sou en Fohne det ich net ouzieje* (Ua; = So ein billiges Kleid ...).
Man pflückte das Weidenröschen abgeblüht, daß *der Fohne* dran war (Mö).

Eierschalen: Diese Bezeichnung ist unverständlich. Keiner der Gewährsleute vermag den Namen zu erklären.

Halbe Eierschalen mag näher zum Sinn führen. Ich kann aber nur dürftige Anklänge aus anderen Gegenden anführen: Im Glottertal wird der Phlox (Phlox paniculata) *Rote* bzw. *Weiße Eierschalen* genannt,[57] und in der Eifel heißt unser Weidenröschen *Eierschluke*.[38] Möglicherweise hat man die gewölbten Blütenblätter als Eierschalen oder halbe Eierschalen angesehen.

Schlangenkraut: Es wächst vielleicht dort, wo Schlangen hausen. Diesen Namen tragen in Deutschland vielerlei Pflanzen.[33]

Engelshaar ist im Hinblick auf die langen Samenhaare einleuchtend. Die Odenwälder in Guttenbrunn im Banat (s. S. 18) sagten *Muttergotteshaar*.

Muttergottes-Bettstroh (Sd: *der Muttergottes ihr Bettstroh*) bezieht sich auf die Samenhaare, die man sich als Lagerpolsterung vorstellen konnte.

Mutterbettlesstroh: Der kosende Name ist wohl eine Umformung von *Muttergottes-Bettstroh*. *Maria Bettstroh* heißt die Pflanze in der Pfalz[51] und im Rheinischen.[33]

Elisabethenhaar: Der Ausdruck ist nur an *Elisabeth* angelehnt; vermutlich entstand er über *Elisabethstroh* aus *Maria Bettstroh*. *Haar* meint natürlich wieder den Fruchtstand.

Muttergottesrute geht auf die gertengleiche Gestalt der Pflanze zurück.

Goldrute: Silberrute wäre verständlicher.

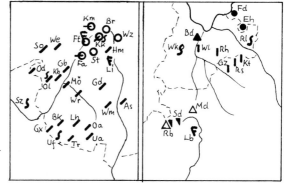

/ der Waldfahne
O Eierschalen
− Halbe Eierschal.
$ Engel(s)haar
$ Elisabethenhaar

I Schlangenkraut
△ Muttergottes-Bettstroh
▲ Mutterbettlesstroh
\ Muttergottesrute
● Goldrute
F Fuchs(e)schwanz

Fuchsschwanz (im östlichen Odenwald *Fuchse-*) bezieht sich wieder auf den langen, roten Blütenstand.

Bergweidenröschen   Epilobium montanum L.

Dieses Weidenröschen blüht **rosa**. Es wird nur etwa 50 cm hoch.

VOLKSNAMEN

Haarwindel (*Hoorwinnel*): Der eigenartige Name ist wohl ein verderbtes *Harnwinde*. In Hettingen verstand man unter *Haarwinne* eine Darmkrankheit der Pferde.[55] Die Harnwinde ist sonst in der Volksmedizin Harnverhaltung bei Kühen und Pferden mit schmerzhaftem Harndrang oder auch Kreuzlähmung mit Blut im Urin.

Eiche   Quercus robur L.

Bei uns kommt meist die Stieleiche vor, deren langgestielte Früchte namensgebend waren.
Die Germanen hielten sie heilig. Erinnert sei an die Fällung der "Donareiche" durch Bonifatius.
Wie bekannt, enthält die Eiche Gerbsäure. Noch vor 40 Jahren ging die Rinde häufig an die Gerbereien. In Süddeutschland war Hirschhorn ein wichtiger Umschlagplatz. Im Mai hieb man im Ulfenbachtal die etwa 12jährigen Stockausschläge. Fleißige Mädchen klopften in ermüdenden Arbeitstagen die Rinde ab ("Rennekloppe").

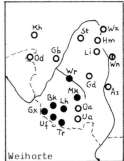

Die Eiche wehrt auch Hexen und Teufel ab. Um 1500 ist bezeugt, daß die Bäuerin beim ersten Kalb Eichenlaub ins Milchsieb gab, damit die Milch nicht verhext werden konnte.[16] In Schlesien steckte man in der Johannisnacht Eichenzweige an die Fenster, um sich vor Hexen zu schützen.[16]

Auf den Gerbsäuregehalt gehen viele Heilanwendungen zurück. Das Vieh bekommt die Blätter bei Krankheit, "da sie am ehesten angenommen werden" (Lh). Rindenabsud gibt man den Kühen zur Brunstanregung (Wb). Kälber erhalten den Trank bei Durchfall (Bx). Wenn man sich verbrannt hatte, legte man einen mit dem Absud getränkten Umschlag auf (Mö-Mumbach). Zerriebene Eichenrinde im Badewasser soll den Schmutz aus Wunden herausziehen (Eberbach-Rockenau).

Im Kinderspiel dienen die leeren Fruchtbecher mit dem langen Stiel als "Tabakspfeifchen", oder man klemmt sie zwischen die Finger, um durch Überblasen schrille Töne zu erzeugen (allgemein).

Die Eiche wird nur im westlichen Odenwald geweiht. Für den Strauß genügen meist belaubte Zweige, die man von Stockausschlägen oder erreichbaren Ästen nimmt. Seltener legt man auf die Mitweihe von Eicheln Wert.

VOLKSNAMEN

Eichenlaub oder *Eichenblätter* (allgemein).

Strohnäpfe (*Strouhnappe*; Kh Wr) nennt man die Fruchtbecher. Das seltsame Wort bezieht sich auf die Ähnlichkeit mit den beim Brotbacken verwendeten Strohschüsseln.

Heidekraut Calluna vulgaris (L.) Hull

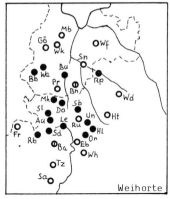

Weihorte

Weihorte

Das Heidekraut ist allgemein bekannt, wird jedoch fälschlicherweise oft *Erika* genannt, womit botanisch nur die Glockenheide (Erica tetralix) bezeichnet wird. Diese kommt aber im Odenwald kaum vor.

Das Heidekraut ist im hinteren Odenwald, d. h. im Buntsandsteingebiet, sehr häufig. Die hell**purpurnen** ("erikafarbenen"), sehr selten weißen Blüten halten sich auch getrocknet, so daß man gerne einen Strauß zum Aufbewahren pflückt.

Der Zwergstrauch, der mit ärmsten sauren Böden vorliebnimmt, ist dem Forstmann ein Anzeiger dürftigen Waldbodens. Doch der Imker schätzt die reiche Spätsommertracht, so daß er seine Völker dann gern in den Wald stellt.

Früher wurde das Heidekraut geschnitten, um es als Stallstreu zu verwenden. Stroh war dazu im armen Odenwald zu kostbar, da es im Winter beigefüttert werden mußte.

Heidekraut, besonders das weißblühende, gilt als Glücksbringer. Daher sucht man im östlichen Odenwald für den Weihstrauß neben der "blauen" vor allem die seltene weiße Heide.

In der Pfalz legte man einen Kranz Heide um den Spiegel, um Unglück vom Haus abzuhalten.[51]

Das mag der Grund sein, weshalb das Heidekraut in die Würzbürde genommen wird. Man verwendet es jedoch auch nur als Zierde, um den Kräuterstrauß, wie oft angegeben wird, fülliger zu machen.

VOLKSNAMEN

Heide (allgemein): Die Bezeichnung für unbebautes Land ging als *Heide-(kraut)* auf die Pflanze über.[25]

Knotige Braunwurz Scrophularia nodosa L.

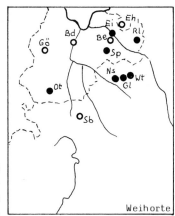

Weihorte

Weihorte

Das etwa 60 cm hohe Kraut ist auf Waldlichtungen und in Waldnähe häufig. Die fast kugeligen, kleinen Blüten sind **bräunlich** und zeigen außen oft dunklen Glanz.

Die Braunwurz ist eine alte Heilpflanze, was auch der wissenschaftliche Name besagt: Sie half gegen Skrofeln (Geschwülste der Halslymphdrüsen). - Es heißt, sie sei auch gegen die Pest gut (Sb).

Daß sie dem Zauber diente, deutet Bock[4] an: *Die Weiber ... treiben seltzame superstition* (= Aberglauben) *mit gedachter Braunwurtz.*

VOLKSNAMEN

Schwarzblaternkraut (Schwarzblodern-): Der Name bezieht sich auf die Verwendung gegen die sogenannten Schwarzen Blattern (= Pocken). Darauf weist die Pflanze der *schwarzen* (Bk) Blätter wegen hin (s. Signaturenlehre auf S. 202).

Schwarzblätterkraut ist eine Umdeutung, da der ursprüngliche Ausdruck nicht mehr verstanden wurde.

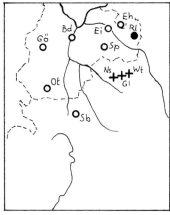

○ Schwarzblaternkraut + Schwarzer Kaffee
● Schwarzblätterkraut

Schwarzer Kaffee: Damit sind wohl die dunkel überlaufenen Blütenknospen gemeint (*die Samen;* Gl).

Deutscher Ginster   Genista germanica L.

Der in trockenen Wäldern und an Waldrändern wachsende Halbstrauch trägt an einem niederliegenden, holzigen Stengel etwa 30 cm hohe, weich behaarte Zweige; die jungen sind dornenlos, die älteren bedornt. Im Frühjahr zeigt das Sträuchlein zierliche, **gelbe** Ginsterblüten.

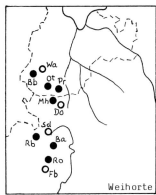

Weihorte

In Bayern benutzte man die Pflanze gegen eine gewisse Viehkrankheit, den "Augstall", und in Böhmen gegen Hämorrhoiden.[33] Im Odenwald ist mir von einer Heilverwendung nichts bekannt.

VOLKSNAMEN

Stechdistel, Stecherli, Stechet und Unstechet, Stachliges und Unstachliges: Mit diesen Namen wird auf die unterschiedliche Bestachelung hingewiesen. Ähnliche Ausdrücke sind aus Ostthüringen *Stechkraut* und aus Ostdeutschland *Stichkraut*, das 1673 für die Pflanze erwähnt wird.[33] Es sollte gegen das Stechen der Milz helfen (Signatur! s. S. 202).

Tag- und-Nachtschatten: Der Name bezieht sich vielleicht darauf, daß die bedornten und die jungen Zweige einen Gegensatz bilden. Der Ausdruck kommt sonst anderen Pflanzen zu, z. B. dem Wachtelweizen (Melampyrum nemorosum) oder dem Bittersüßen Nachtschatten (Solanum dulcamara). Ob man den Halbstrauch gegen den "Nachtschaden" (Dämon, der nachts schadet) einsetzte?

Männli und Weibli: Bezeichnenderweise gelten die bedornten Zweige für die *Männli*, die unbedornten für die *Weibli*.

Herrgottskrone: Der fromme Volkssinn sieht in dem hübschen immergrünen Strauch die Dornenkrone Christi.

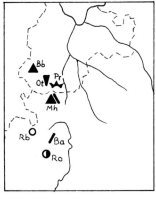

- ▼ Stechdistel
- ▲ Stecherli
- ◐ Tag- und- Nachtschatten
- ○ Männli und Weibli
- / Stechet und Unstechet
- \ Stachliges und Unstachliges
- ✻ Herrgottskrone

Wacholder   Juniperus communis L.

Der Strauch wächst im Odenwald nur noch in Resten. Er kann über 3 m hoch werden.
Im 15. (und schon im 13.) Jh. wird er als Frauendreißigerpflanze (s. S. 25) bezeugt[21]: *Die weckhalter-per schol man prechen zwischen unser frawn tac ze wurtzweihe und als onser frauwe geborn wart.*

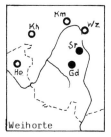

Weihorte

Die Abwehrkraft gegen Dämonen, die auf den würzigen Duft und die stechenden Nadeln zurückgeht, führte zum Gebrauch gegen Seuchen. Bock[4] schreibt: *Ist ein sonderlich Preservativum zur zeit der Pestilentz inn Germania.* Noch in unserem Jahrhundert wurde er in diesem Sinne benutzt: Bei Viehkrankheiten räucherte man den Stall damit (Sr Gd). Aber auch dem Menschen war er hilfreich. So erkrankte 1912 in Scharbach ein sechsjähriges Kind an Diphtherie. Die Mutter schickte das etwas ältere Schwesterchen in den Trommwald nach Wacholderzweigen. Damit räucherte man das Krankenzimmer aus (auch Mö), um sich vor Ansteckung zu schützen.
Im übrigen wird das Fleisch gern mit Wacholder "geraucht" (z. B. At).

VOLKSNAMEN

Wacholder und die Mundartformen haben nichts mit *Holder* (Holunder) zu tun. In der letzten Silbe steckt das germanische Wort für *Baum*, wie es in Rüs-*ter* und Holun-*der* verborgen ist (vgl. engl. *tree*). Die Mundart hat das althochdeutsche *wechalter* - auch in der Betonung der Anfangssilbe - bewahrt. In der Pfalz sagt man ebenfalls *Weklter*.[51]

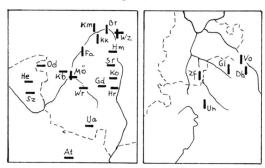

| Wächelder /węšldə⁽ʳ⁾/, /weχldəʳ/
— Weckelter /węgldəʳ/

Die erste Silbe wird verschieden gedeutet[25]: Entweder hängt sie zusammen mit *queck* = lebendig (vgl. Quecke, Quecksilber, quicklebendig) unter Bezug auf die immergrünen Nadeln oder auf seine angenommene Lebenskraft, oder sie geht auf eine vermutete Wurzel *ueg* = binden zurück (was auch von Marzell[33] vertreten wird): die zähen Zweige eignen sich zum Flechten.

Die reifen Zapfen heißen *W.-beern* (Ton auf letzter Silbe; Fa He Kb Kk Km).

150

Waldruhrkraut   Gnaphalium sylvaticum L.

Diese recht häufige Pflanze steht vorzugsweise auf Waldschlägen und an Waldrändern. Ihr aufrechter, unverzweigter Stengel trägt auf einem langgestreckten, ährigen Blütenstand **gelbliche** bis **bräunliche** Köpfchen, deren Hüllblätter einen schwarzbraunen Saum zeigen. Der obere Stengel ist wie die Blattunterseite seidigwollig behaart.

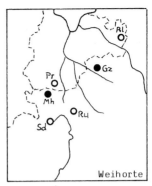

Wie schon der deutsche Buchname ausweist, wurde die Pflanzengattung früher als Mittel gegen ruhrähnliche Krankheiten benutzt. Auch das Sumpfruhrkraut (Gnaph. uliginosum; s. S. 129) hat von daher seinen Volksnamen.

Obwohl die Pflanze unscheinbar ist und nicht überall eine Mundartbezeichnung hat, kommt sie doch im östlichen Odenwald zur Weihe. Wahrscheinlich hat man sie in der volkstümlichen Tierheilkunde bei Durchfall und anderen Erkrankungen benutzt.

VOLKSNAMEN

Schwarzer Mann: So heißt das Kraut wohl wegen seines soldatisch aufrechten Wuchses. (Falls diese Deutung zutrifft, muß der gleiche Name für das Sumpfruhrkraut (Gn. uliginosum) von seinem "großen Bruder" übernommen worden sein.)
Wo das Sumpfruhrkraut ebenfalls weihwürdig ist (in Gz als *Kleiner Schwarzer Mann*), heißt das Waldruhrkraut *Großer Schwarzer Mann*.
Schwarz bezieht sich, wie auch beim folgenden Mundartnamen, auf die schwarzbraun gezeichneten Hüllblätter der Köpfchen.

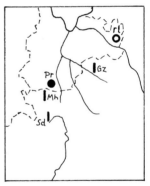

| Schwarzer Mann
● Schwarze Bouze
O Goldener Dohm

Schwarze Bouze: Das ist ein Ausdruck, den die Pflanze wiederum mit dem Sumpfruhrkraut gemeinsam hat.
Mit *Bouze* (das bedeutet etwas Kleines, Dickes) sind hier wohl die Blütenköpfchen gemeint. Vielleicht ist der Name aber auch von dem niedrigen Sumpfruhrkraut übertragen worden.

Goldener Dohm /dōm/ (rl; von einer 80jährigen Frau) ist unverständlich.

Wasserdost Eupatorium cannabinum L.

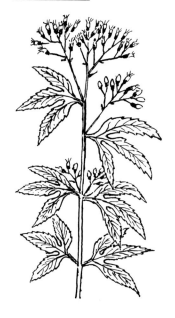
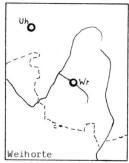
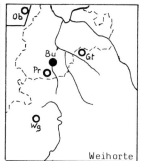

Weihorte   Weihorte

Die auf Waldschlägen, an Gräben und Wegrändern häufige, über einen Meter hohe Staude trägt einen verzweigten, straußartigen Blütenstand, der - auch farblich (**rosa**) - an Dost erinnert und von manchen damit verwechselt wird.
Der Wasserdost war früher eine Heilpflanze. Bock[4] schreibt dazu: *würt bei vns allein zum Vihe gebraucht.* Und weiter heißt es bei ihm: *Ein rauch von disem gedörrten kraut gemacht / vertreibet alles gifftig gewürm. ... Andere stück so etlich mit disem kraut treiben / lassen wir anstehn.* Er spielt damit auf abergläubische und zaubrische Verwendung an.

VOLKSNAMEN

Alfkräuti(ch) /alfgraüdi/ (vermutlich aus *Albkraut* umgebildet), eine Bezeichnung, die Bock[4] als einen gebräuchlichen Ausdruck aufführt: *Etlich Teutschen sagen ihm Künigundkraut vnd Wasserdost / Albkraut.*
Perger[39] meint dazu: *Wahrscheinlich gegen das Alpdrükken.* Man schrieb es einem Dämon, dem *Alb*, zu, welcher auch dem Vieh Krankheiten zufügen konnte.

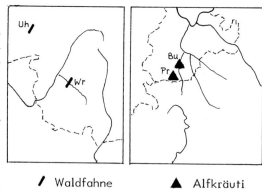

/ Waldfahne   ▲ Alfkräuti

Waldfahne (auch Fh): Der Volksname weist auf das häufige Vorkommen in Waldlichtungen hin. Sonst ist damit das Wald-Weidenröschen (Epilobium angustifolium) gemeint (s. S. 144).

Wachtelweizen   Melampyrum pratense L.

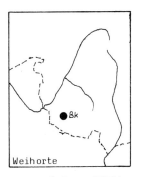
Weihorte

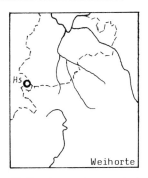
Weihorte

Der in lichten Wäldern häufige Halbschmarotzer wird ungefähr 30 cm hoch und hat nach einer Seite gewendete, **gelb-weiße** Rachenblüten.

Er (oder eine Schwesterart) ist in Baden ein sogenanntes Beschreikraut: *Ein Kind, das viel schreit und von bösen Leuten beschrien ist, wird mit abgekochtem Wachtelweizen (Beschreikraut) abgewaschen ... oder es wird ihm ein Tee daraus bereitet.*[35]

In der Zips, einer deutschen Sprachinsel an der Tatra in Nordungarn, wurde er mit einigen anderen Kräutern, darunter Beifuß, Johanniskraut und Tausendgüldenkraut, der Kuh nach dem Kalben ins Saufen getan, damit sie gegen Behexen gefeit war, ihr besonders keine Milch genommen werden konnte.[66]

VOLKSNAMEN

Hummelkraut nennt man den Wachtelweizen auch in anderen Gegenden Deutschlands.[33] Den gut beobachtenden Landleuten war aufgefallen, daß er fast nur von Hummeln beflogen wird, die den begehrten süßen Nektar aus der langen Blütenröhre saugen.

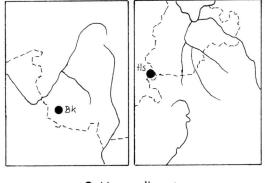
● Hummelkraut

Ihren Buchnamen erhielt die Pflanze übrigens nach den Früchten, welche einem Weizenkorn, auch in der Größe, ähneln und die angeblich den Wachteln als Nahrung dienen.

Echte Goldrute

Solidago virgaurea L.

Der längliche und verhältnismäßig schmale Blütenstand unserer einheimischen Goldrute ist kaum verzweigt. Er trägt nahe am etwa 50 cm hohen Stengel **gelbe** Korbblüten.
Die Goldrute ist eine alte Heilpflanze und kam als solche in den Weihstrauß.

● Gelber Antoni,
Gelber Antonius

VOLKSNAMEN

Gelber Antoni oder **Gelber Antonius:** Im Nachbarort Rittersbach führen die Königskerzenarten Verbascum thapsus und V. lychnitis den Namen Antoni (s. S. 86f.). Vielleicht hat man mit der jeweiligen Heilpflanze das gefürchtete Antoniusfeuer (Mutterkornvergiftung oder auch Gesichtsrose)[3] zu bekämpfen versucht. Das Kraut wurde nämlich in Tirol und im Böhmerwald gegen das "Ungesegnet", die Wundrose oder den Rotlauf, verwendet.[33]

Färberginster

Genista tinctoria L.

Diese kleine Ginsterart wächst am Waldrand, aber auch in mageren Wiesen. Sie ist etwa 40 cm hoch und trägt im Frühsommer **gelbe** Schmetterlingsblüten.
Früher benutzte man die Pflanze zum Färben von Wäsche, Wolle und Leinen. Tabernaemontanus[49] bemerkt dazu: *Es wird viel von Färbern gebraucht / die Wolle damit zu färben.*

○ Scheefekraut

VOLKSNAMEN

Scheefekraut ist nur nach den Fruchthülsen (Scheefe /šɛifə/) benannt.

Kichertragant Astragalus cicer L.

Die seltene, ausdauernde Pflanze bevorzugt lichte Wald- und Heckenränder. Sie gehört eigentlich nicht mehr in den bearbeiteten Raum, da sie schon im angrenzenden Muschelkalkgebiet wächst. Ihre Schmetterlingsblüten sitzen in dichter, **blaßgelber** Traube an dem niederliegenden bis aufsteigenden, etwa 40 cm langen Stengel. Die gefiederten Blätter schmecken süß und werden von Weidetieren und vom Wild gern gefressen.

Auffällig sind die braunen, rundlichen Hülsen, die den Anlaß für die mundartliche Bezeichnung gaben.

VOLKSNAMEN

Katzenklauen: Der außergewöhnlich sinnfällige Ausdruck rührt von der Form und Beschaffenheit des Fruchtstandes her: die ballenähnlichen Hülsen stehen eng beisammen und weisen eine schwarzzottige Behaarung auf. Zudem besitzen sie dünne Fortsätze (der Botaniker nennt das *geschnäbelt*), so daß sie einer Katzenpfote - besser gesagt einer Klaue (wegen der "ausgefahrenen Krallen") - sehr stark gleichen.

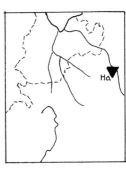

▼ Katzenklauen

Übrigens hat *Kichertragant* natürlich nichts mit *kichern* zu tun. Der deutsche Buchname fußt auf der Ähnlichkeit der Hülsen mit denen der Kicher oder Kichererbse (Cicer arietinum).

Bärenschote, Süßer Tragant   Astragalus glycyphyllos L.

Der größere und ungleich häufigere Bruder des Kichertragants wächst ebenfalls in Hecken und in lichten Wäldern. Er hat einen niederliegenden, etwa 1 m langen Stengel, der sich jedoch an Sträuchern aufrichten kann. Seine blassen, **grünlich-gelben** Schmetterlingsblüten stehen an langgestielten Trauben ziemlich dicht beisammen.

Die gefiederten Blätter schmecken wie die des Kichertragants ebenfalls süßlich.

Im Sommer reifen die Früchte zu gekrümmten, 3 - 4 cm langen Hülsen heran.

VOLKSNAMEN

Darmgichtskraut: Die Pflanze sollte wohl gegen die sogenannte Darmgicht helfen. Darunter verstand man früher Darmkrämpfe kleiner Kinder und vergleichbare Beschwerden.

Die Bezeichnung *Darmgichtskraut* ist in Deutschland sonst für die ähnliche Erbsenwicke (Vicia pisiformis) bekannt.[33]

● Darmgichtskraut

Der Garten

kurzer Blick in vergangene Zeiten

Bevor wir nun zu den einzelnen Pflanzen des Gartens kommen, wollen wir das Rad der Geschichte für ein paar Minuten um 2000 Jahre zurückdrehen.

Um Christi Geburt zogen unsere Vorfahren nur wenige Pflanzen in ihren Gärten, z. B. den Apfelbaum, Bohnen, Möhren und Erbsen. Von Blumen ist uns nichts überliefert.

Die Römer brachten uns gärtnerische Fortschritte auf vielen Gebieten und wichtige neue Gewächse. Ich will das nur einmal antippen mit je zwei Beispielen aus verschiedenen Gruppen. Diese Pflanzen können ihre Herkunft sprachlich nicht verleugnen[25] und bezeugen so, daß die Römer sie aus ihrer Heimat in die Besatzungsgebiete mitgenommen haben:

Obst: Pfirsich (von lat. persica) und Kirsche (von lat. ceresia)
Gemüse: Kohl (lat. caulis) und Rettich (lat. radix)
Kräuter: Zwiebel (lat. cepa, cepulla) und Petersilie (lat. petroselinum)
Blumen: Rosa (lat. rosa) und Lilie (lat. lilium)

Wenn gärtnerisch etwas aus der römischen Zeit an unseren Vorfahren hängengeblieben ist, so ging das meiste mit dem letzten Schub der Völkerwanderung wieder verloren. Erst die Hofgüter Karls des Großen sorgten für nachhaltigeres Gartenwissen.

Der Kaiser war bemüht, für seine Hofhaltung nutzbringende Gewächse zu ziehen, die dann gelegentlich an die Bevölkerung weitergelangt sind. Karl der Große (nach anderer Auffassung sein Sohn Ludwig der Fromme) gab eine Verordnung heraus, die den gesamten Wirtschaftsbetrieb seiner Höfe genau regelte. Dieses "Capitulare de villis ..."[5] vom Jahre 812 enthält im 70. Kapitel eine Aufstellung der anzubauenden Pflanzen.

Ich lasse sie auch in einer deutschen Übersetzung folgen, obwohl sich die Gelehrten hier und da bei der Bestimmung der Gewächse schwertun.

LXX. Uolumus qd In horto omns herbas habeant Id ÷ Lilium.

Rosas	Oliſatum	Uniones.
fenigrecum	petrosilinum	britlas.
Costum	Apium	porros.
Saluiam	Leuisticum	Radices.
Rutam	Sauinam	Ascalonicas.
Abrotanum	Anetum	cepas
Cucumeres	fenicolum	Alia.
pepones	Intubas	uuarentia.
Cucurbitas	diptamnū	cardones.
fasiolum	Sinape	fabas maiores.
Ciminum	Satureiam	pisos mauriscos.
Rosmarinū	Sisimbrium	coriandrum.
Careium	Mentam	cerfolium.
Cicerum Italicū	mentastrum	Lacteridas
Squillam	tanazitam	sclareiam.
Gladiolum	Neptam	& illeborcula
dragantea	febrefugiam	nus habeat sup
Anesum	papauer	domus sua. Louis
Coloquentidas	betas	barbam.
Solsequiam	Uulgigina ibidis	De arboribus uolu
Ameum	mismaluas id÷alteas	mus qd habeant
silum	maluas	pomarios diuer
Lactucas	caruitas	si generis.
Gitt.	pastenacas	Auellanarios
frucaalba	Adripias	Morarios
Nasturtium	blidas	Lauros
parduna	Rauacaulos.	Nucarios
puledium	caulos.	cereſarios

Explicit capitulare dominicū.

Übersetzung:

70. Wir wollen, daß man alle diese Pflanzen im Garten zieht, d.h. Lilien

Rosen	Myrrhendolde	Zwiebeln
Bockshornklee	Petersilie	Schnittlauch
Frauenbalsam	Sellerie	Porree
Salbei	Liebstöckel	Rettich
Raute	Sadebaum	Schalotten
Eberraute	Dill	Lauch
Gurken	Fenchel	Knoblauch
Melonen	Endivie	Krapp
Flaschenkürbis	Weißwurz	Kardendisteln
Kuhbohnen	Senf	Saubohnen
Kreuzkümmel	Bohnenkraut	Felderbsen
Rosmarin	Krauseminze	Koriander
Kümmel	Bachminze	Kerbel
Kichererbse	Waldminze	Wolfsmilch (Mauskraut)
Meerzwiebeln	Rainfarn	Muskatellersalbei
Schwertlilie	Katzenminze	Und der Gärtner
Drachenwurz	Mutterkraut	soll auf seinem
Anis	Schlafmohn	Hause Dachwurz
Koloquinten	Runkelrüben	haben.
Zichorie	Haselwurz	Von Bäumen soll
Bärwurz	Eibisch	man Apfelbäume
Sesel	Malven	verschiedener
Salat	Karotten	Art ziehen
Schwarzkümmel	Pastinak	Haselnüsse
Gartenrauke	Melde	Maulbeerbäume
Kresse	Amarant	Lorbeer
Klette	Kohlrabi	Nußbäume
Poleiminze	Kohl	Kirschbäume ...

HIER ENDET DIE VERORDNUNG ÜBER DIE HOFGÜTER

(Außerdem wurde der Anbau folgender Obstbäume angeordnet, die ich in der Wiedergabe weggelassen habe:
Birnbäume, Pflaumenbäume, Ebereschen, Mispeln, Eßkastanien, Pfirsichbäume, Quitten, Mandelbäume, Pinien und Feigenbäume.)

Hauptsächlich aber kamen unsere Vorfahren durch die Klöster zur Kenntnis der Gartenpflanzen und wurden von den Mönchen zu ihrem Anbau angeregt. Vor allem waren es die Benediktiner, die die Pflege von Heilkräutern und anderen Kulturpflanzen dem Volk vermittelt haben. Durch ihre Gelehrsamkeit konnten sie auf das Wissen der Alten zurückgreifen. Viele Gewächse des Mittelmeergebietes haben sie aus ihren südlichen Stammklöstern über die Alpen gebracht. Auch beim Feldbau gaben sie ihre Erfahrungen an die bäuerliche Umgebung weiter.

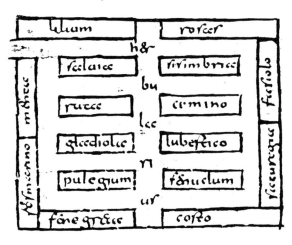

Übersetzung:

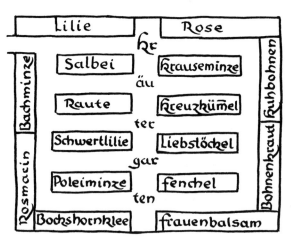

Im Plan des Klosters von St. Gallen in der Schweiz aus dem Jahr 816[87] ist außer einem Gemüsegarten auch ein Kräutergärtchen mit den Namen der anzubauenden Pflanzen eingezeichnet (nebenstehend).
Eine Übersetzung (nach verschiedenen Forschern) habe ich daruntergesetzt.
Lilien und Rosen dienten nicht der Zierde, sondern wurden als Arzneipflanzen angesehen, wie das auch von der hl. Hildegard in ihrer Heilkunde[20] bestätigt wird.

Eine ähnliche Zusammenstellung finden wir im sogenannten "Hortulus" (= Gärtchen) des Walahfried Strabo, eines Abtes auf der Reichenau im Bodensee. Er stand dem Kloster von 838 - 844 vor. In diesem Lob- und Lehrgedicht[47] beschrieb er begeistert 24 Heilkräuter seines Klostergartens:

Salbei (Salvia officinalis)	Schlafmohn (Papaver somniferum)
Weinraute (Ruta graveolens)	Muskatellersalbei (Salvia sclarea)
Eberraute (Artemisa abrotanum)	Frauenbalsam (Chrysanth. balsamita)
Kürbis (Cucurbita lagenaria)	Minze (Mentha spicata?)
Melone (Cucumis melo)	Poleiminze (Mentha pulegium)
Wermut (Artemisia absinthium)	Sellerie (Apium graveolens)
Andorn (Marrubium vulgare)	Betonie (Betonica officinalis)
Fenchel (Foeniculum vulgare)	Odermennig (Agrimonia eupatorium)
Schwertlilie (Iris germanica)	Schafgarbe (Achillea millefolium)
Liebstöckel (Levisticum officinale)	Katzenminze (Nepeta cataria)
Kerbel (Anthriscus cerefolium)	Rettich (Raphanus sativus)
Lilie (Lilium candidum)	Rose (Rosa gallica)

Nach dem Mittelalter gelangten aus aller Welt viele Neubürger in unsere Gärten,[36] vor allem Blumen. - Um nur einige zu nennen:

Aus der Türkei: Kaiserkrone (Fritillaria imperialis) und Flieder (Syringia vulgaris),
aus dem Fernen Osten: Astern (Aster chinensis) und Tränendes Herz (Dicentra spectabilis),
aus Amerika: Dahlie (Dahlia variabilis) und Fuchsie (Fuchsia coccinea).

Weitere Neuankömmlinge des Bauerngartens sind bei den einzelnen Pflanzen angemerkt, denen wir uns jetzt zuwenden wollen.

Leider verarmt nicht nur unser Wildpflanzenbestand; auch die vertrauten Blumen und anderen Gewächse des dörflichen Gartens trifft man immer seltener an. Sie fallen der Modernisierungssucht zum Opfer. So ist das wichtigste Weihkraut des Gartens, der nun folgende Wermut, fast nicht mehr zu finden.

Wermut   Artemisia absinthium L.

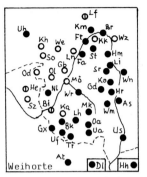

● in allen
bearbeiteten
Orten des
Kärtchens

Die etwa 70 cm hohe Pflanze mit den vielen an den Blütenzweigen aufgereihten **gelben** Köpfchen sah man früher in jedem Bauerngarten. Die anspruchslose Staude findet sich noch oft in der Nähe der Höfe.

Wermut ist sehr geschätzt: Vorm *Wermede* soll man den Hut ziehen (Ua). Die graugrünen, bitteren Blätter werden zum Appetitanregen gekaut (vielerorts, z. B. Wm Us). Sie sind als gutes Mittel gegen Magenleiden bekannt (Bk Ua Uf).

Da man Wermut als Allheilmittel bei Viehkrankheiten ansieht, gibt man der Kuh einen Absud von einigen geweihten Stengeln (As Ha Ho Hö Rn), evtl. mit der vom Tierarzt verordneten Arznei vermischt (Oa). Kälber erhalten ihn bei Durchfall, Pferde bei Kolik (Le). Ein paar geweihte Zweige gibt man der Kuh ins Saufen, damit sie sich leichter "putzt" (Hr Us), daß sich also die Nachgeburt gut löst; ursprünglich wohl zur Hexenabwehr. Im Taubergrund räuchert man am Christ- und Neujahrsabend, um die Hexen zu vertreiben.[30] Auf diesen Aberglauben spielt Tabernaemontanus[49] an, wenn er den Weibern seine Verachtung zeigt, *die noch heutigen tag* (1731) *dieses kraut in jre Würtzwische mit anderen kräutern samlen und vil seltzamer abgöttischer Phantaseyen und Narrenwercke darmit treiben.*

Pferde rieb man gegen die lästigen Bremsen mit Wermut ein (Rb).

Den Hausbewohnern ist der Wermut wohlgesonnen; aber man darf niemand Fremdes an den Stock lassen, sonst geht er kaputt (Us).

Wegen der hohen Meinung, die man vom Wermut hat, ist er im Kräuterstrauß vielfach die Hauptsache. Im östlichen Odenwald hüllt man ihn ganz mit Wermut (und Beifuß) ein: Mit Wermut und Beifuß wird die Würzbürde "zugemacht" (Sp).

Schon im 9. Jahrundert wird er im "Hortulus" (s. vorige Seite) von Walahfried Strabo sehr gelobt.

VOLKSNAMEN

Wermut: Die Mundartformen *Wermet* bzw. *Bermet* und *Wermede* bzw. *Bermede* gehen auf althochdeutsch *wermuota* zurück.[25] Die hl. Hildegard von Bingen schreibt *wermuda*.[20] In der Mundart hat sich die ursprüngliche dritte Silbe noch erhalten.

Die Verteilung der zwei- und dreisilbigen Formen gilt natürlich ebenso für den "Wilden Wermut", den Beifuß (Art. vulgaris).

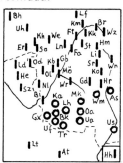
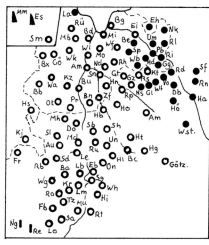

| Wermet
▲ Bermet

O Wermede
● Bermede

Stockrose   Alcea rosea L.

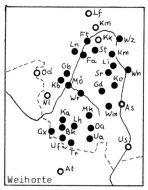
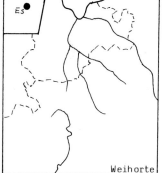

Die stattliche, über 2 m hohe, zwei- bis mehrjährige Zierde eines jeden Bauerngartens ist heute wieder häufiger zu finden.

Sie war ursprünglich trotz ihrer schönen Blüten, die von **weiß bis schwarzrot** abändern, nur eine Heilpflanze.

Schon über 500 Jahre wird sie in unseren Gärten gezogen. Brunfels[6] nennt bereits 1532 mehrere Spielarten, *gefüllt vnd vngefüllt / weisß vnd rot* und empfiehlt u. a.: *Sie seind überaus köstlich für die breüne*. Darunter verstand man Halskrankheiten, die wir heute in Diphtherie und Halsentzündung scheiden.

Man weiß noch, daß sie gegen die *Halsbräune* (Bk) und gegen Halsweh (Oa) verwendet wurde. Ich konnte sogar Genaueres erfahren: Einen Tee aus den Blättern nahm man gegen Diphtherie (Gd).

In den Weihstrauß kam meist die ganze Pflanze. Gelegentlich fügte man auch nur drei Blüten ein, die auf Haselgerten gesteckt wurden (Tr).

VOLKSNAMEN

Bräu(n)rose /brɔirous̩ə/ ist die Heilpflanze gegen die Bräune (s. o.).

Auch J. Wilde[51] nennt aus der Pfalz (Dahn) die Bezeichnung *Breiros*, leitet sie jedoch von dem schleimigen, breiigen Saft ab, den die Stockrose enthält. Der Schleim soll auch den Ausdruck *Pappeln* erklären, der früher für alle Malvenarten gebräuchlich war.

Stangenrose wie auch **Stockrose** nennt man sie wegen des kräftigen und hohen Stengels. Auch der deutsche Buchname bezieht sich ja darauf.

Malve /malfə/ ist aus dem Hochdeutschen übernommen worden.

Maulrose heißt die Pflanze auch in Pflaumheim. Der Name soll aus *Malve* zurechtgebogen worden sein. Marzell[33] lehnt diese Volksdeutung jedoch ab. Man nennt sie so, weil sie für das Maul (= den Hals) hilft. Unmißverständlich sagt man in der Pfalz (z. B. Neustadt) *Halsrose*.

Ringelrose ist vielleicht eine Übernahme von der Ringelblume (Calendula officinalis, s. S. 169). Man erklärt den Namen aber damit, daß die Blüten der Stockrose rings um den Stengel stehen (Li).

Dill Anethum graveolens L.

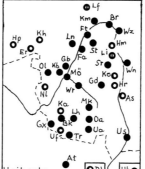
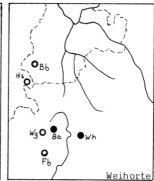

Das wohlbekannte und beliebte Gurkengewürz mit seinen feinen, aromatischen Blättern und den **gelben** Doldenblüten wird etwa 60 cm hoch. Es fehlt in keinem gepflegten Küchengarten.

Wegen seines Geruches ist der Dill ebenso wie der Kümmel und andere stark riechende Kräuter ein altes Mittel gegen Dämonen und Hexen und hilft gegen das Beschreien.[30] In England hieß es: *Vervain and dill hinders witches of their will.*[80] Frei übertragen: Nimm Eisenkraut und Dill, wenn eine Hexe dir was will.

VOLKSNAMEN

Fenchel: Die vom ähnlichen wirklichen Fenchel (Foeniculum vulgare) geliehene Bezeichnung ist im westlichen Odenwald wohlbekannt, namentlich bei der älteren Generation. Wilde[51] bestätigt: In der Pfalz *fälschlich Fenchel* genannt (vielfach). Oft hört man ein eingeschobenes /i/ (z. B. As Gd Mk: *Fennischel*), das auch bei Milch → *Millisch* zu hören ist.

● Fenchel   I Till

Till: Im Mittelhochdeutschen hatte der Pflanzenname ebenfalls ein anlautendes /t/: *tille*.[25] Man sagt allerdings auch *Tahlie* anstelle von Dahlie, so daß man eher auf eine Überanpassung ans Hochdeutsche schließen darf.

165

Pfefferminze

Mentha x piperita L.

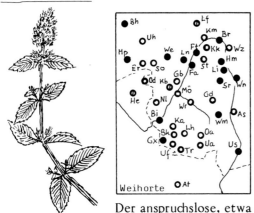

Weihorte

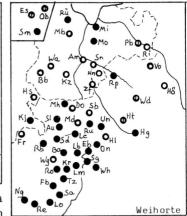

Weihorte

Der anspruchslose, etwa 60 cm hohe Lippenblütler bewurzelt sich an seinen Ausläufern leicht, so daß die Pfefferminze schnell wuchert. Je nach Rasse sind Stengel und Blätter manchmal rötlich überlaufen. Die ährenartigen Blütenstände tragen **lila** Blütchen.

Als "Pfefferminze" werden auch andere Arten kultiviert: die Grüne Minze (Mentha spicata) und die Krauseminze (M. crispa), wobei hier zu beachten ist, daß es von mehreren Minzenarten krausblättrige Formen gibt.

Pfefferminztee wird allgemein gern bei Leibweh und Magenbeschwerden getrunken. Auch das Vieh erhält den Tee, wenn es krank ist (As).

Der kräftige Geruch schützt gegen die Einwirkung von Hexen. In der Pfalz nennt man die Heilpflanze *Abnehmerkraut*,[51] was auf eine frühere Verwendung gegen das angehexte "Abnehmen" der Kinder deutet.

Minzenarten werden schon im "Capitulare" Karls des Großen (s. S. 157 f.) gefordert. Auch der Klosterplan von St. Gallen (s. S. 160) führt sie auf, und der Reichenauer Abt Walahfried Strabo preist sie in seinem "Hortulus" (s. S. 161).

Auch anderswo wird sie ab und zu geweiht, entweder des starken Geruchs (Hexenabwehr) oder der Heilwirkung wegen.

● der Pfefferminz

VOLKSNAMEN

der Pfefferminz: Soweit überhaupt ein Geschlechtswort geläufig ist, benutzt man überall das männliche.

Liebstöckel — Levisticum officinale Koch

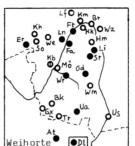
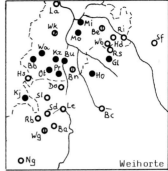

Die stattliche Staude kann über mannshoch werden. Der kräftige, hohle Stengel ist bereift und fein gestreift. Er trägt **gelbliche** Doldenblüten. Die glänzenden Blätter haben einen starken, sellerieartigen Geschmack.

Wenn Kinder Diphtherie oder Halsweh hatten, gab man ihnen durch den hohlen Stengel Milch ein (Gd Kk Sl Tr We). Vielleicht verbreitete sich der Gebrauch im Volk durch die Kräuterbücher des 16. Jahrhunderts. H. Bock[4] schreibt vor 400 Jahren: *Durch ein Liebstöckel rhor stäts gedruncken / heilet das Halßwehe.* Schon die heilige Hildegard von Bingen[20] empfiehlt *Lubestuckel* mit anderen Kräutern gegen Halsweh.

Die Würzpflanze wird im "Capitulare" (s. S. 157f.) aufgeführt und war im St. Galler Klostergarten eingeplant (s. S. 160). Auch Walahfried Strabo hatte sie in seinem Gärtlein (s. S. 161).

Wegen ihres Geruches hat sie Kraft gegen Hexen und Zauberei.[16]

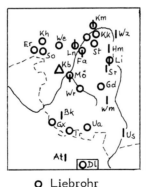
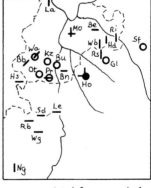

VOLKSNAMEN

○ Liebrohr ● Liebfrauenröhrle
△ Liebesrohr — Rohr, Röhrle
／ Lieblesrohr | Liebstöckel

Liebrohr oder einfach **Rohr** bezieht sich auf den hohlen Stengel. Zur Weihe nimmt man nur ein Stengelstück. Es soll (wegen der früheren Heilverwendung) durchgehend hohl sein. Neuerdings bevorzugt man im Ostteil gelegentlich (Ot) ein Rohr mit Knoten, um es als Wasserbehälter für eine Zierblume zu benutzen.

Liebesrohr und *Lieblesrohr* sind Umdeutungen des vorigen Namens.

Liebfrauenröhrle bezieht sich als Weihkraut auf Maria, Unsere Liebe Frau.

Liebstöckel ist vielleicht vom Hochdeutschen beeinflußt. Der Name ist aus dem lateinischen Levisticum entstanden. Näheres darüber auf S. 209.

Maggikraut heißt es wegen der geschmacklichen Ähnlichkeit mit der gebräuchlichen Würze. Der neue Ausdruck ist überall bekannt und wird daher nicht eigens dargestellt.

Bohnenkraut   Satureja hortensis L.

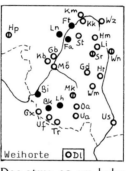

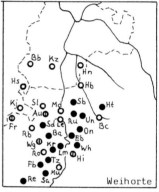

Das etwa 30 cm hohe Kraut mit den **hellila** Lippenblüten sät sich jedes Jahr von selber wieder aus. Sein kräftiges Aroma soll die blähende Wirkung der Hülsenfrüchte mäßigen. H. Bock[4] preist es als *der armen leüt wurtz zu aller speiß*.

Seinen starken Geruch sah man als hexenabwehrend an. Deshalb gelangte es in den Weihstrauß.

VOLKSNAMEN

Bohnenkraut ist die allgemein übliche Bezeichnung. Es schenkt Bohnengerichten Geschmack sowie Bekömmlichkeit. - Die Lautung *Baunekraut* ist im Aussterben begriffen.

Satenei und *Seidenei* sind aus *Saturey* (wie es im 16. Jh. hieß[4]) entstanden (lat. Satureja). Das ähnliche *Sedenei* stammt ebenfalls aus jener Zeit.[33]

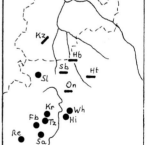

— Satenei
/ Seidenei
● Baunekraut

Ringelblume Calendula officinalis L.

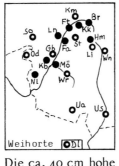

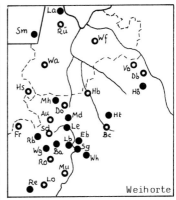

Weihorte

Die ca. 40 cm hohe Bauerngartenblume stammt aus dem Mittelmeerraum. Sie strahlt unermüdlich in **Gelb** und **Orange** bis zum Eintritt des Frostes. Bereits Bock[4] rühmt ihre lange Blütezeit: *Blüet im Meyen vnd weret in stäter blüet für vnd für / biß inn den kalten Winder / mag derhalben wol Calendula heissen.*

Wenn sie morgens nach 7 Uhr noch geschlossen ist, gibt es an diesem Tag Regen; geht sie zwischen 6 und 7 Uhr auf, dann regnet es nicht (Wm).

Hildegard von Bingen[20] lobt die großen Kräfte der *Ringula*. Im Odenwald rührt man aus Blüten und Schweineschmalz eine beliebte Salbe zusammen und verwendet sie bei Geschwüren und offenen Beinen. Hier ein Rezept (Kz): 50 Köpfe in 1 Pfd. kochendes Schweinefett einrühren, abkühlen lassen; am Tag darauf wieder erhitzen, durch ein Sieb geben und abfüllen. Die heißen Blüten kann man noch als Aufschlag nutzen.

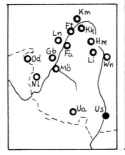

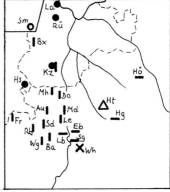

VOLKSNAMEN

Ringelblume: Den allbekannten Namen (nicht eigens aufgeführt) hat sie vom Samen, *dieweil er sich,* wie Bock[4] sagt, *also rings vmbher ringt vnnd krümbt.*

○ Ringelrose ● Totenblume
I Stinkerli — Beckeblume
△ Judenblume ✗ Xafferli

Ringelrose ist bei älteren Leuten gebräuchlich. *Rose* anstelle von *Blume* ist oft üblich, selbst im Hochdeutschen (Pfingstrose, Stockrose u. a.).

Stinkerli: Viele empfinden den Geruch der Blüten als unangenehm.

Judenblume ist wohl eine abwertende Bezeichnung wegen der "stinkenden" Blüten.

Beckeblume /begə-/: Den Namen können sich die Gewährsleute nicht mehr erklären. Der *Beck* ist der Bäcker. Er hat die Blüten wahrscheinlich zum Gebäckfärben benutzt (vgl. das bei der Färberkamille auf S. 117 Gesagte). Auf die gleiche Verwendung geht auch der nächste Ausdruck zurück:

Xafferli ist von *Safran* abgeleitet und an den Vornamen *Xaver* angelehnt. Der Kinderreim bezeugt noch: *Safran macht den Kuchen geel.*

Totenblume: Wegen der langen Blütezeit pflanzte man Ringelblumen gern auf die Gräber.

Jungfer im Grünen   Nigella damascena L.

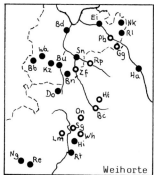

Die etwa 30 cm hohe Blume mit ihren feinzerteilten Blättern und den **hellblauen** Blüten fehlt kaum in einem Dorfgarten. Auch die aufgeblasene Fruchtkapsel im Haarkranz der Blätter ist eine Zierde.

Die anmutige Blume ist eine Verwandte des Echten Schwarzkümmels (Nigella sativa). Die schwarzen Samen beider Arten riechen beim Zerreiben aromatisch. Sie dienten früher bei uns als Brotwürze und Pfefferersatz.

Die Samen sind wie die des Echten Schwarzkümmels ein altes hexenabwehrendes Mittel.[16] In Baden heißt es:

> *Schwarzer Kümmel, Doste und Kranzkraut* (Johanniskraut)
> *vertreibt den Teufel mit seiner Braut.*[51]

Das Blümchen wird auch in der Pfalz[51] und in Unterfranken[29] mitgeweiht.

VOLKSNAMEN

Gretel/Gretchen im Grünen oder *Gretel hinter* bzw. *in der Heck* sowie *Gretel im Busch:* Man vergleicht die zarte Blüte im feinen Blattwerk mit einem Mädchen, das in einer Hecke sitzt.

Schwarzer Kümmel: Der Ausdruck (eigentlich für die Samenkörner) ist auch in der Pfalz bekannt.[51] Er bezieht sich auf die Verwendung als Gewürz.

Schwarzer Pfeffer: Diese Bezeichnung fußt ebenfalls auf dem früheren Gebrauch als Würze.

Stechäpfel (mit der Umkehrung *Apfelstecher*): Sonst wird der Name für stachlige Pflanzen (Wilde Karde Dipsacus fullonum u. a.) gebraucht. Hier meint man nur Aussehen und Form der Fruchtkapseln.

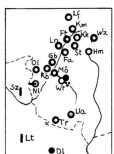

o Gretel/Gretchen im Grünen
— Gretel i. d. Heck
I Gr. hinter d. Heck
□ Gretel im Busch
* Schwarzer Pfeffer
● Schwarz. Kümmel
V Stechäpfel
∧ Apfelstecher

Sonnenblume   Helianthus annuus L.

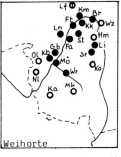

Die aus Mexiko stammende, über mannshohe Sonnenblume macht mit ihren großen, **gelben** Blütenköpfen ihrem Namen alle Ehre. Die Spanier führten sie im 16. Jahrhundert nach Europa ein.

Obwohl sie erst ein Jahrhundert später in unsere Gärten gelangte, hat sie als Weihpflanze schon eine gewisse Tradition. Auch in Südbaden kommt sie hier und da in den Würzwisch,[59] und aus Tirol stammt ein Weihbeleg von 1909.[16]

Sie ist auch zu einer Abwehrpflanze geworden, denn sie soll vor allem bösen Zauber schützen; ihre Samen werden gegen das Alpdrücken an den Hals gehängt.[16]

Da wir bei der Sonnenblume einen sehr großen Blütenkorb vor uns haben, können wir die Anordnung der Blüten bzw. der Samen besonders gut studieren. Sie schwingen in Spiralen nach außen, und wenn man diese auszählt, stößt man auf ein mathematisches Gesetz: Einerlei, wie groß der Blütenkopf ist, kommt man immer zu ganz bestimmten Anzahlen. Sie richten sich nach der berühmten Zahlenreihe 1 2 3 5 8 13 21 34 usw. Das heißt: Wenn man zu der jeweils letzten Zahl die vorhergehende dazuzählt, erhält man die folgende. Und genau eine dieser Zahlen - keine daneben oder dazwischen - findet man beim Auszählen, rechtsherum eine andere als linksherum.[61]

Die gleiche Erscheinung zeigen auch andere Korbblütler, wie z. B. die Margerite (s. Foto unten), und auch an Kiefernzapfen und anderen Pflanzenteilen läßt sie sich entdecken. Die große Scheibe der Sonnenblume zeigt das Wunder jedoch eindrucksvoller, da hier größere Spiralenzahlen auftreten. Am besten erkennt man die Spiralen, wenn die reifen Früchte sich in dieser kunstvollen Ordnung zeigen.

Es ist erstaunlich, daß der menschliche Geist sowohl seine selbsterfundene Mathematik als auch die Wachstumsregeln der Natur in das gleiche höhere Gesetz eingebettet findet! So harmoniert Ordnung mit Schönheit!

VOLKSNAMEN

Sonn(en)rose *(Sunnrous)*, meist jedoch *Sonnenblume* wie im Hochdeutschen: Wie bei der Ringelblume (s. S. 169) sagt man auch hier *Rose* anstelle von *Blume*.

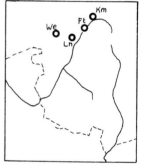

O Sonnrose

Fuchsschwanz, Amarant — Amaranthus caudatus & paniculatus L.

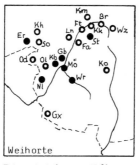
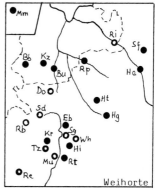

Weihorte

Weihorte

Die einjährige Pflanze hat dichte, ährenartige, **blutrote** Blütenstände, die in ihrer Gedrungenheit an Hirse erinnern. Sie kommt im Garten in zwei Arten vor: Meist hegt man den Fuchsschwanz in der hängenden Form (Amar. caudatus; s. obere Zeichnung). Er stammt aus den Tropen und gelangte im 18. Jahrhundert in unsere Gärten.[36]

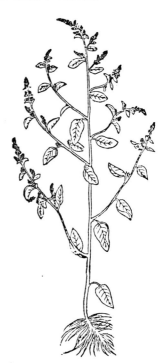

Die andere Art (Am. paniculatus) hat aufrechte Rispen (s. die Zeichnung links). Die Blätter sind schwarzrot überlaufen. Im dörflichen Garten ist dieser Amarant fast verschwunden, aber er verwildert leicht und ist innerhalb des Dorfes (Wr) noch auf unbebautem Gelände anzutreffen.

Von Interesse ist, daß Bock[4] 1577 eine verwandte Art anführt (s. Kopie rechts), welche *inn vnserm Land das recht Blutkraut ist*, und dazu vermerkt: *Die Weiber pflegen dz kraut in jren wurtzwüschen zu dörren.*

In St. Martin in der Pfalz ist übrigens auch ein Amarant als *Blutkraut* im Weihstrauß.[51]

VOLKSNAMEN

Fuchsschwanz (im Ostteil *Fuchseschwanz*) bezieht sich auf Form und Farbe des Blütenstandes. Trotz des gleichen Buchnamens dürfte die mundartliche Bezeichnung echt sein.

Roter Hirse (Hersche) (auch Fh) heißt er wegen der Ähnlichkeit des Blütenstandes mit der Hirse. Der Name wurde bis zur Unkenntlichkeit entstellt: über *Rote Härcher* (mundartlich ch = sch) bis hin zu *Rothärchen* (alle Wr). Der Vergleich mit *Härchen* lag wegen des haarig erscheinenden Blütenstandes nahe. Die Ausdrücke meinen sowohl die Art mit aufrechtem (Wr) als auch die mit hängendem Blütenstand.

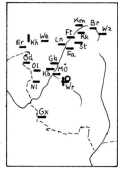
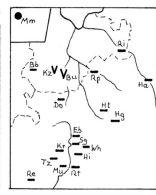

— Fuchs(e)schwanz   I Roter Hirse
● Blutskraut   o Rot(e) -Härchen

Roter Hirsch (Hersch) ist wieder anders gedeutet.   V Roter Hirsch

Blutskraut bezieht sich auf die blutroten Blüten. Außer im erwähnten St. Martin[51] heißt es auch in Erlangen und im Rheinland *Blutkraut*[33].

Krause Malve   Malva crispa L.

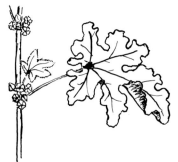
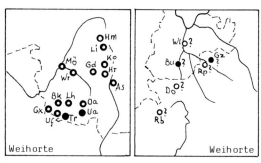

Die etwa 1,50 m hohe, einjährige Malvenart hat rundliche, krause Blätter in einem warmen Grün; die **blaßlila** Blütchen, die dicht am Stengel sitzen, sind unscheinbar und nur 5 mm breit.

Nicht nur der hübschen Blüten wegen wurde sie gezogen: sie ist eine alte Heilpflanze, die Tabernaemontanus[49] schon 1588 als *Kraußpappeln* aufführt. Der erweiterte Name *Wildfeuerkraut* gibt den Hinweis, daß sie gegen das *Wilde Feuer*, heute Gesichtsrose genannt, gebraucht wurde. Die Krankheit soll man durch Zugluft bekommen (Bk Wr). Gegen dieses in früheren Zeiten stärker verbreitete Leiden benutzte man die Krause Malve noch etwa 1920 (Hr). Vgl. dazu die Anwendung der Moschusmalve (S. 66).

Die Pflanze muß einst in den Gärten des Westteils häufig gewesen sein (ich erhielt 1966 aus Ua noch einen Nachzügler); heute ist sie ausgestorben.

Gegen das Wilde Feuer wurde auch "gebraucht", d. h., man besprach es. Von der Formel ist nur noch *Wildes Feuer, wilder Brand* ... bekannt (Gd). Ein solcher Heilsegen ist in einer Handschrift[17] aus Neustadt an der Weinstraße im Jahr 1821 aufgezeichnet worden:

Vor das wilde Feuer und Fluk bei Menschen und Vieh
Wildes Feuer, wilder Brand,
Fluk, Schmerz und gronnen Blut und kalter Brand,
ich umfähe dich,
Gott der Herr bewahre dich,
Gott ist der allerhöchste Mann,
der dich wildes Feuer, wilden Brand,
Fluk, Schmerz und gronnen Blut und kalten Brand
und allen Schäden wieder von dir vertreiben kann † † †

Ein kürzerer Segen aus Weinheim an der Bergstraße[78] lautet:
Wiltes Feuer und kalter Brand, wo willst du hin?
Willst du der Orchel (Ursel) die Haut so ganz verbrennen?
O du wiltes Feier, das sollst du nicht thun,
das befehl ich dir zur Buß (zur Abhilfe) † † †

Im östlichen Odenwald ist die Bestimmung der Pflanze nicht gesichert, da sie nicht mehr gezogen wird. Die Beschreibung (wächst im Garten, hat runde Blätter, Blüten nicht in Erinnerung) und die Bezeichnung Flug*blätter* sprechen jedoch für die Krause Malve.

VOLKSNAMEN

Feuerkraut, Wildfeuerkraut, Flugfeuer, Flugblätter: Alle diese Namen beziehen sich auf die frühere Verwendung gegen das *Wilde Feuer*, dessen Entstehung man sich nicht erklären konnte. Man hielt es für "angeflogen".

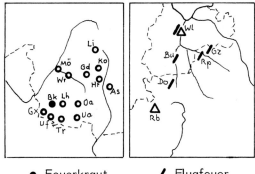

○ Feuerkraut / Flugfeuer
● Wildfeuerkraut △ Flugblätter

Rosmarin — Rosmarinus officinalis L.

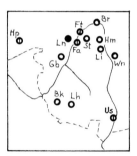
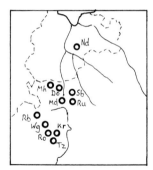

Der aromatische Strauch trägt **bläulichweiße** Lippenblüten. Seine schmalen Blätter sind am Rand eingerollt und weisen ihn so als eine typische Pflanze trockener Mittelmeergebiete aus. Dort erreicht er eine Höhe von 1 - 2 m. Bei uns übersteht er selten den Winter und kann daher nur im Topf oder im Kübel gehalten werden. Daß er überhaupt gezogen wird, verdankt er weniger seiner Würz- und Heilkraft als seiner Verwurzelung im Volksbrauch:

Dem Bräutigam (Hm Li Us) oder dem Brautpaar (Do Kz Rb) heftete man einen Zweig an, auch allen Hochzeitsgästen (Kz). Kommunionkinder trugen ihn (Do Ru Wg), und auch bei Beerdigungen hatte er seinen Platz: fast überall im Westteil bekamen ihn die Sargträger angesteckt (noch 1970 Nl).

Sinn dieser Bräuche war ursprünglich, bei den als besonders gefährdet erachteten Lebenseinschnitten (Geburt, Hochzeit, Tod) die Einflüsse böser Geister durch den starken Geruch bestimmter Pflanzen fernzuhalten.

Rosmarin erscheint schon zu Karls des Großen Zeiten im "Capitulare" (s. S. 157 ff) und im St. Galler Klosterplan (s. S. 160).

VOLKSNAMEN

Rosmarein (Betonung bei allen Lautungen auf der letzten Silbe) geht auf das lateinische ros marinus (Meertau) zurück.

Dieses wird auch als Umdeutung von griechisch rhops myrinos (wohlriechender Strauch) erklärt,[18] was mir sinnvoller erscheint, als die Pflanze mit dem Tau des Meeres in Verbindung bringen zu wollen.

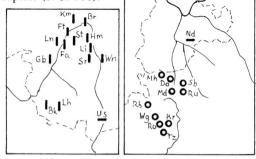

| Rossemroi /-rói(n)/ — Rossemrei /-rái(n)/
o Roschemrei /rosˇᵊmrái(n)/

Eberraute   Artemisia abrotanum L.

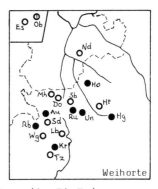

Der etwa 80 cm hohe Halbstrauch mit **gelblichen** Korbblütchen ist in den Dorfgärten selten geworden - es sei denn, man hält ihn eigens als Weihkraut. Seine dillähnlich zerfädelten Blätter duften stark nach Zitrone. Man legt sie deshalb als Riechsträußchen ins Gesangbuch, falls es einem während der Messe übel werden sollte oder man gegen Müdigkeit ankämpfen muß (Au Rb Ru).

Weihorte

Die Eberraute ist eine alte Heil- und Bauerngartenpflanze, die schon im "Capitulare" Karls des Großen aufgeführt wird (s. S. 157f.). Auch der Reichenauer Abt Walahfried Strabo rühmt sie in seinem Klostergartenlobgesang (s. S. 161).

Schon im 16. Jahrhundert bezeugt sie Bock[4] als Weihkraut: *Ist der gewächß eines das man inn die Wurtzwüsch thut / damit die alten Weiber viel narrenwerck treiben.* Und er sagt weiter: *Ein rauch von Stabwurtz gemacht / vertreibet alle gifftige Thier / vmb des willen die Weiber gemelt kraut nicht vnbillich inn die Wurtzwüsch nemen.*

Es galt auch als Liebes- und Zauberkraut. Bock schreibt weiterhin: *Das kraut vnder das Bett oder Küssen gelegt / bringet die vnkeuschen begirden auff die ban / vertreibt auch allerley gespengst und Zauberey.*

Vor seinem Geruch fliehen die Hexen. Auch deren zauberisches "Nestelknüpfen" wird durch die Eberraute vereitelt. Darunter verstand man die besonders dem Bräutigam angehexte Impotenz.[16]

VOLKSNAMEN

Gartenhag: Schon im Althochdeutschen war die Eberraute unter dem Namen *Garthagen* bekannt, und sie erscheint um 1500 auch als *Gartenhag*.[33]

Der Ausdruck hat nichts mit *Garten* zu tun, sondern bezieht sich auf die gertenförmigen Zweige, weshalb die Eberraute früher (auch bei Bock[4]) die Bezeichnung *Gertwurz* hatte.[33]

Zitronenkraut heißt sie wegen ihres Duftes. *"Es schmackt so årich"* (Ho).

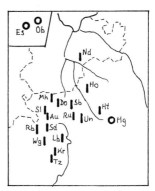

| Gartenhag (Gaarde-)
O Zitronenkraut

Osterluzei   Aristolochia clematitis L.

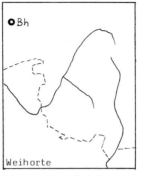
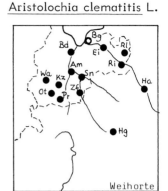

Das in den Weinbergen selten gewordene Kraut hat gelbgrüne Blätter und wird etwa 50 cm hoch. Seine eigenartig geformten, **gelben** Blüten sind Kesselfallen. Kleine Insekten werden vom Nektar angelockt, frei beköstigt und so lange festgehalten, bis sie die Blüte bestäubt haben.

Die Osterluzei stammt aus Südeuropa und wurde im Bauerngarten als Heilpflanze gehalten. In Guttenbrunn in Rumänien (s. S. 18) band man sie Pferden, die "Knöpf" hatten, heiß um den Hals. Die "Knöpf" brachen dann auf.

VOLKSNAMEN

Aus dem ursprünglich griechischen aristolocheia (= beste Geburt) wurde lateinisch aristolocia. Das deutsche man zu *Osterluzei* ein. Die Mundart verformte weiter:

Österli, Österli(che) Zeit und auch ***Osterstock*** verbanden den unverständlichen Ausdruck mit dem Osterfest.
Schließlich deutete man ihn sogar zu ***Österlich Zeig*** (= Zeug) um.
Auch in Guttenbrunn lautete es so.

Löffeli: Bei diesem Namen stand die Blütenform Pate. - Ähnliche Bezeichnungen sind in Schleswig (*Lepelkrut*) und auch im Rheinland (Geldern: *Läpelcheskrütt*) üblich.[33]

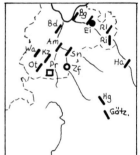

/ Österli(che) Zeit   ● Schafkräuti
— Österlich Zeug   o Löffeli
\ Österli(ch)   □ Klosterkraut
| Osterstock

Schafkräuti(ch): Marzell[33] vermutet, daß es den Schafen als Arznei diente.

Klosterkräuti(ch): Der Ausdruck erinnert wohl daran, daß die Mönche das Kraut aus Südeuropa mitbrachten und es von ihren Gärten aus verbreiteten.

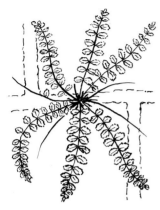

Dieser hübsche und zierliche Farn mit seinen glänzenden, dunkelbraunen Fiederstielen gedeiht mit Vorliebe an alten Mauern.

Dieser Streifenfarn ist eine alte zauberstarke Pflanze gegen das "Antun" der Hexen. Davon sagt Bock[4]:

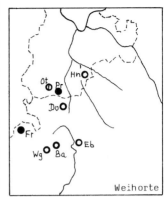

Es haben die alten Weiber vil fantasei mit disen kreuttern (Streifenfarnarten) / vnnd sprechen also / das rot Steinbrechlein mit den Linsen blättlein (damit ist unsere Pflanze gemeint) soll man nennen Abthon / vnnd das nacket Jungfraw haar (Goldenes Frauenhaarmoos Polytrichum commune) / soll man nennen Widderthon / dann mit disen kreuttern können sie beide sachen / nemlich Abthon vnnd Widderthon jhres gefallen.

Daß der kleine Farn im Abwehrzauber eine Rolle spielte, beweisen auch die Sprüche:

    Mit Schwarze Wirregumm un Braune Daschte
    kann mern Deifel zum Haus naus baschte (zwingen). (Einbach)

oder: Mit Schwarze Wirrekumm un Braune Daschte
    kann mern Deifel mit baschte.   (Friedrichsdorf)

VOLKSNAMEN

Schwarzer Wiederkomm *(Widder- bzw. Wirregumm):* Der Farn soll der Kuh die (durch Hexenzauber) genommene Milch wiederbringen: Man benutzt ihn "fürs Vieh, daß die Milch wiederkommt" (Fr). Zimmermann[58] führt aus Baden an: *Unter dem Namen Widerkumm wird der Farn in Anken, d. i. Butterschmalz, ausgelassen, um mit der Salbe das geschwollene Euter zu bestreichen.*
"Schwarz" nennt man diesen Streifenfarn der schwarzbraunen Stiele wegen.

Reefährli (= Rainfärnlein): Der Ausdruck ist an den Rainfarn (Tanacetum vulgare) wohl nur angelehnt, da der Streifenfarn kaum an Rainen wächst.

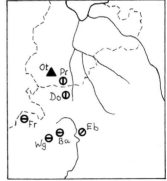

◐ Schwarzer Widdergumm
⊖ Schwarzer Wirrekummm
⊘ Schwarzer Wirregumm
▲ Reefährli

Alant
Inula helenium L.

Der Alant wurde früher häufiger im Bauerngarten gehalten. Er ist mit seinen großen, **gelben** Korbblüten und einer Höhe von über einem Meter eine stattliche Erscheinung. Die großen Blätter sind auf der Unterseite filzig behaart.

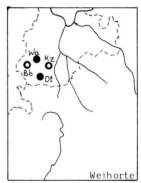

Weihorte

H. Bock[4] bezeugt die eng verwandte Dürrwurz (Inula conyza) als Weihkraut, wenn er spottet: *Dieweil die Weiber dise Dürrwurtz kennen / vnnd auff vnser lieben Frawen Himmelfarts tag inn jhre sagmina oder wurtzwüsch vnnd Verbenas samlen vnnd weyhen / für alle gespenst / vnnd sonderlich für vngewitter / vermeinen gantz der Donder vnnd Hagel könne nit schaden / wa vnnnd an welchem ort die Dürrwurtz sei.*

Die kräftige Staude ist eine sehr alte Heilpflanze, die bereits die Römer anbauten. Der Wurzelstock hilft nach Bock[4] bei Husten und Bronchitis: *Das puluer von der gedörten Alantwurtzel mit Zucker oder Honig vermischet ... ist ein gebenedeite Artzney für das Keichen / vnnd zähen Husten.*

Obwohl man sie im Odenwald selten pflegt - und sicherlich nur, weil sie geweiht wird - kommt sie in anderen Gegenden Deutschlands häufiger in den Kräuterstrauß. Hauptsächlich in Westfalen ist sie oft das Wichtigste darin.[7]

VOLKSNAMEN

Ollotzeknotte /olódsəgnodə/ bzw. *-knolle,*
Ohletzeknotte bzw. *-knolle* /ǫ́ledsə-/, /ǿ-/,
Ohlenseknotte /ōlensəgnodə/, *Ohlanseknotte:*
Alle diese Namen sind von *Alant* abgeleitet. Ähnliche Formen (*Ohlertsblume, Olets-, Olats-* oder *Orletzblume*) gibt es auch in Oberfranken.[33]

Knotte und *Knolle* bedeuten etwas Dickes, was sich entweder auf den ansehnlichen Wurzelstock oder auf die großen Blütenköpfe bezieht.

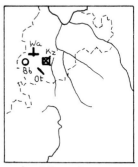

| Ollotzeknotte, -knolle
—
□ Ohletzeknotte, -knolle
╲
╱ Ohlenseknotte
○ Ohlanseknotte

Mariendistel Silybum marianum L.

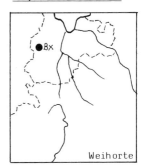

Die etwa 1 m hohe, prächtige Distel hegt man oft im Garten. Ihre **purpurnen** Köpfe sind von dicken, spitzstachligen Hüllblättern umgeben. Am auffälligsten sind jedoch ihre stechenden Blätter. Sie sind nämlich oberseits weiß gefleckt.

Das gab Anlaß zu einer Legende, die Muttergottes habe auf der Flucht beim Stillen des Jesuskindes einige Tropfen Milch darauf fallen lassen.[38]

Die Mariendistel ist eine alte Heilpflanze. *Die Weyber brauchen den samen für dz stechen an der seitten*[4] (Signatur! s. S. 202).

Wahrscheinlich ist sie nicht nur wegen ihrer Heilwirkung, sondern vor allem wegen ihrer starken Bestachelung als unheilabwehrende Pflanze in den Kräuterstrauß gekommen. Die erwähnte Legende, auf die wohl auch der Buchname zurückgeht, mag dazu beigetragen haben.

VOLKSNAMEN

Gartenstachel heißt sie wegen ihres im wörtlichen Sinn hervorstechenden Merkmales, der scharfspitzigen Hüllblätter. Der auffallende Teil steht für die ganze Pflanze. Der Zusatz *Garten* trennt sie von den wilden Disteln. - Für *Gartendistel* gilt das gleiche.

Donnerdistel ist im Gebiet des Volksnamens wohl eine Übertragung von anderen Disteln.

Vaterskopf: Dachte man dabei etwa an einen struppigen, rauhen Bart? Vgl. auch das bei der Flockenblume (S. 57) und der Witwenblume (S. 70) Gesagte.

Rundes Hasenohr, Durchwachs — Bupleurum rotundifolium L.

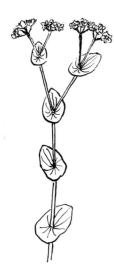

Dieses einjährige, etwa 50 cm hohe Kraut wurde oder wird in manchen Gärten gezogen. Auffällig sind seine bläulichgrünen Blätter, durch die der Stengel hindurchzuwachsen scheint. Die doldig stehenden, **grüngelben** Blüten erinnern an die Sonnenwendwolfsmilch (Euphorbia helioscopia).

Weihorte

Daß der Stengel durch die Blätter hindurchgeht, deutete man als Heilanzeige bei Nabelbrüchen (s. Signaturenlehre auf S. 202).

Brunfels[6] führt den Durchwachs schon 1532 an: *Sein krafft ist wunden vnd brüch in dem leib damit zu heylen / vnd darfür würt es auch bei den wundärtzten gebraüchet.*

Bock[4] bestätigt einige Jahre später: *Die Brüch vnnd Wundenschneider pflantzen sie inn den gärten / dann zu den brüchen der Nabel vnd Gemächt (Hodenbrüche) braucht man dise kreütter.*

Die ehemalige Heilpflanze hat sich im Garten nur erhalten (Rp), weil sie traditionsgemäß als Weihkraut benötigt wird.

VOLKSNAMEN

Durchwachs: Diesen auch volkstümlichen Namen hat das Kraut nach dem Stengel, der durch die Blätter wie hindurchgewachsen erscheint.

Erwähnen möchte ich hier zwei Namen für eine Pflanze, die vielleicht der Durchwachs sein könnte:

Löffelkraut: Dieser Name wurde mir einmal (Ft) von einem früher im Garten gehegten Gewächs genannt, an dessen Aussehen man sich allerdings nicht mehr erinnerte. Damit ist möglicherweise das Hasenohr gemeint, denn Bock[4] schreibt von ihm, es heiße *wohl zu Teutsch auch Löffelkraut oder Nabelkraut.*

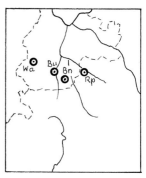

◉ Durchwachs

Gute Unterstützung bekommt meine Vermutung durch die Bezeichnung *Äschekraut* (= Aschenkraut), wie dieses "Löffelkraut" dort (Ft) auch hieß. Der Name könnte auf die schwarzgraue Farbe der Samen zurückgehen.

Gartengoldrute Solidago canadensis L. & S. gigantea Ait.

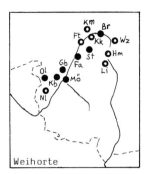

Weihorte

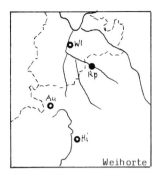

Weihorte

Unter "Gartengoldrute" seien hier die einander ähnlichen Arten Kanadische (S. canadensis) und Späte Goldrute (S. gigantea) zusammengefaßt. Beide sind erst im vorigen Jahrhundert aus Nordamerika in unsere Gärten gebracht worden. Sie verwildern leicht und besiedeln oft in großen Beständen Ödland.

Die Rispen der mannshohen Stauden sind über und über mit einseitig aufgereihten, **goldgelben** Blütensternchen besetzt.

Die Gartengoldrute kommt auch bei Bühl[59] in den Weihstrauß. Sie dürfte jedoch kaum als Ersatz für die einheimische Goldrute (S. virgaurea) gelten, da diese ein ganz anderes Erscheinungsbild bietet und nicht verwechselt werden kann.

VOLKSNAMEN

Gickelskamm: Die dichten, gelben Blütenrispen mögen an einen Hahnenkamm denken lassen.

Goldregen erinnert an herabrieselnden, in der Sonne glitzernden Regen. Botanisch versteht man unter *Goldregen* den giftigen, im Frühjahr gelbblühenden Zierbaum Laburnum anagyroides.

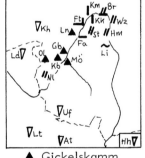

▲ Gickelskamm
// Goldregen
— Fähnchen
~ Schwänze

▽ Stolzer Heinrich
I Aaronsrute
○ Bettstroh
⊙ Maria Bettstroh

Stolzer Heinrich heißen in Deutschland viele aufrecht wachsende Pflanzen.[33]

Fähnchen: Den Ausdruck finden wir erst am Teutoburger Wald wieder.[33] Bei Halle in Westfalen nennt man die Gartengoldrute *Gelbe Fahnen*.[33]

Aaronsrute: Die Bezeichnung, die bei Marzell[33] für Deutschland nicht aufgeführt wird, taucht überraschend im Englischen auf *(Aaron's rod)*.[67] Sie gilt jedoch, ebenso wie der ähnliche schlesische und Luxemburger Name *Petersstab*[33], für die einheimische Goldrute (Solidago virgaurea).

(Maria) Bettstroh wurde wohl von einer anderen Pflanze übertragen. Fast immer sind gelbblühende Kräuter damit gemeint (s. Übersicht auf S. 204).

Schwänze bezieht sich auf die dichtblütigen Rispen.

Mutterkraut   Tanacetum parthenium (L.) C. H. Schultz

Das etwa 30 cm hohe, buschige Kraut trägt **weiße** Zungen- und **gelbe** Röhrenblüten. Die gefüllte Form (Köpfchen nur mit

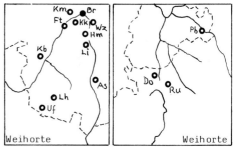

Weihorte   Weihorte

weißen Zungenblüten) ist in den Gärten seltener. Wenn man nicht auf die Blätter achtet, kann man sie mit der gefüllten Sumpfgarbe (Achillea ptarmica fl. pl.) verwechseln, zumal beide gefüllte Arten den gleichen Mundartnamen führen.

Das Mutterkraut wird schon im "Capitulare" (s. S. 157 ff.) erwähnt.

Der deutsche Buchname weist es als Heilmittel bei Frauenkrankheiten aus.

Es gilt, wohl wegen des unangenehmen Geruchs, als hexenwidrig.[16]

VOLKSNAMEN

Hemdenknöpfe: Dieser Vergleich kommt drei verschiedenen Pflanzen zu (vgl. Übersicht auf S. 199).

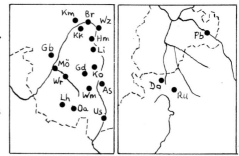

● Hemdenknöpfe

Weiße Hemdenknöpfe nennt man die gefüllte Form (z. B. Fa Lh) - wie auch die gefüllte Sumpfgarbe.

Herzgespann — Leonurus cardiaca L.

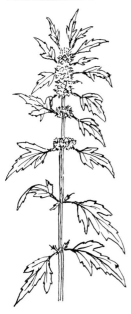

Das früher häufiger im Bauerngarten als Heilpflanze gehegte Herzgespann trägt **rosa** Lippenblüten. Die unteren Blätter sind handförmig geteilt, die oberen nur dreilappig.

Ihren Namen hat die Pflanze nach der Krankheit, die sie heilen sollte. Mit Herzgespann bezeichnete man Herz- oder Magenkrämpfe und ähnliches.[33]

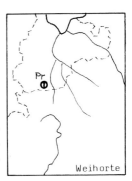

Weihorte

Der Name *Herzgespan* taucht schon 1485 im Hortus Sanitatis[23] auf.
Wie die meisten Krankheiten führte man auch das Herzgespann auf Hexenzauber zurück. Daher hat die Pflanze in Ostdeutschland auch die Bezeichnung *Berufkraut* oder *Beschreikraut;* man verwendete sie gegen das angehexte Leiden.[33]

Ich wiederhole in diesem Zusammenhang den schon genannten Heilsegen aus einem Odenwälder *Schreybuch*[82]:

> Vor das beruffen
> NN bist beruffen und hast das hertz gespan
> breche diers der selig man
> der seine erste ruh
> in der Kui Kriben (Kuhkrippe) hat gethan
> Das zöhl ich dir zur bus
> im Namen g. v. S. h. † † †

VOLKSNAMEN

Komm-bald-bring-mir's-wieder (*Kumm bal - bring mersch wieder*), nach anderer Meinung aus dem Ort könnte es auch **Wiederkomm** geheißen haben: Die geheimnisvolle Aufforderung richtete sich ursprünglich wohl an den Krankheitsdämon und wurde später auf die Hexe übertragen, die etwas wiederbringen sollte. Wahrscheinlich ist damit die Milch gemeint, die bei der Kuh durch Hexenzauber ausgeblieben ist (vgl. den Namen *Wiederkomm* beim Streifenfarn auf S. 179).
In Thüringen heißt die Staude ebenfalls *Wiederkomm.*[33]

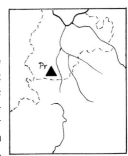

▲ Komm-bald-bring-mir's-wieder, (Wiederkomm?)

Apfel   Malus domestica Borkh.

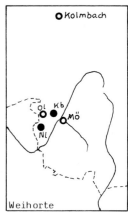

Einige Sommeräpfel, wie z. B. der Weiße Klarapfel, sind schon rechtzeitig zur Würzweihe reif. Der *Taffetsapfel (Daffedsabbel;* Lh), eine Sorte mit einer Schale wie Taft, ist ebenfalls ein Frühapfel. Man nahm aber auch Äpfel der vorjährigen Ernte (Mö). Besonders lang hielt sich bei geeignetem Keller der Bohnapfel.

In bezug auf den Apfel als Weihstraußbeigabe fällt das Mörlenbacher Gebiet (und Kolmbach bei Lindenfels) aus dem Rahmen des übrigen Odenwaldes heraus.

In Weiher ist noch in Erinnerung, daß der Apfel dem Palmstrauß beigegeben wurde. Die Kommunionkinder bekamen ihn am Weißen Sonntag nach der Messe als erste Speise. Er sollte vor Zahnweh schützen (Mö Kolmbach).

Da der Apfel im sonstigen Odenwald nicht als weihwürdig erachtet wird, halte ich eher dafür, daß er sich gewissermaßen versehentlich aus dem ähnlich verwendeten Palmstrauß in den Würzbüschel eingeschlichen hat.

Im östlichen Westfalen ist er jedoch vielfach eine Kräuterstraußzutat.[7]

Sebastian Franck berichtet aber 1534 in seinem "Weltbuch" auch aus Süddeutschland über Mariä Himmelfahrt[32]: *Da tregt alle welt obs/büschl allerley kreuter / in kirchen zu weihen / für alle sucht und plag überlegt / bewert. Mit disen kreutern geschicht seer vil zauberei.* Und ein "Papistenbuch"[32] des 16./17. Jahrhunderts fährt fort: *Die knaben tragen öst mit öpfeln und darauf gemachten vögel, die da in die öpfel bicken, der schönst ist Kinig.*

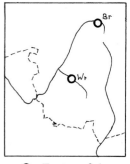

VOLKSNAMEN

Ernteapfel (Äärnabbel): Das ist der schon zur Getreideernte reife Apfel. Im allgemeinen ist damit der Weiße Klarapfel gemeint.

O Ernteapfel

Raute, Weinraute — Ruta graveolens L.

Weihorte

O Raute

Die etwa 50 cm hohe, mehrjährige Staude wird nur noch selten im bäuerlichen Garten gezogen. Sie blüht **gelb** und hat blaugrüne, aromatische Blätter.

Die Raute wurde früher als Heilpflanze sehr geschätzt. Der Abt Strabo rühmt sie in seinem Klostergartengedicht (s. S. 161), und Karl der Große will sie auf seinen Hofgütern angebaut wissen (s. S. 157 ff.). Wegen ihres starken Geruches ist sie von alters her ein Abwehrmittel gegen Hexen und Teufel.

VOLKSNAMEN

Raute: Der Name ist dem lateinischen Ruta entlehnt. Die Mönche brachten ihn zusammen mit der Heilpflanze aus Italien nach Deutschland.

Rundblättrige Minze — Mentha x rotundifolia (L.) Huds.

Weihorte

● Weißer Anton

Diese Gartenminze hat **hellila** bis **weiße** Blüten in einem ährigen Blütenstand. Die Blätter sind etwas runzlig und oben behaart.

Man hegt sie im Garten nur ihrer Weihwürdigkeit wegen.

VOLKSNAMEN

Weißer Anton: Dieser Name ist allgemein bekannt, doch erinnert man sich meist nicht mehr an die zugehörige Pflanze. In Kirchzell konnte mir das Kraut schließlich im Garten gezeigt werden.

Die Bezeichnung kommt eigentlich dem Andorn (Marrubium vulgare) zu, einem verwandten Lippenblütler.

Eibisch   Althaea officinalis L.

Der Eibisch ist eine über 1 m hohe, ausdauernde Heilpflanze mit **rötlichweißen** Malvenblüten und beiderseits samtig-filzigen Blättern.

Wegen des Schleimgehaltes ist er ein uraltes Hustenmittel. Schon Karl der Große verlangte den Anbau in seiner Hofgüterverordnung (s. S. 157 f).

VOLKSNAMEN

Pappel (Babbel): Die heil. Hildegard führt bereits eine Malvenart als *Babela* auf.[20] Der Name bezieht sich wahrscheinlich auf den schleimigen Saft ("Papp") der Pflanze. Bei Edenkoben (Pfalz) heißt der Eibisch ähnlich, nämlich *Sammetpappeln*.[51]

Eibisch (Eiwi oder *Eiwisch)* entspricht dem Buchnamen, der vom lateinischen (h)ibiscus entlehnt wurde.

o Pappel
— Eibisch

Bechermalve   Lavatera trimestris L.

Diese etwa 1 m hohe Sommerblume zieht man in **weißen** und **rosa** Abarten.

Die Bechermalve ist eine dankbare Schnittblume und wird auch nur zur Zierde gehalten.

VOLKSNAMEN

/ Flugfeuer

Flugfeuer: Diese Bezeichnung steht der Bechermalve eigentlich nicht zu. Sie wurde wahrscheinlich von der verwandten Moschusmalve (Malva moschata) übertragen.

Salbei   Salvia officinalis L.

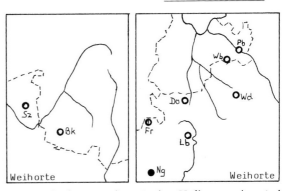

Der in Südeuropa heimische Halbstrauch wird etwa 50 cm hoch. Er hat runzlige, mattgraue Blätter und trägt in mehreren Quirlen **violettblaue** Lippenblüten.

Salbei wurde im Mittelalter wegen seiner Heilkraft hochgelobt: Walahfried Strabo preist ihn in seinem Klostergärtchen (s. S. 161) und auch das "Capitulare" Karls des Großen (s. S. 157 f.) sowie der St. Galler Klosterplan (s. S. 160) führen ihn auf.

Auch heute noch sind seine Blätter in der Volksmedizin bei Schleimhautentzündungen im Mund- und Rachenraum beliebt.

VOLKSNAMEN hat er im Odenwald keine, wenn man nicht *Gartensalbei* (Lh Sz) als einen solchen ansehen möchte.
Der Name *Salbei* ist aus dem lateinischen Salvia entlehnt.

Ein anderer Halbstrauch ist der als Riechsträußlein geschätzte

Ysop (Hyssopus officinalis). Das in Hettingen als *Üschpete* in die Würzbürde gehörende Abwehrkraut wird hier nicht behandelt, da die Weihorte nicht mehr den Odenwald, sondern das Bauland betreffen.

Bilsenkraut (Hyoscyamus niger), das man im Garten wachsen läßt, wenn es dort aufgeht, ist auf S. 116 bei den Ödlandpflanzen besprochen worden.

Im südöstlichen Odenwald werden oft allerlei Blumen mit in den Kräuterstrauß gebunden (immer außen herum), so daß von den eigentlichen Weihkräutern fast nichts mehr zu sehen ist. Man ist sich jedoch noch bewußt, daß sie nur zum Schmuck dienen. Diese (Un-)Sitte ist erst in diesem Jahrhundert aufgekommen. Viele Gewährsleute (bn Eb Hn ho Kz lo Mb nd) betonen aber ausdrücklich, daß Blumen nicht hineingehören.

Hauptsächlich ziert man mit folgenden Gartenblumen:

Dahlie Dahlia cultorum (Db Eb gö Gg hi hö hs Lb le lm lo mu Rb rt sd sf sg sl un wg), in überhochdeutscher Aussprache *Tahlie* /tāliə/ (Db Gö Lb Sl Un);
Bandgras Phalaris arundinacea f. picta (Au Do md mh Rb):
    Bandgras (Au Rb) wegen der weißgebänderten Blätter,
    Schneidgras (Au Do Md Mh), weil man sich an den scharfen Blatträndern verletzen kann;
Eisenhut Aconitum napellus (Au do Hi kr md mh mu rb Rt sg wg), oft in blau-weißen Gartenformen:
    Schuhblume (Rb), *Schühli* (Rt) sowie
    Frauenschuh (rt sg Wg) und *Muttergottesschuh* (kr nk) wegen der Form des obersten Blütenblattes,
    Pfaffekäppli (Mu): Man sieht in der Blüte eine (Mönchs-)Kapuze,
    Täubli (Däibli); Au Sg) vergleicht die Blüte mit einem Täubchen,
    Bachtäubli (Hi): der Eisenhut ist an der Elz verwildert,
    Gäigerli (Do Md Mh): darunter versteht man ein Hähnchen.

Außerdem werden auch folgende Gartenblumen beigefügt:

Gartenlöwenmaul Antirrhinum majus (au Db wg),
Strohblumen Helichrysum bracteatum (md ro sd),
Phlox Phlox paniculata (mh Rb sg wg): *Schoferts-/Schowertsblume* (Rb).

Daneben schmückt man die Würzbürde oft mit Feldblumen:

Glockenblume Campanula rotundifolia (ro rt sa sd sl): *Fingerhut,*
Kornblume Centaurea cyanus (Bd lo md mi on ro sa sl wd wg),
Klatschmohn Papaver rhoeas (lo md mi on sg).

Neuerdings nimmt man auch weitere Heilkräuter:

Hirtentäschel Capsella bursa-pastoris (ba bc ri Sh sl Sm wd wf wg),
Melisse, Zitronenmelisse Melissa officinalis (Hg hs lo mi pb sm), und sogar
Brennesseln Urtica dioica versteckt man gelegentlich (pb sm wf wh wt) im Weihstrauß.

Wie im Südbadischen[59] werden auch im südöstlichen Odenwald einige Nahrungspflanzen mitgeweiht. Das ist vor allem in Waldhausen der Fall. Dort gehören außer Bohnen- und Kartoffelblüten folgende Nutzpflanzen dazu:

Lauch Allium porrum (auch sl),
Petersilie Petroselinum crispum (auch bb hs): *Päiderle*,
Sellerie Apium graveolens (ebenfalls hs sl, neurdings auch bb),
Gelbe Rübe Dauc.car.sat.: *Gäleriewekraut* (auch sl) oder mit kleiner Rübe,
Rote Rübe Beta vulgaris rapa: eine kleine Rübe mit Blättern (vereinzelt),
Zwiebel Allium cepa: nur die *Schlutte*(n) oder auch mit der Zwiebel.

Eine größere, allgemeine Weihverbreitung haben Bohnen- und Kartoffelblüten. Sehr selten (hs) kommen *Erbsenblumen* (= -blüten; Hs) in die Würzbürde, da die Erbsen Mitte August lange abgeblüht sind.

Stangenbohnen   Phaseolus vulgaris L. & Ph. coccineus L.

Stangenbohnen werden meist in zwei Arten gezogen: Die gewöhnliche (Phaseolus vulgaris) blüht **weiß**, die Feuerbohne (Phas. coccineus) leuchtend **zinnoberrot**.
Manchmal nimmt man sowohl weiße als auch rote Blüten in den Kräuterstrauß (z. B. Sd).
Drei Tage vor dem Kalben bekam die Kuh *Bohnescheefel* (die Hülsen) ins "Tränke" (Ua) oder nach dem Kalben getrocknete *Bohnescheefel* (Wm), damit sie sich besser "putzt" (die Nachgeburt gut abgeht).

Weihorte — Baune(bliet)

VOLKSNAMEN

Baune: Die Blüten nennt man *Baunebliet*.

Kartoffel   Solanum tuberosum L.

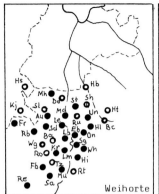
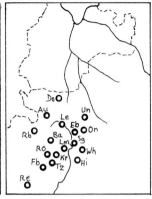

Je nach Sorte blühen die Kartoffeln **weiß** oder **lila**. Auch hier nimmt man oft beide Farben in die Würzbürde.

Weihorte

o Gedoffel(bliet)

Der älteren Generation ist die berühmte Sorte "Odenwälder Blaue" noch in guter Erinnerung. Ihren Namen erhielt sie nach der bläulichroten Schale. Sie wurde in Großbieberau am nördlichen hessischen Odenwaldrand gezüchtet und war in ganz Deutschland als gute Speisekartoffel bekannt und beliebt.

VOLKSNAMEN

Gedoffel: In den Kräuterstrauß kommen nur die Blüten als *Gedoffelbliet*. Die Lautung *Gedoffel* wird von vielen Leuten, auch von älteren, als nicht mehr zeitgemäß empfunden und durch *Kadoffel* ersetzt.

Zusammenschau der Volksnamen

Beim Aufspüren von Weihkräutern oder überhaupt von Pflanzen stößt man in einem ländlichen Umfeld zwangsläufig auf die mundartlichen Namen. Nebenbei tauchen sonstige sprachliche Eigenheiten auf. So begegnen einem bei der Frage, welche Pflanze einem bestimmten Volksnamen zugehört, ungewöhnliche Farbbezeichnungen. Das bläuliche Rot wird allgemein als blau eingeordnet. Noch deutlicher nennt man es bischofsblau (Br Ft Kk Wr Wz Es; Guttenbrunn, s. S. 18) nach der kirchlichen Purpurfarbe. Dieser Ausdruck kommt z. B. der Blütenfarbe des Waldweidenröschens (Epilobium angustifolium) zu, auch der Mariendistel (Silybum marianum) und anderen Disteln, ebenso der Flockenblume (Centaurea nigra). Die Angabe kann also, wenn einem eine nicht greifbare Pflanze beschrieben wird, auf eine falsche Fährte führen.

Die Mundartnamen gewähren oft reizvolle Einblicke in die Geisteshaltung früherer Generationen. Oft erstaunt die genaue Beobachtungsgabe, manchmal blitzt der Humor des Volkes auf, und überraschende Zusammenhänge schimmern durch. Es ist ein Jammer, daß ein solcher Schatz an beziehungsreicher Volkssprache in immer schnellerem Maße verloren geht!

Aus verschiedenen Gründen haben sich die Mundartnamen über Jahrhunderte hinweg erhalten: Ein gutes, ja inniges Verhältnis zu vielen Pflanzen bildete sich durch das Brauchtum, d. h. in unserem Falle durch die Kräuterweihe, weiterhin durch ihre Verwendung als Heilmittel oder durch die liebevolle Pflege im Garten. Andererseits prägten sich die Benennungen besonders lästiger Unkräuter ein, wie z. B. Halber Gaul (Rumex obtusifolius).

Um dem Leser unnötige Wiederholungen zu ersparen, bitte ich Genaueres über die folgend angeführten Volksnamen, insbesondere ihre örtliche Herkunft, bei den einzelnen Pflanzen nachschlagen zu wollen. Die betreffende Seitenzahl ist hinter dem Namen angegeben.

Benennungsgründe

Aus welchen Gedanken heraus wurden die Mundartnamen gebildet?
Man benannte die Pflanzen z. B. nach ihrer Beschaffenheit (Wuchs, Blattform, Blütenfarbe usw.), verglich sie mit Dingen und Tieren, unterschied sie nach dem Standort, gab ihnen die Bezeichnungen nach der - oft nur vermeintlichen - Heilwirkung oder nach ihrer Verwendung im Haushalt. Viele erhielten wegen ihrer Weihwürdigkeit christliche Ehrennamen.

Die Volksnamen lassen sich daher in verschiedene Gruppen einteilen:

1. NICHT ARTBEZOGEN (auf viele Pflanzen anwendbar)

Köpfe, Knöpfe: Rainfarn Tanacetum vulgare S. 80
Färberkamille Anthemis tinctoria S. 117
Wiesenknopf Sanguisorba officinalis S. 43
Sumpfgarbe Achillea ptarmica S. 52
Klüpfel: Kohldistel Cirsium oleraceum S. 44
Boze: Wiesenknopf Sanguisorba officinalis S. 43
Ruhrkraut Gnaphalium S. 129, 151
Scheefekraut: Färberginster Genista tinctoria S. 154
Würzeli: Mädesüß Filipendula ulmaria S. 63

2. STANDORTNAMEN

a) BACH, nasse Stellen

Bachblodern: Gilbweiderich Lysimachia vulgaris S. 68
Bachbollen: Ackerminze Mentha arvensis S. 64
Sumpfgarbe Achillea ptarmica S. 52
Kohldistel Cirsium oleraceum S. 44
Mädesüß Filipendula ulmaria S. 63
Bachkräuti(ch): Gilbweiderich Lysimachia vulgaris S. 68
Sumpfgarbe Achillea ptarmica S. 52
Blutweiderich Lythrum salicaria S. 55
Bachröhrle: Waldengelwurz Angelica sylvestris S. 58
Bachtäubli: Eisenhut Aconitum napellus S. 190
Krottenbalsam, Krottenbollen, Krottenschmacke:
Ackerminze Mentha arvensis u. a. S. 64

b) WIESE

Wiesendistel, Muddistel, Madedistel:
                      Kohldistel Cirsium oleraceum S. 44
W-Fuchsschwanz: Blutweiderich Lythrum salicaria S. 55
Wiesenklee: Wiesenklee Trifolium pratense S. 50

c) WEGRAND

Rainfarn u. ä.:   Rainfarn Tanacetum vulgare S. 80
                      Jakobskreuzkraut Senecio jacobaea S. 69
                      Schafgarbe Achillea millefolium S. 76
                      Brauner Streifenfarn Asplenium trichomanes S. 179
Wegerich, Weghaare, Wegwarte:
                      Wegwarte Cichorium intybus S. 110

d) WALD, WALDRAND, HECKE

Waldfahne: Waldweidenröschen Epilobium angustifolium S. 144
                      Wasserdost Eupatorium cannabinum S. 152
Wald-, Hagsalat: Waldweidenröschen Epilobium angustifolium S. 144
Waldsalbei: Waldgamander Teucrium scorodonia S. 140
Heckentoni: Hohlzahn Galeopsis tetrahit S. 134

e) GARTEN

Gartenhag: Eberraute Artemisia abrotanum S. 177
     Weitere "Gartenpflanzen" unter STANDORT auf S. 201

f) SONSTIGE STANDORTE

SAND	**Sandtütleskraut:**	Bilsenkraut Hyoscyamus niger S. 116
FRIEDHOF	**Totenblume:**	Ringelblume Calendula officinalis S. 169
STEINE	**Steinklee:**	Weißklee Trifolium repens S. 61
	Steinnelke:	Heidenelke Dianthus deltoides S. 54
SCHLANGEN	**Schlangenkraut:**	Fetthenne Sedum telephium S. 104
		Königskerze Verbascum thapsus S. 86
		Odermennig Agrimonia eupatoria S. 106
		Weidenröschen Epilobium angustif. S. 144
		Flohknöterich Polygonum persicar. S. 132

3. BESCHAFFENHEIT DER PFLANZE ODER IHRER TEILE

a) BLÜTENSTANDSFORM

Doldenklee: Wiesenklee Trifolium pratense S. 50
Daschte, Dostich: Dost Origanum vulgare S. 90
Dreidistel u. ä.: Golddistel Carlina vulgaris S. 138
Durchwachs: Rundes Hasenohr Bupleurum rotundifolium S. 182
Henkelhafer: Hafer Avena sativa S. 119

b) ENTWICKLUNGSZUSTAND

Grüner Hafer: Hafer Avena sativa S. 119
Alter Gaul u. ä.: Stumpfblättriger Ampfer Rumex obtusifolius S. 102
Lorenzekräuti, *Grünes:* Augentrost Euphrasia rostkoviana S. 59
Dürres: ? (Zahntrost Odontites verna S. 60)

c) SONSTIGE BESCHAFFENHEIT

BLATTOBERFL. *Wille(stengel), Wolleblume:* Königskerze Verbasc.th. S. 86
Barfüße: Fetthenne Sedum telephium S. 104
WURZEL *Halber Gaul u. ä.:* Stumpfbl. Ampfer Rumex obtus. S. 102
Blutwurzel: Blutwurz Potentilla erecta S. 72
ZÄHE STENGEL *Eisenkraut:* Wegwarte Cichorium intybus S. 110
Eisenkraut Verbena officinalis S. 113
HOHL. STENGEL *Schafte u. ä.:* Zinnkraut
Equis. arv. S. 128
Rohr, Liebrohr: Liebstöckel
Lev. off. S. 167
Waldengelwurz
Ang. sylv. S. 58
STACHELN *Stecherli u. ä.:* Dtsch. Ginster
Gen. germanica
S. 149

Fuchsschwanz

4. VERGLEICHE

a) VERBINDUNG ZU TIEREN

Kätzchen, Banseli, Benseli:
Hasenklee Trifol. arvense S. 93
Wiesenknopf Sanguis. off. S. 43
Katzenklauen: Kichertragant Astragalus cicer
S. 155
Katzentape, -pfote: Hasenklee Trifol. arv. S. 93
Katzenschwänze: Blutweiderich Lythr. salic. S. 55
Fuchsschwanz: Zinnkraut Equisetum arv. S.128
Amarant Amar. caudat. & panic
S.173
Blutweiderich Lythr. salic. S.55
Weidenröschen Epil. ang. S.144
Hammelschwanz: Zinnkraut Equisetum arv. S.128
Schafhämmel: Hasenklee Trifol arvense S. 93
Schafsnase: Kohldistel Cirsium olerac. S. 44
Hasenmäule: Leinkraut Linaria vulgaris S. 78
Hornklee Lotus corniculat. S. 62
Hasenknottel: Goldklee Trifol. aureum S. 94

Fuchsschwanz

— Zinnkraut
／ Amarant
＼ Blutweiderich
o Weidenröschen

Kuhschwanz, Kühstengel:
                      Königskerze Verbascum thapsus S. 86
Milchdistel: Kohldistel Cirsium oleraceum S. 44
Matteblume: Schafgarbe Achillea millefolium S. 76
Halber Gaul: Stumpfblättriger Ampfer Rumex obtusifolius S. 102
Geißbart: Mädesüß Filipendula ulmaria S. 63
                      Labkraut Galium mollugo & Gal. verum S. 48, 49
Täubli, -chen: Leinkraut Linaria vulgaris S. 78
                      Taubenkropf Silene vulgaris S. 96
                      Eisenhut Aconitum napellus S. 190
Gökerli: Eisenhut Aconitum napellus S. 190
Gickelskamm: Gartengoldrute Solidago canadensis & gigantea S. 183
Eierschalen: Waldweidenröschen Epilobium angustifolium S. 144
                      Taubenkropf Silene vulgaris S. 96
Eierdotter: Leinkraut Linaria vulgaris S. 78
                      Hornklee Lotus corniculatus S. 62
Gebackene Eier: Leinkraut Linaria vulgaris S. 78
                      Hornklee Lotus corniculatus S. 62

b) VERBINDUNG ZUM MENSCHEN

Menschengesicht: Ackerlöwenmaul Misopates orontium S. 131
Totenkopf: Ackerlöwenmaul Misopates or. S. 131
Zigeunerkopf: Flockenblume Centaurea nigra S. 56
Vaterskopf: Flockenblume Centaurea nigra S. 56
                      Mariendistel Silybum marianum S. 181
Mutterskopf: Witwenblume Knautia arvensis S. 70
Schwarzer Mann: Sumpfruhrkraut Gnaphal. uligin. S. 129
                      Waldruhrkraut Gnaphal. sylv. S. 151
Gretel im Grünen, Gr. hinter d. Hecke:
                      Jungfer im Grünen Nigella dam. S. 170
Blutströpfli: Heidenelke Dianthus deltoides S. 54
                      Wiesenknopf Sanguisorba offic. S. 43
                      Flohknöterich Polyg. persicaria S. 132
                      Bachnelkenwurz Geum rivale S. 71

Blutströpfli

— Heidenelke
| Wiesenknopf
● Flohknöterich
▽ Bachnelkenwurz

c) ÜBERTRAGUNGEN bzw. VERGLEICHE MIT ANDEREN PFLANZEN

Binsen: Spitzwegerich Plantago lanceolata S. 46, hergeleitet von den Binsen Juncus spec.

Fenchel: Dill Anethum graveolens S. 165, hergeleitet vom Fenchel Foeniculum vulgare

Flugfeuer: Bechermalve Lavat. trim. S. 188, hergeleitet von der Moschusmalve Malva moschata S. 66

Hauswurz(el): Fetthenne Sedum tel. S. 104, hergeleit. von der Dachwurz Semperviv. tector.

Liebrohr: Waldengelwurz Angelica sylv. S. 58, hergeleitet vom Liebstöckel Levisticum officinale S. 167

Donnerdistel: Kohldistel Cirsium oler. S. 44, Lanzettdistel Cirs. vulg. S. 99, Mariendistel Silyb. mar. S. 181, alle hergeleitet von der Golddistel Carlina vulg. S. 138 (vgl. Übersicht auf S. 207)

Wolfsmilch: Leinkraut Linaria vulg. S. 78, hergeleitet von der Zypressenwolfsmilch Euphorbia cyparissias

Weißer Anton: Rundblättrige Minze Mentha x rotundifolia S. 187, Sumpfgarbe Ach. ptarm. S. 52, Hohlzahn Galeops. tetr. S. 134, Beifuß Artemis. vulgaris S. 82, alle hergeleitet vom Andorn Marrubium vulgare

Löwenmäulchen: Leinkraut Linaria vulgaris S. 78, hergeleitet vom Gartenlöwenmaul Antirrhinum majus

Quette (Quecke): Schafgarbe Achillea millefol. S. 76, hergeleitet von der Quecke Agropyron repens

Salz, Salzkraut, Salbei: Waldgamander Teucrium scorodonia S. 140, hergeleitet vom Gartensalbei Salvia officinalis S. 189

Weidenkraut, Wilde Weiden: Flohknöterich Polygonum persicaria S. 132, hergeleitet von Weidenarten Salix spec.

Dragoner: Schafgarbe Achillea millefolium S. 76, hergeleitet vom Rainfarn Tanacetum vulgare S. 80

| Liebstöckel
— Waldengelwurz

Weitere Vergleiche siehe GEGENÜBERSTELLUNGEN auf S. 200 f.

d) GERÄTE, HAUSHALT, KLEIDUNG

Fahne:	Gartengoldrute Solidago canadensis & S. gigantea S. 183
Fingerhut:	Glockenblume Campanula rotundifolia S. 190
Flaschenputzer, Kloputzer:	Wilde Karde Dipsacus fullonum S. 108
Hemdenknöpfe:	Rainfarn Tanacetum vulg. S. 80
	Mutterkraut Tan. parthen. S. 184
	Sumpfgarbe Achillea ptarm. S. 52
Kissen:	Rosengalle Rosa canina (Rhodites rosae) S. 95
	Witwenblume Knautia arv. S. 70
Nadelkissen:	Witwenblume Knautia arv. S. 70
Knöpfe:	Sumpfgarbe Achillea ptarm. S. 52
	Färberkamille Anthemis tinctor. S.117
	Rainfarn Tanacetum vulg. S. 80
Körbli, Futtermanne:	Wilde Möhre Daucus carota S. 88
Kragenknöpfe:	Rainfarn Tanacetum vulgare S. 80
Löffeli:	Osterluzei Aristol. clemat. S.178
Melkstühli:	Leinkraut Linaria vulgaris S. 78
Salzkrügelchen:	Waldgamander Teucrium scorod. S. 140
Schelleli:	Taubenkropf Silene vulgaris S. 96
Schlotfeger:	Wiesenknopf Sanguisorba off. S.43
Schlotterhose:	Nachtkerze Oenoth. biennis S. 118
Schühchen:	Leinkraut Linaria vulgaris S. 78
Schüsseli:	Wilde Möhre Daucus carota S. 88
Schwarzer Kaffee:	Knotige Braunwurz Scrophularia nodosa S. 148
Strohnäpfe:	Fruchtbecher der Eichel Quercus robur S. 146
Tüten:	Wilde Möhre Daucus carota S. 88

Hemdenknöpfe

— Rainfarn
O Mutterkraut
I Sumpfgarbe

5. GEGENÜBERSTELLUNGEN

Unterschieden werden ähnliche Pflanzen voneinander durch Anzeigen der

a) HÖHE

Große Daschte:	Dost Origanum vulgare S. 90
Kleine Daschte:	Quendel Thymus pulegioides S. 100
Großer Schwarzer Mann:	Waldruhrkraut Gnaphalium sylvaticum S. 151
Kleiner Schwarzer Mann:	Sumpfruhrkraut Gnaphalium uliginosum S. 129
Große Königskerze:	Königskerze Verbascum thapsus S. 86
Kleine Königskerze:	Odermennig Agrimonia eupatoria S. 106
Große Eierdotter:	Leinkraut Linaria vulgaris S. 78
Kleine Eierdotter:	Hornklee Lotus corniculatus S. 62
Große Blutströpfli:	Wiesenknopf Sanguisorba officinalis S. 43
Kleine Blutströpfli:	Heidenelke Dianthus deltoides S. 54
Baumnuß:	Walnuß Juglans regia S. 83
Haselnuß:	Haselnuß Corylus avellana S. 111

b) FARBE

Gelbe Dragoner:	Rainfarn Tanacetum vulgare S. 80
Weiße Dragoner:	Schafgarbe Achillea millefolium S. 76
Gelber Wurmsamen:	Rainfarn Tanacetum vulgare S. 80
Weißer Wurmsamen:	Schafgarbe Achillea millefolium S. 76
Gelbe Hemdenknöpfe:	Rainfarn Tanacetum vulgare S. 80
Weiße Hemdenknöpfe:	Schafgarbe Achillea millefolium S. 76
	Mutterkraut Tanacetum parthenium S. 184
Gelber Antoni(us):	Königskerze Verbascum thapsus S. 86
Weißer Antoni(us):	Mehlige Königskerze Verbascum lychnitis S. 87
Gelbe Bachbollen:	Gilbweiderich Lysimachia vulgaris S. 68
Weiße Bachbollen:	Sumpfgarbe Achillea ptarmica S. 52
Gelbes Bettstroh, Gelbe Windel:	Echtes Labkraut Galium verum S. 48
Weißes Bettstroh, Weiße Windel:	Weißes Labkraut Galium mollugo S. 49
Weißer Anton:	Sumpfgarbe Achillea ptarmica S. 52
Gelber Anton:	Jakobskreuzkraut Senecio jacobaea S. 69
Schwarze (Donner-)Distel:	Golddistel Carlina vulgaris S. 138
Weiße (Donner-)Distel:	Kohldistel Cirsium oleraceum S. 44
Golddistel:	Golddistel Carlina vulgaris S. 138
Silberdistel:	Kohldistel Cirsium oleraceum S. 44

Graue Kätzchen:	Hasenklee Trifolium arvense S. 93
Gelbe Kätzchen:	Goldklee Trifolium aureum S. 94
Blaues Eisenkraut:	Eisenkraut Verbena officinalis S. 113
Gelbes Eisenkraut:	Wegrauke Sisymbrium officinale S. 115
Gelbe Kerzen:	Odermennig Agrimonia eupatoria S. 106
Rote Kerzen:	Blutweiderich Lythrum salicaria S. 55
Braune (rote, blaue) Doste u. ä.:	Dost Origanum vulgare S. 90
Gelbe Doste u. ä.:	Johanniskraut Hypericum perforatum S. 73
Weiße Doste u. ä.:	Sumpfgarbe Achillea ptarmica S. 52
Gelbe Knöpfe:	Rainfarn Tanacetum vulgare S. 80
	Färberkamille Anthemis tinctoria S. 117
Rote (braune) Knöpfe:	Wiesenknopf Sanguisorba officinalis S. 43
Weiße Knöpfe:	Sumpfgarbe Achillea ptarmica S. 52
Gelber Klee:	Goldklee Trifolium aureum S. 94
Weißer Klee:	Weißklee Trifolium repens S. 61
Roter Klee:	Wiesenklee Trifolium pratense S. 50
Blauer Klee:	Luzerne Medicago sativa S. 130
Gelbes Bachkräuti:	Gilbweiderich Lysimachia vulgaris S. 68
Weißes Bachkräuti:	Sumpfgarbe Achillea ptarmica S. 52
Rotes Bachkräuti:	Blutweiderich Lythrum salicaria S. 55
Wendelin:	Quendel Thymus pulegioides S. 100
Weißer Wendelin:	Augentrost Euphrasia rostkoviana S. 59

GLEICHE PFLANZE

Weiße - blaue (rote) Daschte: Dost Origanum vulgare S. 90
Weißer - roter Toni: Hohlzahn Galeopses tetrahit S. 134

c) STANDORT

Gartendistel:	Mariendistel Silybum marianum S. 181
Wiesendistel:	Kohldistel Cirsium oleraceum S. 44
Gartenfuchsschwanz:	Amarant Amaranthus caudatus S. 173
Wiesenfuchsschwanz:	Blutweiderich Lythrum salicaria S. 55
Pfefferminz:	Pfefferminze Mentha piperita S. 166
Wilder Pfefferminz:	Ackerminze u. ä. Mentha arvensis u. ä. S. 64
Wermet, Wermede:	Wermut Artemisia absinthium S. 162
Wilder Wermet, -mede:	Beifuß Artemisia vulgaris S. 82
Rosmarein:	Rosmarin Rosmarinus officinalis S. 176
Wilder Rosmarein:	Sumpfruhrkraut Gnaphalium uliginosum S. 129
Salbei:	Salbei Salvia officinalis S. 189
Wilder Salbei u. ä.:	Waldgamander Teucrium scorodonia S. 140
Edelweiß:	Edelweiß Leontopodium alpinum
Wildes Edelweiß:	Sumpfruhrkraut Gnaphalium uliginosum S. 129

d) SONSTIGE GEGENÜBERSTELLUNGEN

ENTWICKLUNGSZUSTAND

Grünes Lorenzekräuti: Augentrost Euphrasia rostkoviana S. 59
Dürres Lorenzekräuti: ? (vielleicht Acker-Zahntrost Odont. verna S. 60)

GLEICHE PFLANZENART

Grüner und dürrer Halber Gaul: Stumpfblättr. Ampfer Rumex obtus. S. 102
Männli und Weibli
Tag-und-Nachtschatten
Stechet - Unstechet } Deutscher Ginster Genista germanica S. 149
Stachliges-Unstachliges
Biewerä/ und Bowerä/: Wilde Möhre Daucus carota S. 88

6. HEILVERWENDUNG

a) SIGNATUR

Nach der sogenannten Signaturenlehre, die vornehmlich durch Paracelsus (1493-1541) in Schwang kam, gibt die Pflanze selber mit ihrer Gestalt, Farbe oder sonstigen Beschaffenheit Hinweise auf ihre Heileigenschaften. So sollte, um nur zwei Beispiele zu nennen, das Leberblümchen (Anemone hepatica) bei Krankheiten der Leber helfen, da seine Blätter wie die Leber gelappt und unterseits auch wie die Leber gefärbt sind; und die auffallend stachlige Mariendistel (Silybum marianum) empfahl schon 300 Jahre zuvor die hl. Hildegard (1098-1179) gegen Stechen in den Gliedern.

In der Volksmedizin haben sich solche Anschauungen bis heute erhalten. Was unsere Weihkräuter angeht, deuten auf diese Weise die Namen folgender Kräuter auf ihre Heilkräfte:

Augennix, Augentränen: Augentrost Euphrasia rostkoviana S. 59
Blutsk(n)opf: Wiesenknopf Sanguisorba officinalis S. 43
Schwarzblaternkraut: Knotige Braunwurz Scrophularia nodosa S. 148
Buwesknötterli, Knaben-, Knäbliskraut, -wurzel, Nabelkraut, Nabelwurzel:
Fetthenne Sedum telephium S. 104

b) WEITERE HEILVERWENDUNG, die namensgebend war

Altvaterliskraut, Vaterkräuti: Hauhechel Ononis repens S. 114
Bräu(n)rose: Stockrose Alcea rosea S. 163
Darmgichtskraut: Bärenschote Astragalus glycyphyllos S. 156
(Wild-) Feuerkraut: Krause Malve Malva crispa S. 174
Flugfeuer(kraut): Moschusmalve Malva moschata S. 66
Krause Malve Malva crispa S. 174
Gäulskamille: Rainfarn Tanacetum vulgare S. 80

Haarwindel:	Bergweidenröschen Epilobium montanum S. 145
Iterüchkraut, Iterüchköpfe:	Flockenblume Centaurea nigra & jacea S. 56 f.
Liebrohr, Rohr:	Liebstöckel Levisticum officinale S. 167
Mutterkräuti:	Waldgamander Teucrium scorodonia S. 140
Schafkräuti:	Osterluzei Aristolochia clematitis S. 178
Scheißkräuti:	Blutweiderich Lythrum salicaria S. 55
Steinkraut:	Waldgamander Teucrium scorodonia S. 140
Stopfarsch:	Hasenklee Trifolium arvense S. 93
	Sumpfruhrkraut Gnaphalium uliginosum S. 129
Wiederkomm:	Brauner Streifenfarn Asplen. trich. *(Schwarzer W.)* S. 179
	Herzgespann Leonurus cardiaca S. 185
Wurmkraut, Wurmsamen:	Rainfarn Tanacetum vulgare S. 80
Zahnkräuti:	Bilsenkraut Hyoscyamus niger S. 116
Zahnwehkräuti:	Scharfes Berufkraut Erigeron acris S. 117
Zwangskraut:	Quendel Thymus pulegioides S. 100

7. RELIGIÖSER BEZUG

a) AUF MARIA BEZOGEN

Wenn schon Mariä Himmelfahrt vielerorts als Maria Würzweih bezeichnet wird, so braucht es nicht zu wundern, daß die Muttergottes auch bei den Volksnamen der Kräuter eine bevorzugte Stelle einnimmt.

Fragt man nach den Bestandteilen des Kräuterstraußes, dann wird einem *Maria Bettstroh* mit seinen Abwandlungen als einer der geläufigsten Namen genannt. Oft heißt es einfach *Bettstroh*. Allerdings versteht man darunter je nach Ort ganz verschiedene Pflanzenarten.

Was hat es nun mit den merkwürdigen Ausdrücken auf sich?
Stroh diente allgemein als Unterlage für Schlafstätten. (Die alten Leute haben wohl alle noch auf einem Strohsack geschlafen.) Der Mutter Jesu gebührte natürlich eine besondere Art von Stroh. Nach der Legende soll Maria sich für die Geburt des Gottessohnes Kräuter ins Lager gestreut haben, und auch das Jesuskind habe sie darauf zur Ruhe gebettet.[39]

Das hängt zusammen mit dem Brauch, den Frauen mit bestimmten Kräutern die Geburt zu erleichtern und Böses abzuwenden, das gerade bei einem solch gefährdeten Lebenseinschnitt das Dasein bedroht. Man kennt in Deutschland eine ganze Reihe dieser "Frauenkräuter".

In Unterfranken legte man noch in den 30er Jahren dieses Jahrhunderts den Müttern zur leichteren Entbindung *Strohblumen* (Helichrysum arenarium) unter die Kissen.[29] Der zweite Name des Leinkrautes (Linaria vulgaris), Frauenflachs, weist ebenfalls auf diese Zusammenhänge hin.

In der folgenden Übersicht aller Odenwälder "Bettstrohkräuter" sind die Ausdrücke *Bettstroh, Maria Bettstroh, Muttergottesbettstroh, Jungfraubettstroh, Elisabethstroh* bzw. *Lisbethstroh* und *Eva Bettstroh* zusammengefaßt. Die Verteilung dieser Spielarten auf die einzelnen Orte kann man bei den betreffenden Pflanzen nachlesen.

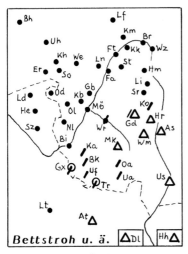
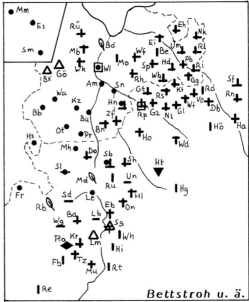

Bettstroh u. ä.   **Bettstroh u. ä.**

| Echtes Labkraut
— Wiesenlabkraut
• Leinkraut
△ Johanniskraut
/ Goldklee

O Hasenklee
◊ Waldweidenröschen
▼ Rosengalle
□ Gartengoldrute
◆ Waldgamander

Maria Bettstroh: Echtes Labkraut Galium verum S. 48
                         Wiesenlabkraut Galium mollugo S. 49
                         Leinkraut Linaria vulgaris S. 78
                         Johanniskraut Hypericum perforatum S. 73
                         Goldklee Trifolium aureum S. 94
                         Hasenklee Trifolium arvense S. 93
                         Waldgamander Teucrium scorodonia S. 140
Jungfraubettstroh: Leinkraut Linaria vulgaris S. 78
Muttergottesbettstroh: Leinkraut Linaria vulgaris S. 78
                         Echtes Labkraut Galium verum S. 48
                         Wiesenlabkraut Galium mollugo S. 49
                         Waldweidenröschen Epilobium angustifolium S. 144
Muttergottesäugli: Augentrost Euphrasia rostkoviana S. 59
Muttergotteshaar: Waldweidenröschen Epilobium angustifolium S. 144

Muttergotteshäusli: Wilde Möhre Daucus carota S. 88
Muttergotteskrönli: Wilde Möhre Daucus carota S. 88
Muttergotteskelchli: Wilde Möhre Daucus carota S. 88
Muttergottesrute: Waldweidenröschen Epilobium angustifolium S. 144
Muttergottesschläpple: Leinkraut Linaria vulgaris S. 78
Muttergottesschuh: Leinkraut Linaria vulgaris S. 78
(und ähnlich) Hornklee Lotus corniculatus S. 62
Eisenhut Aconitum napellus S. 190
Maria Schüchelchen: Leinkraut Linaria vulgaris S. 78
Frauenschuh: Eisenhut Aconitum napellus S. 190
Maria (Donner-) Distel: Kohldistel Cirsium oleraceum S. 44
Maria Kopfkissen: Rosengalle Rosa canina / Rhodites rosae S. 95
Muttergottes Bettkissen: Rosengalle Rosa canina / Rhodites rosae S. 95
Frauentüten: Wilde Möhre Daucus carota S. 88
Frauenmänteli: Frauenmantel Alchemilla vulgaris S. 71
Gelbe Windel: Echtes Labkraut Galium verum S. 48
Weiße Windel: Wiesenlabkraut Galium mollugo S. 49
Blutstropfen: Flohknöterich Polygonum persicaria S. 132

b) AUF HEILIGE BEZOGEN

Antoni(us): Königskerze Verbascum thapsus S. 86
Mehlige Königskerze Verbascum lychnitis S. 87
Jakobskreuzkraut Senecio jacobaea S. 69
Echte Goldrute Solidago virgaurea S. 154
Sumpfgarbe Achillea ptarmica S. 52
Dost Origanum vulgare S. 90
Barbarakraut: Schafgarbe Achillea millefolium S. 76
Sumpfgarbe Achillea ptarmica S. 52
Odermennig Agrim eup S. 106 (auch *Barbarastengel*)
Elisabethenhaar: Waldweidenröschen Epilobium angustifolium S. 144
Elisabethenkraut: Leinkraut Linaria vulgaris S. 78
Elisabethenstroh, Lisbethstroh:
Leinkraut Linaria vulgaris S. 78
Johanniskraut Hypericum perforatum S. 73
Echtes Labkraut Galium verum S. 48
Wiesenlabkraut Galium mollugo S. 49
Eva Bettstroh, Gelbe Eva:
Leinkraut Linaria vulgaris S. 78
Johanniskraut: Johanniskraut Hypericum perforatum S. 73
Lorenzekraut: Augentrost Euphr rostkov S. 59 (*Grünes Lorenzekr.*)
Zahntrost? Odont verna? S. 60 (*Dürres Lorenzekraut*)
Margaretenkraut: Sumpfgarbe Achillea ptarmica S. 52
Wendelin: Quendel Thymus pulegioides S. 100

c) AUF GÖTTLICHE PERSONEN BEZOGEN:

Herrgottsschühchen: Leinkraut Linaria vulgaris S. 78
Herrgottskrone: Deutscher Ginster Genista germanica S. 149
Herrgottskolben: Königskerze Verbascum thapsus S. 86
Herrgotte: Golddistel Carlina vulgaris S. 138
Heilig Blut, dem Heiland seine Blutstropfen:
Johanniskraut Hypericum perforatum S. 73
Nägel: Schwarze Flockenblume Centaurea nigra S. 56

d) SONSTIGER RELIGIÖSER BEZUG

Aaronsrute: Gartengoldrute Solidago canadensis / gigantea S. 183
Engelshaar: Waldweidenröschen Epilobium angustifolium S. 144
Himmel und Hölle: Wilde Möhre Daucus carota S. 88
Weihwasserkesseli: Wilde Möhre Daucus carota S. 88
Weihwasserspritzer: Wilde Möhre Daucus carota S. 88
(M. gottes-) Kelchli: Wilde Möhre Daucus carota S. 88
Wachsstöckle: Mädesüß Filipendula ulmaria S. 63
Osterkerze: Mehlige Königskerze Verbascum lychnitis S. 87
Österliche Zeit: Osterluzei Aristolochia clematitis S. 178

8. AUF ABERGLAUBEN ZURÜCKGEHENDE NAMEN

Abbiß: Teufelsabbiß Succisa pratensis S. 67
Teufels Abbiß: Teufelsabbiß Succisa pratensis S. 67
Teufels Anbiß: Teufelsabbiß Succisa pratensis S. 67
Alfkräuti(ch): Wasserdost Eupatorium cannabinum S. 152
Anton: Teufelsabbiß Succisa pratensis S. 67 *(Blauer Anton)*
Jakobskreuzkraut Senecio jacob S. 69 *(Gelber Anton)*
Hohlzahn Galeopsis tetrahit S. 134
Beifuß Artemisia vulg S. 82 *(Roter, Weißer Anton)*
Quendel Thymus pulegioides S. 100 *(Roter Anton)*
Sumpfgarbe Achillea ptarmica S. 52 *(Weißer Anton)*
Rundbl. Minze Mentha x rot S. 187 *(Weißer Anton)*
Königskerze Verbascum thapsus S. 86 *(Gelber Anton)*
Mehlige Königskerze Verb lychn S. 87 *(Weißer Anton)*
Bettkissen: Rosengalle Rosa canina / Rhodites rosae S. 95
(Maria) Kopfkissen: Rosengalle Rosa canina / Rhodites rosae S. 95
Bettstroh: s. S. 203 f.
Hexenkräuti(ch): Johanniskraut Hypericum perforatum S. 73
Komm-bald-bring-mir's-wieder: Herzgespann Leonurus cardiaca S. 185
Wiederkomm: Brauner Streifenfarn Aspl trich S. 179 *(Schwarzer W.)*
Herzgespann Leonurus cardiaca S. 185
Zank und Streit: Behaartes Johanniskraut Hypericum hirsutum S. 74

BLITZABWEHR

Früher hielt man Disteln wegen ihrer spitzstachligen Blätter für besonders abwehrkräftig gegen Blitzschlag. Sie weisen ja schon von Natur aus jedem die Zähne.

Donnerdistel:
Golddistel Carlina vulgaris S. 138
Kohldistel Cirs ol S. 44
Lanzettdistel Cirs vulgaris S. 99
Mariendistel Silyb marian S. 181

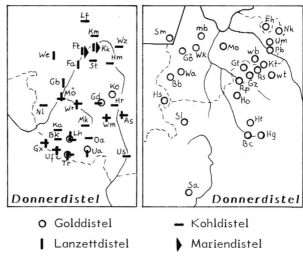

Donnerdistel — Donnerdistel

O Golddistel — Kohldistel
I Lanzettdistel ▸ Mariendistel

Die Streuung der Namen besonders im Westteil, die dort herrschende Unsicherheit bei der Namenszuordnung und die Zerteilung auf vier Pflanzen bestärken mich in der Annahme, daß ursprünglich die inzwischen im westlichen Odenwald nicht mehr auffindbare Golddistel gemeint war. Sie heißt ja auch im Ostteil *Donnerdistel.* Die Bezeichnung ist möglicherweise erst später auf die anderen drei Disteln übergegangen.

Donnerkerze, Wetterkerze: Königskerze Verbascum thapsus S. 86

9. SONSTIGE BENENNUNGSGRÜNDE

KINDERSPIEL	*Schnorressel:*	Weiße Taubnessel Lamium album S. 109
	Tatscherli, Pätscherli:	Taubenkropf Silene vulgaris S. 96
BESTÄUBUNG	*Hummelkraut:*	Wachtelweizen Melampyrum prat S. 153
GIFTWIRKUNG	*Tollkorn:*	Mutterkorn Claviceps purpurea S. 122
GESCHICHTE	*Klosterkraut:*	Osterluzei Aristolochia clematitis S. 178
GERUCH	*Krotteschmacke,*	
	Stinkbolle:	Ackerminze Mentha arvensis S. 64
	Stinkerli:	Ringelblume Calendula officinalis S. 169
	Zitronenkraut:	Eberraute Artemisia abrotanum S. 177
	Schmackkräutl:	Marienblatt Chrysanthem balsamita S. 213
GESCHMACK	*Bittersalz:*	Waldgamander Teucrium scorodon S. 140

AUFRECHTER WUCHS
                Stolzer Heinrich: Gartengoldrute Solidago canadensis S. 183
                Kerzen: Odermennig Agrimonia eupatoria S. 106
                Königskerze Verbascum thapsus S. 86
                Blutweiderich Lythrum salicaria S. 55
                Stangenrose, Stockrose: Stockrose Alcea rosea S. 163
BLÜTEZEIT   *Johanniskraut:* Johanniskraut Hypericum perforat S. 73
                Lorenzekräuti(ch): Augentrost Euphrasia rostkoviana S. 59
                Zahntrost ? Odontites verna S. 60
                Margaretenkraut: Sumpfgarbe Achillea ptarmica S. 52

VOLKSDEUTUNG

Oft hat sich die deutsche Sprache, als sie noch formbarer war als heute, unverstandene Wörter nach ihrem Munde zurechtgebogen. Das gilt in besonderem Maße für die Volkssprache. So mußten sich folgende Ausdrücke Umformungen mit neuer Sinngebung gefallen lassen:

Dragoner, mundartlich *Drachone* für den Rainfarn Tanacetum vulgare (S. 80) wurde sehr wahrscheinlich aus *Rafohne* = Rainfarn verformt. Bei Dieburg (Niedernroden) heißt der Rainfarn nämlich *Gäle Rafohne.* - Zur Bedeutungsverschiebung trugen sicherlich die steifen Stengel bei. Das gleiche gilt für die Schafgarbe Achillea millefolium (S. 76; *Weiße Drachone*). Dabei tat das alte Darmstädter Regiment der Weißen Dragoner noch ein übriges.

Kinnskerze (Königskerze Verbascum thapsus S. 86) wurde über *Kinnigskerze* (*künig* = König) durch Zusammenziehung aus *Königskerze* gebildet. Der Ausdruck wird als *Kindskerze* verstanden.

Salz, Salzkraut u. ä. für den Waldgamander Teucrium scorodonia (S. 140) haben mit *Salz* überhaupt nichts zu tun. Die Namen entstanden über *Salbs-(kraut)* aus *Salbei(kraut).* Wegen der Ähnlichkeit der Blätter mit dem Gartensalbei Salvia officinalis heißt der Waldgamander mit seinem zweiten Namen ja auch Salbeigamander.

Schwarzblätterkraut für die Knotige Braunwurz Scrophularia nod (S. 148) entwickelte sich aus *Schwarzblaternkraut* wegen ihrer dunklen Blätter.

Roter Hirsch für den Amarant (Fuchsschwanz) Amaranthus caud & panic (S. 173) wurde aus *Roter Hirse* (mundartlich *Hersche*) umgeformt.

Rothärchen für die gleiche Pflanze bot sich an wegen des "haarigen" Blütenstandes.

Xafferli für die Ringelblume Calendula officinalis (S. 169) entstand aus *Safran* wegen der Färbeverwendung der Pflanze und wurde an den Vornamen *Xaver* angelehnt.

Elisabethstroh für Leinkraut Linaria vulg, Johanniskraut Hyperic perforat (S. 73) und Labkraut Galium verum & mollugo (S. 48 f): Hier verschmolz man *Bettstroh* mit dem Heiligennamen *Elisabeth*.

Lavendel und ***Wendel(in)*** für den Quendel Thymus pulegioides (S. 100) ist natürlich ein Übergleiten des ähnlich klingenden Wortes *Quendel*.

Liebstöckel Levisticum officinale (S. 167) ist das Paradebeispiel der Volksdeutung geworden. Den Namen hat man aus dem Lateinischen mundgerecht umgebildet. Im Klostergarten von St. Gallen ist der lateinische Name lubestico eingetragen. Die hl. Hildegard nannte die Pflanze *Lubestuckel*. Die Bezeichnung hat also nichts mit *Stock* und erst recht nichts mit *Liebe* zu tun, aber man konnte sich nun etwas darunter vorstellen. Deshalb wurde er auch zu *Liebesrohr* und *Lieblesrohr* weitergebildet.

Österliche Zeit für die Osterluzei Aristolochia clematitis (S. 178) hat eine ähnliche Entwicklung hinter sich. Es zeigt (vom Griechischen ausgehend) eine mehrfache Verwandlung: Aus dem ursrpünglichen aristolocheia (= bestes Gebären) wurde lateinisch aristolocia. Das deutschte man ein zu *Osterluzei*. Die Mundart wiederum verwandelte den ihr immer noch ungeläufigen Ausdruck in *Österliche Zeit* und *Österlich Zeig* (= Zeug).

Hier sei auch nochmals auf das
Tausendgüldenkraut Centaurium erythraea (S. 136) hingewiesen. Der Name beruht auf einer falschen Übersetzung von centaurium, das bedeutet "Kraut des Zentauren". Irrtümlich wurde das Wort centaureum getrennt; seine Bestandteile bedeuten nun *hundert* und *Gold*. Da die Vielzahl 100 nicht volkstümlich ist, hob man ein *Tausendgüldenkraut* aus der Taufe.

UMKEHRUNGEN

Apfelstecher anstatt ***Stechapfel*** für die Wilde Karde Dipsacus full (S. 108) und
Bartgeist anstelle von ***Geißbart*** für das Mädesüß Filipendula ulmar (S. 63) sind Vertauschungen der Wortbestandteile. Die Ausdrücke erhalten durch die Umstellung einen veränderten Sinn.
Genauso verhält es sich übrigens bei *Euterkühe* (Wm) für die Frucht der Herbstzeitlose (Colchicum autumnale). Richtiger hieße es *Küheuter*.

Ausklang

Innerhalb der festgefügten bäuerlichen Welt mit ihrem stets wiederkehrenden Arbeitsablauf und den ihn unterbrechenden Festen fühlte man sich in der alles umgreifenden religiösen Gläubigkeit geborgen. Darin fanden auch der Kräuterbüschel und die damit verbundenen Bräuche und lieben Gewohnheiten ihren festen Platz. Mit dem Weihstrauß hatte man ein Mittel in der Hand gegen allerlei Unheil, gegen Behexung, Zauber und Krankheit.

Allgemein steht heute seine Schutzaufgabe im Vordergrund.

Die Abwehr alles Bösen stellt den Würzstrauß in eine Linie mit den fratzenhaften Ungeheuern, die z. B. als Wasserspeier an unseren gotischen Kirchen das Böse verscheuchen sollen, wie wir sie in meisterlicher Ausprägung am Freiburger Münster sehen. (In ähnlicher Weise schützen die Buddhisten im Fernen Osten ihre Klöster mit furchterregenden Ungetümen.)

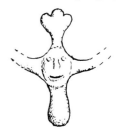

Aber auch im Odenwald entdecken wir heute noch an Bauernhäusern und Brunnen sogenannte Schreckoder Neidköpfe. In Oberschönmattenwag bei Waldmichelbach zeigt sogar ein alter Türklopfer, daß er das Heim vor Unheil von außen bewahren sollte.

Als einmalige Erscheinung im Odenwald hat man auf einem Bildstock an der Schrahmühle bei Watterbach (nahe Amorbach) einen Schutzsegen eingemeißelt, der übelwollende Geister abwehren sollte:

WEIGET VON UNS IHR
VERFLUCHTE GEISTER

EWIGEN
VATERS +
WEIGET
VON VNS
IHR VERF
LVCHTE
GEISTER
IM NAHEN
GOT DES
VATERS
+ + +
GOTES V
ATER CHA

Bildstock
Anno 1746
an der Schrahmühle

Die Kräuter in ihrer Kraft und Würze und mit ihrem Duft werden gern mit Maria verglichen. Sie besitzt in ihrer Reinheit und als Mutter Gottes die Macht, alles Teuflische zu vernichten, wie man das in der christlichen Kunst oft dargestellt hat: Maria zertritt die Schlange, die Verkörperung der Sünde und des Bösen.

So erscheint die Kräuterweihe gerade an einem Marienfest in einem neueren, tieferen Sinn.

In den Weihpflanzen lebt einerseits der fromme Glaube unserer Voreltern fort, der die Sicherheit bot, die Verwendung der Kräuter vor dem Abgleiten in den gefährlich nahen Abgrund des Aberglaubens zu bewahren; andererseits reichen seine Wurzeln in Tiefen hinab, aus denen sich der Aberglaube speist.

Der mit der Kräuterweihe zusammenhängende Volksbrauch wurde durch tausendjährige christliche Tradition gefestigt. In seinen Ursprüngen reicht er sogar bis in die vorgeschichtliche Zeit zurück. Damit läßt er einen bedeutungsvollen Ausschnitt aus den dunklen Anfängen unserer Kulturgeschichte aufglühen.

Er sollte es daher wert sein, als überliefertes Erbe unserer Ahnen beachtet, geschätzt und bewahrt zu werden.

Zur Kräuterweihe

Weise und Satz: Heinrich Rohr 1981

Maria, aller Kräuter Kron, o wolle dich mir neigen, wenn heut zu deinem Himmelsthron der Kräuter Düfte steigen.

Maria, aller Kräuter Kron,
o wolle dich mir neigen,
wenn heut zu deinem Himmelsthron
der Kräuter Düfte steigen.

Hell leuchtet Muttergottesschuh
und Donnerdisteln blitzen,
der Dost weht dir gar würzig zu
durch goldne Haferspitzen.

Und Wermut, Feuerkraut und Dill,
noch sommerwarm vom Garten,
die Kräuter all in Demut still
auf ihre Weihe warten.

Und jedes Büschel wird erhöht
und öffnet sich dem Segen,
der sanft und heilsam niedergeht
wie langersehnter Regen.

Es schütze der geweihte Strauß,
gepflückt von frommen Händen,
die Menschen und das Vieh im Haus,
all Unheil abzuwenden.

Worte: Siegfried Schmidt 1981

Anhang

WEIHPLANZENLISTEN ZUM VERGLEICH

Hier möchte ich einige bemerkenswerte Weihsträuße vom Odenwaldrand sowie von außerhalb des Odenwaldes vorstellen.

Es bedeuten in diesen Listen:

- ● von der Mehrzahl zur Weihe
- ⊕ von der Hälfte zur Weihe
- ○ von wenigen zur Weihe

Guttenbrunn: Aus diesem Odenwälder Dorf in Rumänien (s. S. 18) konnte ich folgende Zusammensetzung erfahren (7 Gewährsleute):

"die Wärzbuschl"

● Fruchtähren	Weizenähren	Triticum aestivum
● Schofribbe	Schafgarbe	Achillea millefolium
● Öschderlich Zeug	Osterluzei	Aristolochia clematitis
○ Kornblume	Kornblume	Centaurea cyanus
● Schmackkräutl	Marienblatt	Chrysanthemum balsamita
● Dunnerköpp /-keb/	Wilde Karde	Dipsacus fullonum
● Muttergotteshaar	Weidenröschen	Epilobium angustifolium
● Blaue Distel, Männertreu, Mannsgetreu	Mannstreu	Eryngium planum
● Liebröhrn	Liebstöckel	Levisticum officinale
● Bandlgras	Bandgras	Phalaris arundinacea f. picta
○ Aschbelååb	Pappel	Populus spec.
● Hemmerknöppl /-gnebl/	Rainfarn	Tanacetum vulgare
○ Maria Bettstroh	Hasenklee?	Trifolium arvense?
○ Julitrauben	Weintrauben	Vitis vinifera
○ rotes Säugras /saigrǫs/	? ("rote Straaßl", etwa 15 cm hoch, stand am Maroschufer)	

Bensheim führe ich gesondert auf, da ich von dort nur 1 Gewährsperson habe und das Bild der Weihhäufigkeitsliste verfälscht würde.

Hawwer	Hafer	Avena sativa
Gäärscht	Gerste	Hordeum distichum
Korn	Roggen	Secale cereale
Waaz	Weizen	Triticum aestivum
Schaafgabb	Schafgarbe	Achillea millefolium
Österlich Zeig	Osterluzei	Aristolochia clematitis
(Wärmet)	(Wermut)	(Artemisia absinthium)
Kimmel	Kümmel	Carum carvi
(1000 güldenkraut)	(1000 güldenkraut)	(Centaurium erythraea)
(Donnerdistel)	Kohldistel	Cirsium oleraceum
wie vorige namenlos	Lanzettdistel	Cirsium vulgaris
Zinnkraut	Ackerschachtelhalm	Equisetum arvense
Johanniskraut	Johanniskraut	Hypericum perforatum
drei Niß	Walnuß	Juglans regia
Maria Bettstroh	Leinkraut, Frauenflachs	Linaria vulgaris
Kamille	Kamille	Matricaria chamomilla
(Krottenbalsam)	(wilde Pfefferminze)	(Mentha spec.)
Pefferminz	Pfefferminze	Mentha x piperita
(Klatschmohnköpfe)	(Klatschmohn)	(Papaver rhoeas)
Spitzwäjerich	Spitzwegerich	Plantago lanceolata
Salwei	Wiesensalbei	Salvia pratensis
Blutströppchen	Wiesenknopf	Sanguisorba officinalis
(Mariendistel)	(Mariendistel)	(Silybum marianum)
Rainfarn /rǭfaʳn/	Rainfarn	Tanacetum vulgare
Herrgottskolben	Königskerze	Verbascum thapsus & spec

UNECHTE BEIGABEN:

Hirtentäschel	Hirtentäschel	Capsella bursa-pastoris
Schellkraut	Schöllkraut	Chelidonium majus
Sauerombel	Sauerampfer	Rumex acetosa
Huflattich	Huflattich	Tussilago farfara

(Zusätzliche Angaben in Klammern aus Matthes, Wir zeigen euch den Wetterhahn S. 43 f., Altenbefragung und Angaben von Wilhelm Zwißler)

Fehlheim bei Bensheim (3 Gewährsleute)   "der Werzwisch"

-   alle Getreidearten
- Schofgarwe   Schafgarbe   Achillea millefolium
- Odermännchen   Odermennig   Agrimonia eupatoria
- roure(r) Hersche   Amarant   Amaranthus caudatus
- Wermet   Wermut   Artemisia absinthium
- wille(r) Wermet   Beifuß   Artemisia vulgaris
- Dunnerdischdl   Kohldistel   Cirsium oleraceum
- ○ Waldfohne   Wasserdost   Eupatorium cannabin.
- ○ Rainblümchen   Sandstrohblume   Helichrysum arenarium
- Feuerkraut   Johanniskraut   Hypericum perforatum
- ○ Daabnessel   Weiße Taubnessel   Lamium album
- Eva Bettstroh   Leinkraut   Linaria vulgaris
- ○ Ewige(r) Klee   Luzerne   Medicago sativa
- Krottebalsem   Ackerminze od. ä.   Mentha arv oder ähnl.
- ○ Kreuzbalsem   Rundblättr. Minze   Mentha suaveolens
- Doschge   Dost   Origanum vulgare
- Blutsköpp   Wiesenknopf   Sanguisorba officinalis
- Daiwels Aabisch (= Anbiß)   Teufelsabbiß   Succisa pratensis
- Rååfaad, Krageknöppchen   Rainfarn   Tanacetum vulgare
- Kätzchen   Hasenklee   Trifolium arvense
- ○ Deutscher Klee   Wiesenklee   Trifolium pratense
- Herrgottskolwe   Königskerze   Verbascum thapsus u. ä.

Freudenberg bei Miltenberg (5 Gewährsleute)   "die Werzberde"

-   alle Getreidearten
- Weiße(r) Reefår   Schafgarbe   Achillea millefolium
- Babbel   Eibisch   Althaea officinalis
- Bermede   Wermut   Artemisia absinthium
- ○ Dischdl, Dörnerdischdl   Golddistel   Carlina vulgaris
- Goldrute   Waldweidenröschen   Epilobium angustifol.
- ○ Dost   Dost   Origanum vulgare
- ○ Halwe(r) Gaul   Stumpfbl. Ampfer   Rumex obtusifolius
- Blutströpfli   Wiesenknopf   Sanguisorba officinalis
- Gäle(r) Reefår   Rainfarn   Tanacetum vulgare
- Königskerze   Königskerze   Verbascum thapsus u. ä.

Zimmermann[59] führt 1940 für Freudenberg noch *Fuchsschwanz* an. Es dürfte sich um den Amarant (Am caud; s. S. 173) handeln.
Für *Babbel* und *Goldrute* vermutete er fälschlich Stockrose bzw. Kanadische Goldrute. Die beiden Volksnamen konnte ich jedoch eindeutig dem Eibisch und dem Waldweidenröschen zuordnen.

Es folgt ein Weihstrauß, der vom Ende des vorigen Jahrhunderts aus dem nördlichen Baden aufgezeichnet wurde (nach Meyer[35]):

Mühlhausen bei Wiesloch

der "Wäzwisch"

Wielestengel	Wollblume (Königskerze)	(Verbascum thapsus?)
Dunnersdistel	(Golddistel?)	(Carlina vulgaris?)
Altmotterskraut	wahrsch. eine Minzenart	(Mentha spec.)
Liebrohr	Liebstöckel	(Levisticum officinale)
Wermet	Wermut	(Artemisia absinthium)
Raute	(Weinraute)	(Ruta graveolens)
Schwarzer Kümmel, Gretel in der Huk Gretel in der Heck)	(wohl verdruckt für:	(Nigella damascena)
Router Hersche	Fuchsschwanz	(Amaranthus caud. / pan.)
Brauner Doschte	(Dost)	(Origanum vulgare)
Weißer Doschte	Schafgarbe	(Achillea millefolium)
Routlafekraut	Wasserhanf oder -dost	(Eupatorium cannabinum)
Tausegildekraut	(Tausendgüldenkraut)	(Centaurium erythraea)
Rai^{n}faht	Rainfarn	(Tanacetum vulgare)
Oude^{n}mennlin	Odermennig	(Agrimonia eupatoria)
Hatemagen	Mohn	(Papaver rhoeas?)
Blutströpflein (-lin)	Wiesenknopf	(Sanguisorba officinalis)
Modda^{r}goddesdeffilin = -pantöffelchen	Leinkraut	(Linaria vulgaris)
drei Haselgerten	(Hasel)	(Corylus avellana)
Eiche^{n}lab	drei Eichenzweige	(Quercus robur)
ein dreiklumpe^n Nuß	(Walnußdrilling)	(Juglans regia)
drei kleine Haselnüß	(Haselnußdrilling)	(Corylus avellana)

(Angaben in Klammern von mir)

100 JAHRE TRADITION in Eichenbühl

1889		1989
Weiße Daschte	Ach millefo	Weiße Daschte
Tausendgüldenkräuti	Cent erythr	Tausendgüldenkräuti
Wehrmete	Artem absi	Wehrmete
Blutsknöpf	Sanguis off	Rote Knöpf (Schlotefeger)
Beifuß	Artem vulg	Beifuß
Wille Stengel	Verbasc th	Willestengel
Rachmannsknöpf	Tanac vulg	Kleine Gelbe Knöpf
Gerschte	Hord distich	Gerschte
Hawer	Avena sati	Hawwer
Korn	Secale cere	Korn
Was	Tritic aesti	Waas
Rote Daschte	Origan vulg	Rote Daschte
Beschreikräuti	Stach recta	---
Weißer Odohrm	Marrub vul	---
Gelbe Daschte, Khannslepakraut	Hyper perf	Gelbe Daschte
Drei drei Dunnerdischl	Carlina vul	Dreie-dreie-Dörnerdischl, auch -Dunnerdischl
Elisabethstroh	Galium ver	Elisabethstroh
---	Galium moll	
Rainblümli	Helichr are	---
Weiße Kätzli	Trifol arve	Kätzli
Österliche Zeit, Schafkräuti	Aristol clem	Schafkräuti, Österliche Zeit
Flugfeuerkräuti	Malv mosch	Flugfeuer
Katzekräuti	? Nepeta cat	---
Eiskraut	Verbena of	Eiskraut
Schwarzer Kümmel	Nigella da	Schwarzer Kümmel
Mutterkräuti	? Teucr scor	Mutterkräuti
---	Ononis rep	Vaterkräuti
Herzgspannkräuti	Galeops oder Leonur card	---
Schwarzblohderkräuti	Scroph nod	Schwarzblohderkräuti
(Oddermännli) Teufels Abbiß	Agrim eup	Teufels Abbiß
Schlotfegerli	Orchis spec	--- (s. o. bei Sanguis off)
Hasemäule	Linar vulg	Hasemäule
Besereisig	Artem cam	Besereisig
Baldrian	Valerian of	Baldrian
Dutta	Dauc caro	Dutte
---	Dianth delt	Blutströpfli

Der Kräuterbüschel von 1889[45] ist nach der Häufigkeit der Verwendung geordnet. die heutigen Angaben zeigen nach einem Jahrhundert eine nahezu völlige Übereinstimmung in Arten und Namen; dabei ist noch zu berücksichtigen, daß - damals wie heute - auch innerhalb eines Dorfes verständlicherweise Abweichungen vorkommen.

Dieburg (3 Gewährsleute) "die Werzborre"

- Hawwer, Gäärschde, Korn, Waas (alle Getreidearten)

● Weiße Raáfohne	Schafgarbe	Achillea millefolium
○ Wermet	Wermut	Artemisia absinthium
○ Wille Wermet	Beifuß	Artemisia vulgaris
● Dunnerdisdl	Golddistel	Carlina vulgaris
● Dausendgillekraut	Tausendgüldenkraut	Centaurium erythraea
● Zinnkraut	Schachtelhalm	Equisetum arvense
● Johonnis-, Ghonnskraut	Johanniskraut	Hypericum perforatum
● Kamille, Kamelle	Kamille	Matricaria chamomilla
● Halwe Gaul	Stumpfblättr. Ampfer	Rumex obtusifolius
● Blutströppchen	Wiesenknopf	Sanguisorba officinalis
● Gäle Raáfohne	Rainfarn	Tanacetum vulgare
● Königskerze	Königskerze	Verbascum thapsus
○ Glöckelchen	Bachnelkenwurz?	Geum rivale?

Kleinzimmern bei Dieburg (3 Gewährsleute) "die Werzborre"

●	alle Getreidearten	
● Weiße Drachone(r)	Schafgarbe	Achillea millefolium
○ Katzepode	Flockenblume	Centaurea nigra
○ Tausendgüldenkraut	Tausendgüldenkraut	Centaurium erythraea
● Dunnerdisdl	Kohldistel	Cirsium oleraceum
● Maria-, Muttergottes-, Elisabethenstroh	Weidenröschen oder Blutweiderich	Epilobium angustifolium Lythrum salicaria
● Fuchsschwanz	Zinnkraut	Equisetum arvense
○ (ohne Namen)	Sumpfruhrkraut	Gnaphalium uliginosum
● Johannis-, -neskraut	Johanniskraut	Hypericum perforatum
● Fuchsschwanz	Blutweiderich	Lythrum salicaria
○ Kamille	Kamille	Matricaria chamomilla
● Wille Pefferminz	Ackerminze	Mentha arvensis
● Halwe Gaul	Stumpfblättr. Ampfer	Rumex obtusifolius
● Kaffeeköppchen	Wiesenknopf	Sanguisorba officinalis
● Gäle Drachone(r)	Rainfarn	Tanacetum vulgare
● Königskerze	Königskerze	Verbascum thapsus

Höfler[21] hat für den gesamten südlichen Raum der deutschen Sprache (von Süddeutschland bis nach Südtirol) im Jahr 1912 die gebräuchlichsten Weihpflanzen zusammengestellt. Davon werden auch zwei Drittel im Odenwald geweiht.

Außer dem **Getreide** (Gersten-, Weizen-, Hafer- und Kornähren) zählt er in folgender Ordnung auf:

1. Königskerze — Verbascum thapsus
2. Schafgarbe — Achillea millefolium
3. Kamille — Matricaria chamomilla
4. Echtes Labkraut — Galium verum
5. Quendel — Thymus pulegioides
6. Johanniskraut — Hypericum perforatum
7. Rainfarn — Tanacetum vulgare
8. Rainblume (Sandstrohblume) — Helichrysum arenarium
9. Wegerich — Plantago spec.
10. Frauenmantel — Alchemilla vulgaris
11. Baldrian — Valeriana officinalis
12. Salbei — Salvia officinalis
13. Seidelbast — Daphne mezereum
14. Fetthenne — Sedum telephium
15. Tausendgüldenkraut — Centaurium erythraea
16. Sadebaum — Juniperus sabina
17. Minzen — Mentha spec.
18. Liebstöckel — Levisticum officinale
19. Basilikum — Ocymum basilicum
20. Enzian — Gentiana pneumonanthe
21. Eibisch — Althaea officinalis
22. Ringelblume — Calendula officinalis
23. Wermut — Artemisia absinthium
24. Weinraute — Ruta graveolens
25. Dost — Origanum vulgare
26. Storchschnabel — Geranium (robertianum)
27. Kreuzblume — Polygala vulgaris
28. Eichenblätter — Quercus robur
29. Hasellaub — Corylus avellana
30. Kleeblüte — Trifolium pratense
31. Schlehenbeeren — Prunus spinosa
32. Heidelbeeren, Johannisbeeren, Brombeeren — Vaccinium myrtillus, Ribes rubrum, Rubus fruticosus
33. Wacholderbeeren — Juniperus communis

Aus dem angrenzenden **Bauland** erfuhr ich folgende Zusammensetzung:

Hettingen bei Buchen (5 Gewährsleute)   "die Werzberde"

- *Hawwer*   Hafer   Avena sativa
- *Gäärschde*   Gerste   Hordeum distichum
- *Koorn*   Roggen   Secale cereale
- *Wääze*   Weizen   Triticum aestivum

- *Barbarakraut*   Schafgarbe   Achillea millefolium
- *Hemmerknöpfle*   Sumpfgarbe   Achillea ptarmica fl. pl.
- *Odermännli*   Odermennig   Agrimonia eupatoria
- ○ *Fuchseschwanz*   Amarant   Amaranthus caudatus
- *Öschderli*   Osterluzei   Aristolochia clematitis
- *Zitronekraut*   Eberraute   Artemisia abrotanum
- *Wörmede*   Wermut   Artemisia absinthium
- *Beifuß*   Beifuß   Artemisia vulgaris
- *Dunnerdischl*   Golddistel   Carlina vulgaris
- *Dauschedgüldekraut*   Tausendgüldenkraut   Centaurium erythraea
- *Himmel un Höll*   Wilde Möhre   Daucus carota
- ○ *Gäßbart, Maribettstroh*   Wiesenlabkraut   Galium mollugo
- *Muttergottesbettstroh*   Echtes Labkraut   Galium verum
- *Ghannsch-, Johanniskrt.*   Johanniskraut   Hypericum perforatum
- *Üschbede, rote un bloe*   Ysop   Hyssopus officinalis
- *Gebackene Äjer*   Leinkraut   Linaria vulgaris
- *bloe Klee*   Luzerne   Medicago sativa
- *Peffermünz (der Peff.)*   Pfefferminze   Mentha x piperita
- *Wilde Weide*   Flohknöterich   Polygonum persicaria
- *Muttergottesküschele*   Rosengalle   Rosa can / Rhodit rosae
- *Halwe Gaul*   Stumpfblättr. Ampfer   Rumex obtusifolius
- *Blutströpfle*   Wiesenknopf   Sanguisorba officinalis
- *Knäblischkraut /gnębliš-/Fetthenne*   Sedum telephium
- ○ *Bätscherli*   Taubenkropf   Silene vulgaris
- *Reefaden /rēfǭdə/*   Rainfarn   Tanacetum vulgare
- *Wiescheklee*   Wiesenklee   Trifolium pratense
- *Königskerze*   Königskerze   Verbascum spec.

Außerdem:

- *Zitronemelisse*   Zitronenmelisse   Melissa officinalis
- ○ *Schwedeklee*   Schwedenklee?   Trifolium hybridum?
- ○ *Kreuzerle*   Hellerkraut   Thlaspi arvense

Götzingen bei Buchen (2 Gewährsleute)   "die Werzberde"

●	Habbo^r	Hafer	Avena sativa
●	Gäärschde	Gerste	Hordeum distichum
●	Koorn	Roggen	Secale cereale
●	Wääze	Weizen	Triticum aestivum
●	Frucht	Dinkel	Triticum spelta
●	Barwera, Barwerakraut	Schafgarbe	Achillea millefolium
◐	Herrgottsrute	Odermennig	Agrimonia eupatoria
●	Fugscheschwanz	Amarant	Amaranthus caudatus
◐	Öschderli	Osterluzei	Aristolochia clematitis
●	Gartenhaue	Eberraute	Artemisia abrotanum
●	Wörmede	Wermut	Artemisia absinthium
◐	(ohne Volksnamen)	Beifuß	Artemisia vulgaris
●	3-zinkete Dorn(er)dischl	Golddistel	Carlina vulgaris
◐	Moordischl	Kohldistel	Cirsium oleraceum
◐	Bettstroh (weißes)	Wiesenlabkraut	Galium mollugo
◐	Bettstroh (gelbes)	Echtes Labkraut	Galium verum
●	Johannes-, Kannschkraut	Johanniskraut	Hypericum perforatum
◐	Säwel *	Schwertlilie o. ä.	Iris pseudacorus
●	Gebackene Äjer	Leinkraut	Linaria vulgaris
◐	Gelwe Klee	Hornklee	Lotus corniculatus
◐	Kamille	Kamille	Matricaria chamomilla
●	Bloe Klee	Luzerne	Medicago sativa
●	Peffermünz	Pfefferminze	Mentha x piperita
◐	Spitzer Wetterich	Spitzwegerich	Plantago lanceolata
●	Muttergottesküscheli	Rosengalle	Rosa can / Rhodit rosae
◐	Halwe Gaul	Stumpfblättr. Ampfer	Rumex obtusifolius
●	Wolfschkraut	Fetthenne	Sedum telephium
●	Reefaden	Rainfarn	Tanacetum vulgare
●	Rote Klee, Wiescheklee	Wiesenklee	Trifolium pratense
●	Weiße Klee	Weißklee	Trifolium repens

* Zimmermann[59] gibt aus Götzingen für *Säbel* irrtümlich Juniperus sabina (Sadebaum) an.

Im Gegensatz zum reichhaltigen Odenwälder Kräuterstrauß sei ein Tiroler "Weichbüschle" der Innsbrucker Gegend angeführt, das ich 1989 erfragen konnte. Es enthält kein Getreide und nur 7 Weihpflanzen. Die Zusammensetzung ist getreulich von der Großmutter übernommen worden, hat also ein Alter von etwa 100 Jahren.

Mutters bei Innsbruck

Achillea millefol	Schafgarbe
Amaranth panic	Fuchsschwanz *("Heiligenblut")*
Artemis absinth	Wermut
Corylus avellana	Haselnußzweig
Hypericum perf	Johanniskraut
Origan vulgare	Dost *("Wohlgemut")*
Tanacetum vulg	Rainfarn *("Raoflach"* /rǫflax/)

Manche Leute nehmen auch Königskerze und Pfefferminze in den Kräuterstrauß.
Dazu werden unten herum noch zwei bis drei Reihen Blumen (Astern und Dahlien) gebunden.

Übrigens fand die Kräuterweihe in Mutters früher an Mariä Geburt (8. 9.) statt.

Weihhäufigkeitslisten

In den Übersichten zeigen die senkrechten Spalten, welche Kräuter in den jeweiligen Orten genommen werden und in welchem Umfang, die waagrechten Zeilen lassen die geographischen Verwendungsschwerpunkte der einzelnen Pflanzen erkennen.

Die ungleichmäßige Verteilung ergibt sich nicht nur aus der Sammeltradition, sondern hängt auch ab

- vom Vorkommen der Pflanzen aufgrund ihrer Lebensraumbedingungen, von ihrer Auffindbarkeit (teilweise schon ausgestorben) oder von ihrer Duldung oder Pflege im Garten,
- von der Verbindung mit dem Volksbrauch (vgl. Rosmarin) und
- vom Überleben alter Heilanwendungen.

Um die Zusammensetzung der Kräuterbüschel besser vergleichen und die häufigsten Weihpflanzen auf einen Blick erfassen zu können, habe ich die einzelnen Orte in der Gesamtübersicht auf S. 230 gruppenweise vereinigt.

Der Durchschnittshundertsatz wurde gemittelt aus dem
  Verhältnis der Anzahl der örtlichen Gewährsleute zu ihrer Gesamtzahl und dem Verhältnis der prozentualen Verwendung in den einzelnen Orten zur prozentualen Verwendung im Gesamtgebiet.

In den Übersichten ist die Gebräuchlichkeit in 7 Stufen wie folgt dargestellt:

in den Einzelübersichten (S. 224-229 und 231-234):

10 - 17	20 - 30	33 - 40	43 - 51	56 - 63	67 - 75	78 - 100 %
｜	[|	▎	▌	▐	▌	■
2 - 9	10 - 23	24 - 37	38 - 51	52 - 65	66 - 79	80 - 100 %

in der Gesamtübersicht (S. 230)

Die örtliche Darstellung ist immer im Hinblick auf die jeweilige Anzahl der Gewährsleute zu sehen. Das ist besonders bei nur 2 Gewährsleuten zu beachten!

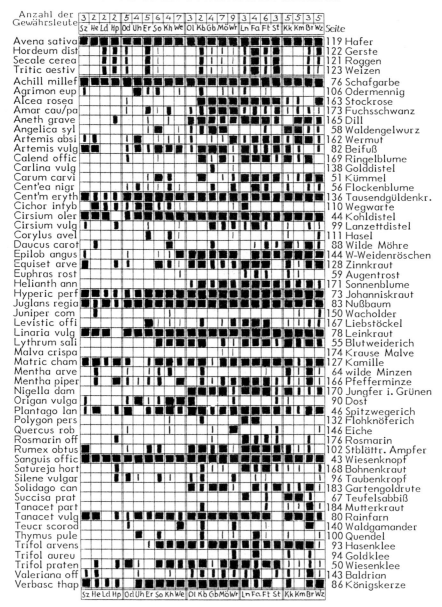

WEIHHÄUFIGKEIT IM WESTLICHEN ODENWALD (Schluß)

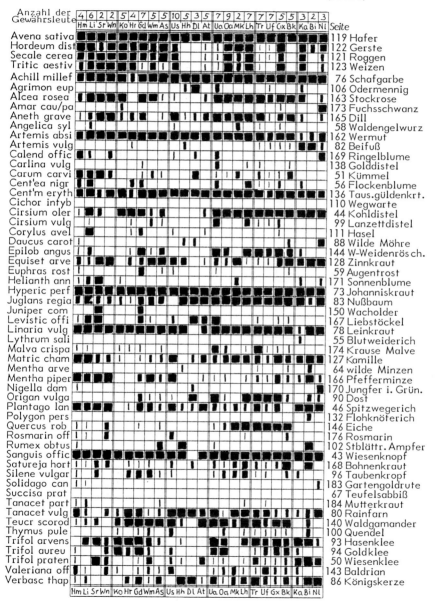

WEIHHÄUFIGKEIT IM ÖSTLICHEN ODENWALD

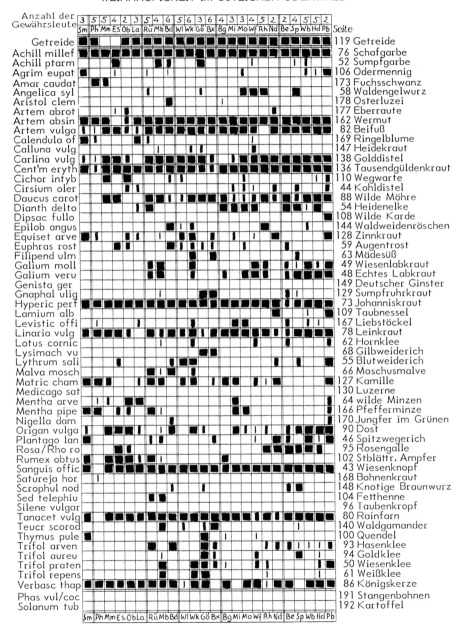

noch: WEIHHÄUFIGKEIT IM ÖSTLICHEN ODENWALD

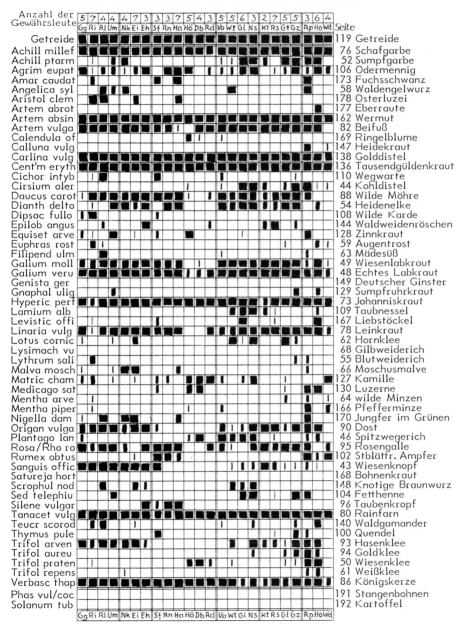

noch: WEIHHÄUFIGKEIT IM ÖSTLICHEN ODENWALD

Anzahl der Gewährsleute	5	5	4	6	3	3	4	5	8	9	4	7	7	3	5	7	5	3	6	4	5	4	3	7	Seite	
	Ht	Bc	Am	Sn	Hn	Zf	Bn	Bb	Wa	Kz	Ot	Bu	Pr	Mh	Do	Md	Le	Ru	Sb	Sh	Hb	Fr	Kj	Hs		
Getreide																									119	Getreide
Achill millef																									76	Schafgarbe
Achill ptarm																									52	Sumpfgarbe
Agrim eupat																									106	Odermennig
Amar caudat																									173	Fuchsschwanz
Angelica syl																									58	Waldengelwurz
Aristol clem																									178	Osterluzei
Artem abrot																									177	Eberraute
Artem absin																									162	Wermut
Artem vulga																									82	Beifuß
Calendula of																									169	Ringelblume
Calluna vulg																									147	Heidekraut
Carlina vulg																									138	Golddistel
Cent'm eryth																									136	Tausendgüldenkraut
Cichor intyb																									110	Wegwarte
Cirsium oler																									44	Kohldistel
Daucus carot																									88	Wilde Möhre
Dianth delto																									54	Heidenelke
Dipsac fullo																									108	Wilde Karde
Epilob angus																									144	Waldweidenröschen
Equiset arve																									128	Zinnkraut
Euphras rost																									59	Augentrost
Filipend ulm																									63	Mädesüß
Galium moll																									49	Wiesenlabkraut
Galium veru																									48	Echtes Labkraut
Genista ger																									149	Deutscher Ginster
Gnaphal ulig																									129	Sumpfruhrkraut
Hyperic perf																									73	Johanniskraut
Lamium alb																									109	Taubnessel
Levistic offi																									167	Liebstöckel
Linaria vulg																									78	Leinkraut
Lotus cornic																									62	Hornklee
Lysimach vu																									68	Gilbweiderich
Lythrum sali																									55	Blutweiderich
Malva mosch																									66	Moschusmalve
Matric cham																									127	Kamille
Medicago sat																									130	Luzerne
Mentha arve																									64	wilde Minzen
Mentha piper																									166	Pfefferminze
Nigella dam																									170	Jungfer im Grünen
Origan vulga																									90	Dost
Plantago lan																									46	Spitzwegerich
Rosa/Rho ro																									95	Rosengalle
Rumex obtus																									102	Stblättr. Ampfer
Sanguis offic																									43	Wiesenknopf
Satureja hort																									168	Bohnenkraut
Scrophul nod																									148	Knotige Braunwurz
Sed telephiu																									104	Fetthenne
Silene vulgar																									96	Taubenkropf
Tanacet vulg																									80	Rainfarn
Teucr scorod																									140	Waldgamander
Thymus pule																									100	Quendel
Trifol arven																									93	Hasenklee
Trifol aureu																									94	Goldklee
Trifol praten																									50	Wiesenklee
Trifol repens																									61	Weißklee
Verbasc thap																									86	Königskerze
Phas vul/coc																									191	Stangenbohnen
Solanum tub																									192	Kartoffel
	Ht	Bc	Am	Sn	Hn	Zf	Bn	Bb	Wa	Kz	Ot	Bu	Pr	Mh	Do	Md	Le	Ru	Sb	Sh	Hb	Fr	Kj	Hs		

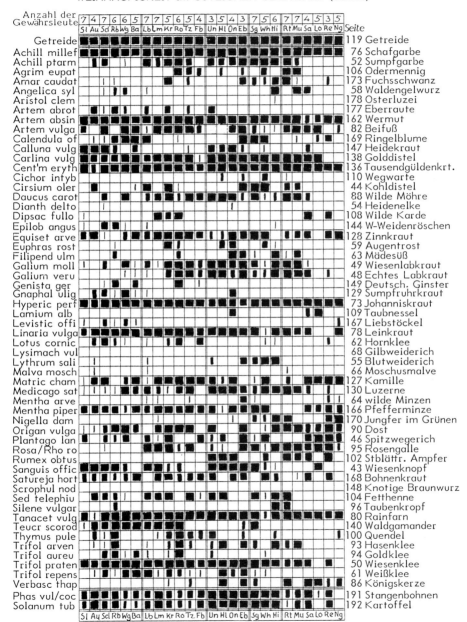

GESAMTÜBERSICHT DER GEBRÄUCHLICHSTEN WEIHPFLANZEN

Westteil — **Östlicher Odenwald**

Anzahl der Orte: 4 6 5 8 9 4 4 7 6 7 6 5 7 6 8 5 5 6 8 9 6 7 6

Spalten: B V I F Ü N A X O W M P U H G R Z K D S T E L

Art	Seite	Name
Getreide	119	Getreide
Achill millef	76	Schafgarbe
Achill ptarm	52	Sumpfgarbe
Agrimon eup	106	Odermennig
Alcea rosea	163	Stockrose
Amar cau/pa	173	Fuchsschwanz
Aneth graveo	165	Dill
Angelica sylv	58	Waldengelwurz
Aristol clem	178	Osterluzei
Artemis absi	162	Wermut
Artemis vulg	82	Beifuß
Calendula off	169	Ringelblume
Calluna vulg	147	Heidekraut
Carlina vulg	138	Golddistel
Carum carvi	51	Kümmel
Cent'ea nigra	56	Flockenblume
Cent'um eryt	136	Taus.güldenkr.
Cirsium olera	44	Kohldistel
Cirsium vulg	99	Lanzettdistel
Daucus carot	88	Wilde Möhre
Dianth deltoi	54	Heidenelke
Epilob angust	144	W-Weidenrösch.
Equiset arven	128	Zinnkraut
Euphras rostk	59	Augentrost
Galium mollu	49	Wiesenlabkraut
Galium veru	48	Echt. Labkraut
Gnaphal uligi	129	Sumpfruhrkrt.
Helianth ann	171	Sonnenblume
Hyperic perf	73	Johanniskraut
Juglans regia	83	Nußbaum
Levistic offic	167	Liebstöckel
Linaria vulga	78	Leinkraut
Lotus cornic	62	Hornklee
Lythrum sali	55	Blutweiderich
Matric cham	127	Kamille
Medicago sat	130	Luzerne
Mentha piper	166	Pfefferminze
Nigella dama	170	Jungfer i. Grün.
Origan vulgar	90	Dost
Plantago lanc	46	Spitzwegerich
Quercus robu	146	Eiche
Rosa / Rho ro	95	Rosengalle
Rumex obtus	102	Stbl. Ampfer
Sanguis offic	43	Wiesenknopf
Satureja hort	168	Bohnenkraut
Sedum teleph	104	Fetthenne
Silene vulgar	96	Taubenkropf
Solidago can	183	Gartengoldrute
Tanacet vulg	80	Rainfarn
Teucr scorod	140	Waldgamander
Thymus puleg	100	Quendel
Trifolium arv	93	Hasenklee
Trifolium aur	94	Goldklee
Trifolium pra	50	Wiesenklee
Trifolium rep	61	Weißklee
Valeriana off	143	Baldrian
Verbasc thap	86	Königskerze
Phas vul/coc	191	Bohne
Solanum tube	192	Kartoffel

Gebietsabkürzungen in der Gesamtübersicht auf der vorigen Seite:

- B Bergstraße (Sz He Ld Heppenheim)
- V Vorderer Odenwald (Od Uh Er So Kh We)
- I Mittleres Weschnitztal (Ol Kb Gb Mörl. Wr)
- F Fürth mit Ln Fa St Kk Km Br Wz
- Ü Überwald (Hm Li Sr Wn Ko Hr Gd Wm As)
- N Neckartal (Hh Dl), dazu Us At
- A Abtsteinach (Ua Oa Mk), dazu Lh
- X Gorxheimer Tal (Tr Uf Gx), dazu Bk Ka Bi Nl
- O Obernburg mit Ph Mm Es La, dazu Sm
- W Weilbach mit Rü Mb Bd, dazu Wk Gö Bx
- M Miltenberg mit Bg Mo Wf Rh Nd
- P Pfohlbach Be Sp Wb Hd
- U Umpfenbach Gg Ri Rl Eichenbühl Eh Nk
- H Hardheim mit Sf Rn Hö Db Rd
- G Glashofen Vo Wt Ns Kt Rs Gt Gz
- R Rippberg Ho Walldürn Ht Buchen
- Z Zittenfelden Amorbach Schneeberg Hn Bn
- K Kirchzell mit Bb Wa Ot Pr Bu
- D Donebach Mh Mudau Le Ru Sb Sh Hb
- S Schloßau Au Sd Rb Wg Ba, dazu Fr Kj Hs
- T Trienz Lb Limbach Kr Ro Fb
- E Einbach Un Hl On Sg Wh Hi
- L Lohrbach Rt Mu Sa Re Neckargerach

WENIGER GEBRÄUCHLICHE WEIHPFLANZEN IM WESTLICHEN ODENWALD

Anzahl der Gewährsleute	3	4	6	7	3	2	7	9	3	4	6	3	5	5	3	6	5	5	7	5	3	Seite
	Sz	Uh	So	We	Ol	Kb	Mö	Wr	Ln	Fa	Ft	St	Kk	Km	Br	Li	Wm	As	Lh	Bk	Nl	
Achill ptarm									■	I	I	■	I			I						52 Sumpfgarbe
Calluna vulg																		I				147 Heidekraut
Eupator cann	I				I																	152 Wasserdost
Filipend ulm		I								■												63 Mädesüß
Lamium albu		I							■									I				109 W. Taubnessel
Lotus cornic			I															I				62 Hornklee
Malus domest					I	■	I													■		186 Apfel
Malva mosch	■																					66 Moschusmalve
Melamp prat																	■					153 Wachtelweizen
Scrophul nod																			I			148 Knot. Braunwurz
Salvia officin	■																		■			189 Salbei
Salvia praten	I	■																				* Wiesensalbei *
Silybum mari					■	■				I		I										181 Mariendistel
Trifol repens		I	■		■	I													I			61 Weißklee
Verbasc lych																					I	87 Mehl. Königskze.

* der Wiesensalbei ist keine echte Beigabe

WENIGER GEBRÄUCHLICHE WEIHPFLANZEN IM ÖSTLICHEN ODENWALD

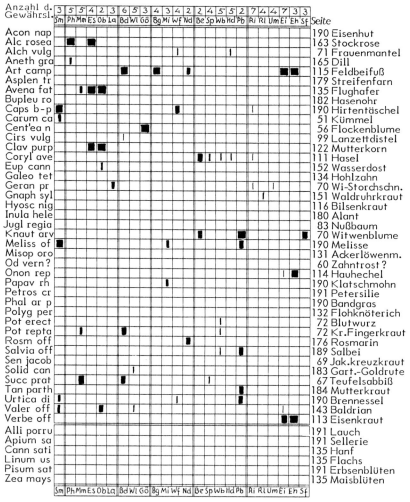

Folgende Weihpflanzen sind nur in jeweils 1 Ort gebräuchlich:

Ph ■ Geum riv S. 71 Bachnelkenwurz
Mm ■ Epil mont S. 145 Bergweidenröschen
■ Oenoth bi S. 118 Nachtkerze
Es ■ Iris pseud S. 68 Schwertlilie
Bd ▮ Verba nig S. 86 Schwarze Königsk.

Bx ■ Silyb ma S. 181 Mariendistel
Ri ■ Hyp hirs S. 74 Beh. Johanniskr.
Rl ▯ Gen tinct S. 154 Färberginster
Ei ■ Anth tinc S. 117 Färberkamille
Eh ▮ Sisym off S. 115 Wegrauke

noch: WENIGER GEBRÄUCHLICHE WEIHPFLANZEN IM ÖSTL. ODENWALD

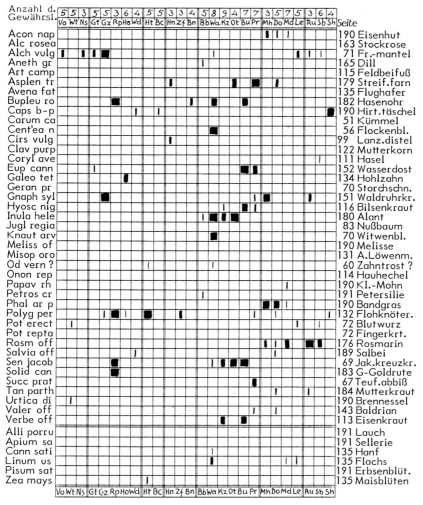

Anzahl d. Gewährsl.	5	5	3	5	5	3	6	4	5	5	3	3	4	5	8	9	4	7	7	3	5	7	5	3	6	4	Seite
	Vo	Wt	Ns	Gt	Gz	Rp	Ho	Wd	Ht	Bc	Hn	Zf	Bn	Bb	Wa	Kz	Ot	Bu	Pr	Mh	Do	Md	Le	Ru	Sb	Sh	

Acon nap 190 Eisenhut
Alc rosea 163 Stockrose
Alch vulg 71 Fr.-mantel
Aneth gr 165 Dill
Art camp 115 Feldbeifuß
Asplen tr 179 Streif.farn
Avena fat 135 Flughafer
Bupleu ro 182 Hasenohr
Caps b-p 190 Hirt.täschel
Carum ca 51 Kümmel
Cent'ea n 56 Flockenbl.
Cirs vulg 99 Lanz.distel
Clav purp 122 Mutterkorn
Coryl ave 111 Hasel
Eup cann 152 Wasserdost
Galeo tet 134 Hohlzahn
Geran pr 70 Storchschn.
Gnaph syl 151 Waldruhrkr.
Hyosc nig 116 Bilsenkraut
Inula hele 180 Alant
Jugl regia 83 Nußbaum
Knaut arv 70 Witwenbl.
Meliss of 190 Melisse
Misop oro 131 A.Löwenm.
Od vern? 60 Zahntrost?
Onon rep 114 Hauhechel
Papav rh 190 Kl.-Mohn
Petros cr 191 Petersilie
Phal ar p 190 Bandgras
Polyg per 132 Flohknöter.
Pot erect 72 Blutwurz
Pot repta 72 Fingerkrt.
Rosm off 176 Rosmarin
Salvia off 189 Salbei
Sen jacob 69 Jak.kreuzkr.
Solid can 183 G-Goldrute
Succ prat 67 Teuf.abbiß
Tan parth 184 Mutterkraut
Urtica di 190 Brennessel
Valer off 143 Baldrian
Verbe off 113 Eisenkraut
Alli porru 191 Lauch
Apium sa 191 Sellerie
Cann sati 135 Hanf
Linum us 135 Flachs
Pisum sat 191 Erbsenblüt.
Zea mays 135 Maisblüten

Folgende Weihpflanzen sind nur in jeweils 1 Ort gebräuchlich:

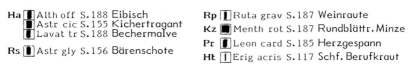

Ha ▌ Alth off S.188 Eibisch
   ▌ Astr cic S.155 Kichertragant
   ▌ Lavat tr S.188 Bechermalve
Rs ▌ Astr gly S.156 Bärenschote

Rp ▌ Ruta grav S.187 Weinraute
Kz ▌ Menth rot S.187 Rundblättr. Minze
Pr ▌ Leon card S.185 Herzgespann
Ht ▏ Erig acris S.117 Schf. Berufkraut

WENIGER GEBRÄUCHLICHE WEIHPFLANZEN IM ÖSTL. ODENW. (Schluß)

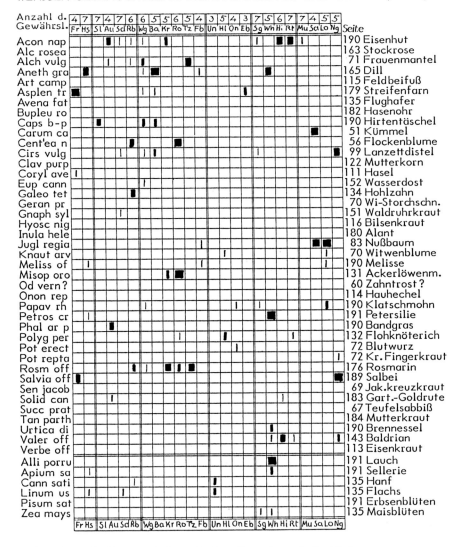

Anzahl d. Gewährsl.	4	7	7	4	7	6	6	5	5	6	5	4	3	5	4	3	7	5	6	7	7	4	5	5	Seite
	Fr	Hs	Sl	Au	Sd	Rb	Wg	Ba	Kr	Ro	Tz	Fb	Un	Hl	On	Eb	Sg	Wh	Hi	Rt	Mu	Sa	Lo	Ng	
Acon nap																			■	■					190 Eisenhut
Alc rosea																									163 Stockrose
Alch vulg					■			■																	71 Frauenmantel
Aneth gra	■						■												■						165 Dill
Art camp																									115 Feldbeifuß
Asplen tr	■																■								179 Streifenfarn
Avena fat																									135 Flughafer
Bupleu ro																									182 Hasenohr
Caps b-p	■			■	■																■				190 Hirtentäschel
Carum ca																									51 Kümmel
Cent'ea n					■				■																56 Flockenblume
Cirs vulg					■		■									■					■				99 Lanzettdistel
Clav purp																									122 Mutterkorn
Coryl ave	■																								111 Hasel
Eup cann						■																			152 Wasserdost
Galeo tet					■																				134 Hohlzahn
Geran pr																									70 Wi-Storchschn.
Gnaph syl			■																						151 Waldruhrkraut
Hyosc nig																									116 Bilsenkraut
Inula hele																									180 Alant
Jugl regia											■										■	■			83 Nußbaum
Knaut arv									■											■					70 Witwenblume
Meliss of	■									■											■				190 Melisse
Misop oro									■ ■																131 Ackerlöwenm.
Od vern?																									60 Zahntrost?
Onon rep																									114 Hauhechel
Papav rh					■									■		■					■				190 Klatschmohn
Petros cr	■														■										191 Petersilie
Phal ar p				■																					190 Bandgras
Polyg per													■						■						132 Flohknöterich
Pot erect													■												72 Blutwurz
Pot repta																							■		72 Kr. Fingerkraut
Rosm off							■	■	■ ■	■															176 Rosmarin
Salvia off	■																					■			189 Salbei
Sen jacob																									69 Jak.kreuzkraut
Solid can		■																■							183 Gart.-Goldrute
Succ prat																									67 Teufelsabbiß
Tan parth																									184 Mutterkraut
Urtica di															■										190 Brennessel
Valer off															■ ■ ■						■				143 Baldrian
Verbe off																									113 Eisenkraut
Alli porru																■									191 Lauch
Apium sa		■													■										191 Sellerie
Cann sati						■										■									135 Hanf
Linum us	■		■													■									135 Flachs
Pisum sat																									191 Erbsenblüten
Zea mays													■ ■												135 Maisblüten
	Fr	Hs	Sl	Au	Sd	Rb	Wg	Ba	Kr	Ro	Tz	Fb	Un	Hl	On	Eb	Sg	Wh	Hi	Rt	Mu	Sa	Lo	Ng	

Folgende Weihpflanzen sind nur in jeweils 1 Ort gebräuchlich:

Hs ▢ Melam pr S. 153 Wachtelweizen   Rt ■ Echin sph S. 118 Kugeldistel
Mu ■ Solid virg S. 154 Goldrute   ▮ Verba ly S. 87 Mehl. Königskz.

DIE GEBRÄUCHLICHSTEN WEIHPFLANZEN IM ODENWALD
nach der prozentualen Häufigkeit geordnet

WESTTEIL (Ostteil in Klammern)

Getreide	100 (99)	Getreide
Ach millefol	98 (99)	Schafgarbe
Sanguis offi	98 (70)	Wiesenknopf
Hyperic perf	97 (93)	Johanniskraut
Linaria vulg	92 (80)	Leinkraut
Cent'um ery	88 (96)	Taus.güldenkraut
Juglans reg	84 (2)	Nußbaum
Cirsium oler	80 (31)	Kohldistel
Tanacet vulg	71 (92)	Rainfarn
Artem absi	68 (97)	Wermut
Matric cham	65 (47)	Kamille
Plantago lan	63 (29)	Spitzwegerich
Verbasc tha	58 (59)	Königskerze
Trifol arven	58 (39)	Hasenklee
Alcea rosea	54 (2)	Stockrose
Equiset arv	52 (37)	Zinnkraut
Aneth grave	52 (3)	Dill
Mentha pipe	45 (31)	Pfefferminze
Epilob angu	44 (11)	W-Weidenröschen
Teucr scoro	42 (29)	Waldgamander
Trifol prate	39 (44)	Wiesenklee
Artem vulga	36 (75)	Beifuß
Origan vulg	34 (49)	Dost
Carum carvi	31 (-)	Kümmel
Rumex obtu	27 (21)	Stbl. Ampfer
Satureja hor	27 (18)	Bohnenkraut
Levistic off	26 (18)	Liebstöckel
Valeriana of	26 (3)	Baldrian
Calend offi	25 (18)	Ringelblume
Helianth ann	24 (-)	Sonnenblume
Trifol aureu	23 (19)	Goldklee
Nigella dam	22 (18)	Jungfer i. Grünen
Cent'ea nigr	22 (3)	Flockenblume
Silene vulga	21 (9)	Taubenkropf
Querc robur	21 (-)	Eiche
Lythr salica	21 (20)	Blutweiderich
Amar cau/p	20 (15)	Fuchsschwanz
Cirsium vulg	19 (2)	Lanzettdistel
Angelica syl	17 (12)	Waldengelwurz
Thymus pule	16 (18)	Quendel
Solidago can	15 (2)	Gartengoldrute
Daucus caro	15 (58)	Wilde Möhre
Agrim eupat	14 (25)	Odermennig

OSTTEIL (Westteil in Klammern)

Getreide	99 (100)	Getreide
Ach millefol	99 (98)	Schafgarbe
Artem absi	97 (68)	Wermut
Cent'um ery	96 (88)	Taus.güld.kraut
Hyperic perf	93 (97)	Johanniskraut
Tanacet vulg	92 (71)	Rainfarn
Carlina vulg	85 (5)	Golddistel
Linaria vulg	80 (92)	Leinkraut
Artem vulg	75 (36)	Beifuß
Sanguis offi	70 (98)	Wiesenknopf
Verbasc tha	59 (58)	Königskerze
Daucus caro	58 (15)	Wilde Möhre
Origan vulg	49 (34)	Dost
Galium veru	47 (-)	Echt. Labkraut
Matric cham	47 (65)	Kamille
Trifol prate	44 (39)	Wiesenklee
Rosa / Rhod	43 (-)	Rosengalle
Equiset arv	37 (52)	Zinnkraut
Achill ptarm	36 (-)	Sumpfgarbe
Mentha pipe	31 (45)	Pfefferminze
Cirsium oler	31 (80)	Kohldistel
Teucr scoro	29 (42)	Waldgamander
Plantago lan	29 (63)	Spitzwegerich
Dianth delto	26 (-)	Heidenelke
Agrim eupat	25 (14)	Odermennig
Medicag sat	22 (-)	Luzerne
Rumex obtu	21 (27)	Stbl. Ampfer
Lythr salica	20 (21)	Blutweiderich
Calluna vulg	19 (-)	Heidekraut
Sedum tele	19 (-)	Fetthenne
Trifol repen	19 (-)	Weißklee
Trifol aureu	19 (23)	Goldklee
Calend offi	18 (25)	Ringelblume
Euphr rostk	18 (8)	Augentrost
Thymus pule	18 (16)	Quendel
Nigella dam	18 (22)	Jungfer i. Grün.
Levistic off	18 (26)	Liebstöckel
Satureja hor	18 (27)	Bohnenkraut
Amar cau/p	15 (20)	Fuchsschwanz
Gnaphal ulig	14 (-)	Sumpfruhrkraut
Lotus cornic	14 (-)	Hornklee
Angelica syl	12 (17)	Waldengelwurz
Epilob angus	11 (44)	W-Weidenrösch.

Schrifttum zum Thema

1. Badisches Wörterbuch, begonnen von Ernst Ochs. Freiburg ab 1925
2. Bauer, Erika: *Dialektgeographie im südlichen Odenwald und Ried.* Marburg 1957
3. Beitl, Richard: *Wörterbuch der deutschen Volkskunde.* Stuttgart ³1974
4. Bock, Hieronymus: *Kreütterbuch.* Straßburg 1577. Reprint München 1964
5. Brühl, Carlrichard: *Capitulare de villis.* Faksimile Stuttgart 1971
6. Brunfels, Otto: *Contrafayt Kreüterbuch.* Straßburg 1532. Reprint München 1964
7. Cramer, Hugo: *Das geweihte Krautbund.* Paderborn 1934
8. Dähnhardt, Otto: *Natursagen. Eine Sammlung naturdeutender Sagen, Märchen, Fabeln u. Legenden.* 2 Bde. Leipzig, Berlin 1907 u. 1909
9. Fischer-Benzon, Rudolf von: *Altdeutsche Gartenflora.* Kiel 1894
10. Franz, Adolph: *Die kirchlichen Benediktionen im Mittelalter. 1. Band.* Nachdruck Graz (1909) 1960, S. 393-421
11. Freiling, Paul: *Studien zur Dialektgeographie des hessischen Odenwaldes.* Marburg 1929
12. Fuchs, Leonhart: *New Kreüterbuch.* Basel 1543. Reprint München 1964
13. Geisau, Hans: *Krautbundsammeln in Warburg vor 100 Jahren (nach einer Skizze von Ignaz Urban 1872).* Rheinisch-westfälische Zeitschrift für Volkskunde 12 (1965)
14. Gocke, Elisabeth: *Die "Krautweihe" in Cörbecke.* Abhandlungen aus dem Westfälischen Provinzial-Museum f. Naturkunde, 6. Jg. 1935 Heft 6
15. Grimm, Jacob und Wilhelm: *Deutsches Wörterbuch.* Leipzig 1854-1960
16. Handwörterbuch des deutschen Aberglaubens, hrsg. v. Bächtold-Stäubli. 10 Bände. Berlin, Leipzig 1927-1942
17. Heeger, Fritz: *Pfälzer Volksheilkunde.* Neustadt 1936
18. Hegi, Gustav: *Illustrierte Flora von Mitteleuropa.* München ²1935 ff.
19. Heidt, Karl: *Gegenwärtige Kenntnis und Anwendung einheimischer Heilpflanzen in der Volksmedizin Hessen-Nassaus.* Gießen 1942
20. Hildegard von Bingen: *Naturkunde. Das Buch von dem inneren Wesen der verschiedenen Naturen in der Schöpfung.* Nach den Quellen übersetzt und erläutert von Peter Riethe. Salzburg 1959
21. Höfler, Max: *Der Frauendreißiger.* In: Zeitschrift für österreichische Volkskunde, 18. Jahrgang, Heft 4/5. Wien 1912
22. Höfler, Max: *Volksmedizinische Botanik der Germanen.* Wien 1908
23. Hortus Sanitatis deutsch des Johann Wonnecke von Cube. Mainz 1485. Reprint Grünwald b. München 1966
24. Hovorka, O. v. und Kronfeld, A.: *Vergleichende Volksmedizin.* 2 Bände. Stuttgart 1908, 1909
25. Kluge, Friedrich: *Etymologisches Wörterbuch der deutschen Sprache.* 17. Auflage, Berlin 1957

26 Kohl, J.: *Von der Würzebuschel.* In: Die Starkenburg, Blätter für Heimatkunde und Heimatpflege, 3. Jahrg. Nr. 8. Heppenheim 1926
27 Löber, Karl: *Pflanzen des Grenzgebietes von Westerwald und Rothaar. Ihre Stellung im Volksleben und die Geschichte ihrer Erforschung.* Göttingen 1972
28 Losch, Friedrich: *Die Volksnamen der Pflanzen auf der Schwäbischen Alb.* Tübingen 1899
29 Marzell, Heinrich: *Bayerische Volksbotanik. Volkstümliche Anschauungen über Pflanzen im rechtsrheinischen Bayern.* Nürnberg 1925
30 Marzell, Heinrich: *Geschichte und Volkskunde der deutschen Heilpflanzen.* Stuttgart ^{2}1938. Nachdruck Darmstadt 1967
31 Marzell, Heinrich: *Die heimische Pflanzenwelt im Volksbrauch und Volksglauben.* Leipzig 1922
32 Marzell, Heinrich: *Kräuterweihe.* In: Handwörterbuch des deutschen Aberglaubens (s. o. Nr. 16), Band V, S. 440-446
33 Marzell, Heinrich: *Wörterbuch der deutschen Pflanzennamen.* 5 Bände. Leipzig 1943-1972, Stuttgart und Wiesbaden 1977-1979
34 Marzell, Heinrich: *Zauberpflanzen und Hexentränke.* Stuttgart 1963
35 Meyer, Elard Hugo: *Badisches Volksleben im 19. Jh.* Straßburg 1900
36 Mosig, Alfred: *Der deutsche Bauerngarten. Bestand, Herkunft und Wechsel seiner Pflanzenwelt.* Berlin-Ost 1958
37 Mulch, Rudolf: *Zur Dialektgeographie des hinteren Odenwalds und Spessarts.* In: Zschr. f. Mundartforschg. Jg. 30, 2 (1963), S. 169-184
38 Nießen, Josef: *Rheinische Volksbotanik. Die Pflanzen in Sprache, Glaube und Brauch des rheinischen Volkes.* 2 Bände. Berlin und Bonn 1936 und 1937
39 Perger, A. Ritter von: *Deutsche Pflanzensagen.* Stuttgart und Oehringen 1864. Nachdruck Leipzig 1987
40 Pfeifer, Valentin: *Maria Würzweihe.* In: Spessartvolk. Aschaffenburg 1929
41 Pieper, Richard: *Volksbotanik. Unsere Pflanzen im Volksgebrauche, in Geschichte und Sage, nebst einer Erklärung ihrer Namen.* Gumbinnen 1897
42 Reuß, Wilhelm: *Pflanzennamen in der oberhessischen Mundart.* In: Zeitschrift für deutsche Mundarten 1918, S. 134-145
43 Schöpf, Hans: *Zauberkräuter.* Graz 1986
44 Söhns, Franz: *Unsere Pflanzen. Ihre Namenerklärung und ihre Stellung in der Mythologie und im Volksglauben.* Berlin, Leipzig ^{6}1920
45 Spiegel, Karl: *Der Würzbüschel am Feste Mariä Himmelfahrt in Unterfranken.* In: Mitteilungen und Umfragen zur Bayerischen Volkskunde. Neue Folge 26/27, 1911, S. 201-212
46 Steger, Hugo: *Raumgliederung der Mundarten.* In: Arbeiten zum Historischen Atlas von Südwestdeutschland, Heft 7. Stuttgart 1983

47 Stoffler, Hans-Dieter: *Der Hortulus des Walahfried Strabo. Aus dem Kräutergarten des Klosters Reichenau.* Sigmaringen 1978
48 Südhessisches Wörterbuch, begründet von Friedrich Maurer, bearbeitet von Rudolf und Roland Mulch. Marburg ab 1965
49 Tabernaemontanus, Jacobus Theodorus: *Neü vollkommen Kräuter-Buch.* Gedruckt zu Basel. Verlegt Offenbach 1731. Reprint Grünwald 1982
50 Wiesinger, Peter: *Die Stellung der Dialekte Hessens im Mitteldeutschen.* In: Deutsche Dialektgeographie 100, S. 68 ff. Marburg 1980
51 Wilde, Julius: *Die Pflanzennamen im Sprachschatze der Pfälzer. Ihre Herkunft, Entwicklung und Anwendung.* Neustadt a. d. Haardt 1923
52 Wolf, Johannes Wilhelm: *Hessische Sagen,* S. 53 und 55. Göttingen 1853 (Nachdruck Georg Olms Verlag Hildesheim 1982)
53 Wuttke, Adolf: *Der deutsche Volksaberglaube in der Gegenwart.* Berlin 1900. Nachdruck Leipzig 1970
54 Ziegler, Hans: *Die deutschen Volksnamen der Pflanzen und die Verwandtschaft und Vermischung der deutschen Volksstämme.* In: Zeitschrift des Vereins für Volkskunde 20 (1910), S. 18-35
55 Zimmermann, Walther: *Badische Volksheilkunde.* Karlsruhe 1927
56 Zimmermann, Walther: *Mundartliche Pflanzennamen aus Baden.* In: Alemannia (Freiburg), Jg. 42 (1915), 175-189, 43 (1916), 125-156
57 Zimmermann, Walther: *Badische Volksnamen von Pflanzen.* In: Mitteilungen des badischen Landesvereins f. Naturkunde u. Naturschutz 1913, 285-300; 1915, 365-392; N. F. 1919, 49-77; 1913, 290-312
58 Zimmermann, Walther: *Pflanzliche Volksheilmittel in Baden.* In: Festschrift für Alexander Tschirch zu seinem 70. Geburtstag. Leipzig 1926, S. 254-262
59 Zimmermann, Walther: *Weihkräuterbüschel aus Baden und bei den Banater Badenern.* In: Brauch und Sinnbild, hrsg. v. Herrmann, Ferdinand und Treutlein, Wolfgang; S. 271-288. Karlsruhe 1940

Weitere Literatur

60 Baker, Margaret: *Discovering the Folklore of Plants.* Tring (Herts., England) 1971
61 Barthelmeß, A.: *Sonnenblumen.* In: Zeitschrift Kosmos 1951, S. 399 ff.
62 Baus, Karl u. a.: *Handbuch der Kirchengeschichte* II/2, S. 168. Freiburg 1975
63 Binterim, A. J.: *Die vorzüglichsten Denkwürdigkeiten der Christkatholischen Kirche* II/2, S. 537 ff. u. 568 f. Mainz ^{2}1838; V/1, S. 437 ff. Mainz 1829
64 Flück, Hans: *Unsere Heilpflanzen.* Thun und München ^{3}1965
65 Flurheym, M. Christophorus: *Deutsches Meßbuch 1529.* Faksimileausgabe Maria Laach 1964; S. 224

66 Gréb, Julius: *Zipser Volkspflanzen. Ihre Namen und Rolle in unserem Volksleben.* Käsmark 1943
67 Grigson, Geoffrey: *A Dictionary of English Plant Names.* London 1974
68 (Das) Land Baden-Württemberg. Amtliche Beschreibung nach Kreisen und Gemeinden. Bd. V: Regierungsbezirk Karlsruhe. Stuttgart 1976
69 Maenner, Emil: *Guttenbrunn. Das Odenwälder Dorf im rumänischen Banat.* München 1958
70 Megenberg, Konrad von: *Das Buch der Natur.* Stuttgart 1861. Nachdruck Hildesheim 1962
71 Mößinger, Friedrich: *Die Würzbürde.* In: Was uns der Odenwald erzählt, 3. Teil, S. 110 f. Darmstadt 1955
72 Pfleger, Alfred: *Die elsässischen Kräuterweihen.* In: Archiv für Elsässische Kirchengeschichte, 11. Jahrgang S. 205-258. Straßburg 1936
73 Romanusbüchlein, gedruckt zu Venedig (o. J.)
74 Schork, Leonhard: *Die Überwälder Landwirtschaft in der Mitte des 19. Jahrhunderts.* Im "Rodensteiner" (Beilage der Odenwälder Zeitung, Weinheim) vom 8. 5. 1953
75 Trierer Provinzialsynode von 1310, Dekrete, Cap. 79. Trier
76 Volksrituale, 2. Teil: *Weihungen und Segnungen im Kirchenjahr.* Aschaffenburg 1974
77 Wagner, Walter: *Das Rhein-Main-Gebiet 1787.* Nachdr. Darmstadt 1975
78 Weinheimer Brauchbuch von 1817. In: Die Windeck, Beilage zur Weinheimer Zeitung 1927, Nr. 22
79 Winter, Heinrich: *Ältestenbefragungen 1944.* Manuskript
80 Wright, Joseph: *The English Dialect Dictionary.* London 1905

Sonstige Quellen

81 Geologische Übersichtskarten 1:200000, Blatt CC6318 (Frankfurt-Ost) und Blatt CC7118 (Stuttgart-Nord). Vertrieb Geo-Center Stuttg. 80
82 Schreybuch aus Unterostern. 1797. In Privatbesitz in Reichelsheim
83 Karte des Amts Starkenburg: Im Jurisdiktionalbuch des Oberamts Starkenburg 1668. Staatsarchiv Würzburg, Mainzer Abteilung
84 Abtsteinacher Centhgerechtigkeith 1654. Gde.-archiv Oberabtsteinach
85 Synodalbuch der Pfarrei Abtsteinach 1789. Pfarramt Oberabtsteinach
86 "Zauberbuch" (bayrisch). Stadtarchiv Weinheim. (Leider nur wenige kopierte Seiten der verschollenen umfangreichen Handschrift)
87 Der karolingische Klosterplan von St. Gallen. Faksimile Histor. Verein des Kantons St. Gallen 1952, Neudruck 1983
88 Hessisches Statistisches Landesamt Wiesbaden
89 Statistisches Landesamt Baden-Württemberg Stuttgart
90 Bayerisches Landesamt für Statistik und Datenverarbeitung München

Volksnamen

Aaronsrute
   Gartengoldrute Solid cana 183
Abbiß, Teufels Abbiß
   Teufelsabbiß Succisa prat 67
Alfkräuti
   Wasserdost Eupator cannab 152
Alter Gaul, Alte Gaulsstengel
   Stbl. Ampfer Rumex obtus 102
Altes Haus
   Fetthenne Sedum telephi 104
Altvaterliskraut
   Hauhechel Ononis repens 114
Anbiß, Teufels Anbiß
   Teufelsabbiß Succisa prat 67
Anton, Blauer
   Teufelsabbiß Succisa prat 67
Anton, Gelber
   Jakobskreuzkraut Sen jacob 69
Anton, Roter
   Hohlzahn Galeops tetrahit 134
   Beifuß Artemisia vulgaris 82
   Quendel Thymus pulegioid 100
Anton, Weißer
   Sumpfgarbe Achillea ptarm 52
   Hohlzahn Galeops tetrahit 134
   Rundbl. Minze Mentha rot 187
   Beifuß Artemisia vulgaris 82
Antoni(us), Gelber
   Königskerze Verbasc thaps 86
   Jakobskreuzkraut Sen jacob 69
   Echte Goldrute Solid virg 154
Antoni, Weißer
   Mehl.Königsk. Verbasc lych 87
   Sumpfgarbe Achillea ptarm 52
Antoniuskraut
   Dost Origanum vulgare 90
Apfelstecher
   Wilde Karde Dipsac fullon 108
   Jungfer i. Gr. Nigella dam 170
Aschenkraut
   ? (Hasenohr Bupleur rot) 182

Augennixchen, -tränen, -trost
   Augentrost Euphras rostk 59
Baansele
   Hasenklee Trifol arvense 93
Bachblodern, Gelbe
   Gilbweiderich Lysimach vul 68
Bachbollen
   Ackerminze Mentha arvens 64
   Kohldistel Cirsium olerac 44
   Mädesüß Filipendula ulmar 63
   Sumpfgarbe Achillea ptarm 52
Bachbollen, Gelbe
   Gilbweiderich Lysimach vul 68
Bachbollen, Weiße
   Sumpfgarbe Achillea ptarm 52
Bachkräuti, Gelbes
   Gilbweiderich Lysimach vul 68
Bachkräuti, Rotes
   Blutweiderich Lythr salica 55
Bachkräuti, Weißes
   Sumpfgarbe Achillea ptarm 52
Bachröhrle
   Waldengelwurz Angel sylv 58
Bachtäubli
   Eisenhut Aconitum napell 190
Baldrian
   Baldrian Valeriana officin 143
Bandgras
   Bandgras Phalar ar f picta 190
Barbara-, Bärbeleskräuti
   Schafgarbe Achillea millef 76
   Sumpfgarbe Achillea ptarm 52
Barfüße
   Fetthenne Sedum telephi 104
Bartgeist
   Mädesüß Filipendula ulmar 63
Bätscherli
   Taubenkropf Silene vulgar 96
Baumnuß
   Walnuß Juglans regia 83

Beckeblume
  Ringelblume Calendula off 169
Beense(r)li, Benseli
  Hasenklee Trifolium arvense 93
  Goldklee Trifolium aureum 94
  Wiesenknopf Sanguis offic 43
Beifuß, roter Beifuß, Beiwes
  Beifuß Artemisia vulgaris 82
Benseli, Gelbe
  Goldklee Trifolium aureum 94
Bermet, Bermede
  Wermut Artemisia absinth 162
  Beifuß Artemisia vulgaris 82
Besenreisig, Besenkraut
  Feldbeifuß Artemis camp 115
Bettkissen, Muttergottes-
  Rosengalle Rosa / Rhod ros 95
Bettschuh, Maria
  Leinkraut Linaria vulgaris 78
Bettstroh   Übersicht 204
  Leinkraut Linaria vulgaris 78
  Labkraut Galium ver & mo 48 f
  Waldgamander Teucr scoro 140
  Gartengoldrute Solid canad 183
Bettstroh, Gelbes
  Echtes Labkraut Galium ver 48
Bettstroh, Weißes
  Wiesenlabkraut Galium moll 49
Bettstroh, Maria
  Labkraut Gal ver & moll 48 f
  Leinkraut Linaria vulgaris 78
  Johanniskraut Hyper perfor 73
  Goldklee Trifolium aureum 94
  Weidenröschen Epilob angu 144
  Hasenklee Trifolium arvens 93
  Rosengalle Rosa / Rhod ros 95
  Gartengoldrute Solid canad 183
Bienenkraut
  Mädesüß Filipendula ulmar 63
Bienserli, Binsele-baansele
  Hasenklee Trifolium arvens 93
Biewerät un Bowerät
  Wilde Möhre Daucus carota 88
Binsen
  Spitzwegerich Plantago lanc 46
Bittersalz
  Waldgamander Teucr scoro 140

Blaue Daschte
  Dost Origanum vulgare 90
Blaue Kissen
  Witwenblume Knautia arv 70
Blauer Anton
  Hohlzahn Galeops tetrahit 134
  Teufelsabbiß Succisa prat 67
Blaues Eisenkraut
  Eisenkraut Verbena officin 113
Blutsblümli
  Heidenelke Dianth deltoid 54
Blut(s)knopf, Blut(s)kopf
  Wiesenknopf Sanguisorba of 43
Blutströpfli   Übersicht 197
  Heidenelke Dianth deltoid 54
  Wiesenknopf Sanguisorba of 43
  Flohknöterich Polyg persic 132
  Bachnelkenwurz Geum rival 71
Blutwurz, Blutwurzel
  Blutwurz Potentilla erecta 72
Boweräl, Bieweräl un
  Wilde Möhre Daucus carota 88
Bohnenblüte
  Stangenbohne Phaseolus 191
Bohnenkraut
  Bohnenkraut Satureja hort 168
Boze
  Wiesenknopf Sanguisorba of 43
Boze, Schwarze
  Ruhrkraut Gnaphalium 129, 151
Braune Daschte, - Dorschte
  Dost Origanum vulgare 90
Braune Knöpfe
  Wiesenknopf Sanguisorba of 43
Brauner Dostich
  Dost Origanum vulgare 90
Bräu(n)rose
  Stockrose Alcea rosea 163
Buwesknötterli
  Fetthenne Sedum telephi 104
Daanessel, Daunessel
  Taubnessel Lamium album 109
Darmgichtskraut
  Bärenschote Astragal glyc 156
Daschte, Braune -, Blaue -
  Dost Origanum vulgare 90
Daschte, Gelbe
  Johanniskraut Hyperic perf 73

Daschte, Große
　Dost Origanum vulgare　90
Daschte, Kleine
　Quendel Thymus pulegioid 100
Daschte, Rote
　Dost Origanum vulgare　90
Daschte, Weiße
　Schafgarbe Achillea millef　76
　Sumpfgarbe Achillea ptarm　52
　Dost Origanum vulgare　90
　Baldrian Valeriana officin 143
Datscherlin
　Taubenkropf Silene vulgaris 96
Daunessel
　Taubnessel Lamium album 109
Deutscher Klee (Mundart?)
　Wiesenklee Trifol pratense　50
Dill, Till
　Dill Anethum graveolens 165
Dinkel
　Dinkel Triticum spelta　126
Distel, Dreizinkete
　Golddistel Carlina vulgaris 138
Distel, Maria
　Kohldistel Cirsium olerac　44
Distel, Schwarze
　Golddistel Carlina vulgaris 138
Distel, Weiße
　Kohldistel Cirsium olerac　44
Doldenklee
　Wiesenklee Trifol pratense　50
Donnerdistel　　Übersicht 207
　Golddistel Carlina vulgaris 138
　Kohldistel Cirsium olerac　44
　Lanzettdistel Cirsium vulg　99
　Mariendistel Silyb marian 181
Donnerdistel, Weiße
　Kohldistel Cirsium olerac　44
Donnerkerze
　Königskerze Verbasc thapsu 86
Dorn(er)distel, Dörnerdistel
　Golddistel Carlina vulgaris 138
Dornerdistel, Weiße
　Kohldistel Cirsium olerac　44
Dornkissen
　Rosengalle Rosa c/ Rhod ros 95

Dorschte, Braune -, Weiße -
　Dost Origanum vulgare　90
Doschge,
Dostchen
　Dost Origanum vulgare　90
Dostich, Brauner
　Dost Origanum vulgare　90
Dostich, Gelber
　Johanniskraut Hyperic perf　73
Dostje, Braune
　Dost Origanum vulgare　90
Dragoner (Drachone), Gelbe
　Rainfarn Tanacetum vulgare 80
Dragoner (Drachone), Weiße
　Schafgarbe Achillea millef　76
Dreidistel, Dreidoldendistel
　Golddistel Carlina vulgaris 138
Dreidorner-, Dreidörnerdistel
　Golddistel Carlina vulgaris 138
　Lanzettdistel Cirsium vulg　99
Dreie-dreie-Dörnerdistel
　Golddistel Carlina vulgaris 138
Durchwachs
　Hasenohr Bupleur rotundif 182
Dreizinkete Distel
　Golddistel Carlina vulgaris 138
Dürres Lorenzekräuti
　? (Zahntrost? Odont verna) 60
Dutte (Tüten)
　Wilde Möhre Daucus carota 88
Edelweiß, Wildes Edelweiß
　Sumpfruhrkraut Gnaph ulig 129
Eibisch, Eiwi
　Eibisch Althaea officinalis 188
Eierblume
　Leinkraut Linaria vulgaris　78
Eierdotter, (Große)
　Leinkraut Linaria vulgaris　78
Eierdotter, Kleine
　Hornklee Lotus corniculatus 62
Eier, Gebackene
　Leinkraut Linaria vulgaris　78
　Hornklee Lotus corniculatus 62
Eierkraut
　Leinkraut Linaria vulgaris　78

Eierschalen
  Waldweidenrösch. Epil ang 144
  Taubenkropf Silene vulgaris 96
Eierschalen, Halbe
  Waldweidenrösch. Epil ang 144
Eisenkraut
  Eisenkraut Verbena officin 113
  Wegwarte Cichorium intyb 110
Eisenkraut, Blaues
  Eisenkraut Verbena officin 113
Eisenkraut, Gelbes
  Wegrauke Sisymbrium off 115
Eiskraut
  Eisenkraut Verbena officin 113
  Schwz. Königskz. Verb nigra 86
Elisabethenhaar
  Waldweidenrösch. Epil ang 144
Elisabethenkraut
  Leinkraut Linaria vulgaris 78
Elisabeth(en)stroh
  Leinkraut Linaria vulgaris 78
  Johanniskraut Hyper perfor 73
  Labkraut Galium ver & mo 48 f
Engelshaar
  Waldweidenrösch. Epil ang 144
Ernteapfel
  Klarapfel Malus domestica 186
Eva Bettstroh,
Eva, Gelbe
  Leinkraut Linaria vulgaris 78
Ewiger Klee, Blauer Klee
  Luzerne Medicago sativa 130
Fähnchen
  Gartengoldrute Solid canad 183
Fenchel
  Dill Anethum graveolens 165
Feuerkraut
  Krause Malve Malva crispa 174
  Johanniskraut Hyper perfor 73
Fingerhut
  Glockenblume Campan rot 190
Flaschenputzer
  Wilde Karde Dipsac fullon 108
Flöhkraut
  Flohknöterich Polyg persic 132

Flugblätter
  Krause Malve ? Malva cris 174
Flugfeuer, Flugfeuerkraut
  Krause Malve Malva crispa 174
  Moschusmalve Malva mosch 66
  Bechermalve Lavatera trim 188
Frauentüten (Fraadutte)
  Wilde Möhre Daucus carota 88
Frauenmänteli
  Frauenmantel Alchem vulg 71
Frauenschuh
  Eisenhut Aconitum napell 190
Frucht
  Dinkel, Spelz Tritic spelta 126
Fuchsschwanz   Übersicht 196
  Amarant Amar caud & pan 173
  Blutweiderich Lythr salicar 55
  Zinnkraut Equiset arvense 128
  Waldweidenrösch. Epil ang 144
Fünffinger(les)kraut
  Kr. Fingerkraut Pot reptans 72
Futtermanne, Futtermännli
  Wilde Möhre Daucus carota 88
Gäigerli (Gökerli)
  Eisenhut Aconitum napell 190
Galleriau
  Fetthenne Sedum telephi 104
Gänsedistel
  Kohldistel Cirsium olerac 44
Gartendistel
  Mariendistel Silyb marian 181
Gartenfuchsschwanz
  Amarant Amaranthus caud 173
Gartenhag
  Eberraute Artemisia abrot 177
Gartenstachel
  Mariendistel Silyb marian 181
Gaul, Alter
  Stbl. Ampfer Rumex obtus 102
Gaul, Halber
  Stbl. Ampfer Rumex obtus 102
Gaul, Roter
  Wiesenknopf Sanguisorba of 43
Gäulskamille
  Rainfarn Tanacet vulgare 80

Gäulsstengel, Gäulswurzel
   Stbl. Ampfer Rumex obtus 102
Gebackene Eier
   Leinkraut Linaria vulgaris 78
   Hornklee Lotus corniculatus 62
Gedoffel
   Kartoffel Solanum tuberos 192
G(e)hannskraut
   Johanniskraut Hyper perfor 73
Geißbart
   Labkraut Gal ver & mollugo 48 f
   Mädesüß Filipendula ulmar 63
Gelbe Bachblodern
   Gilbweiderich Lysimach vul 68
Gelbe Bachbollen
   Gilbweiderich Lysimach vul 68
Gelbe Benseli
   Goldklee Trifolium aureum 94
Gelbe Daschte, Gelber Dostich
   Johanniskraut Hyper perfor 73
Gelbe Dragoner
   Rainfarn Tanacetum vulg 80
Gelbe Eva
   Leinkraut Linaria vulgaris 78
Gelbe Hemdenknöpfe
   Rainfarn Tanacetum vulg 80
Gelbe Kätzchen
   Goldklee Trifolium aureum 94
Gelbe Kerzen
   Odermennig Agrimon eupat 106
Gelbe Knöpfe
   Rainfarn Tanacetum vulg 80
   Färberkamille Anth tinctor 117
Gelbe Raflderknöpfe
   Rainfarn Tanacetum vulg 80
Gelbe Windel
   Echtes Labkraut Gal verum 48
Gelber Anton
   Jakobskreuzkraut Senec jac 69
Gelber Antoni(us)
   Königskerze Verba thapsus 86
   Goldrute Solidago virgaur 154
Gelber Dostich
   Johanniskraut Hyper perfor 73
Gelber Klee
   Goldklee Trifolium aureum 94
   Hornklee Lotus corniculatus 62

Gelber Raflder
   Rainfarn Tanacetum vulg 80
Gelberübe, Wilde
   Wilde Möhre Daucus carota 88
Gelber Wurmsamen
   Rainfarn Tanacetum vulg 80
Gelbes Bachkräuti(ch)
   Gilbweiderich Lysimach vul 68
Gelbes Bettstroh
   Echtes Labkraut Galium ver 48
Gelbes Eisenkraut
   Wegrauke Sisymbrium offic 115
Gelbköpfe
   Rainfarn Tanacetum vulg 80
Gerste
   Gerste Hordeum distichum 122
Gewandel
   Quendel Thymus pulegioid 100
Ghannskraut, Ghannsstengel,
Ghannslepakraut
   Johanniskraut Hyper perfor 73
Gickelskamm
   Gartengoldrute Solid canad 183
Gickerlesblume
   Hornklee Lotus corniculatus 62
Gippelkern (Gipfelkern)
   Taubenkropf Silene vulgaris 96
Gökeli (Gäige(r)li)
   Blutweiderich Lythr salicar 55
Golddistel
   Golddistel Carlina vulgaris 138
Goldregen
   Gartengoldrute Solid canad 183
Goldrute
   W.-Weidenröschen Epil ang 144
Graue Benseli, Gr. Kätzelchen
   Hasenklee Trifol arvense 93
Gretel im Grünen / im Busch,
Gretel in / hinter der Hecke
   Jungfer im Grünen Nig dam 170
Große Daschte
   Dost Origanum vulgare 90
Große Gelbe Knöpfe
   Rainfarn Tanacetum vulg 80
Großer Schwarzer Mann
   Waldruhrkraut Gnaph sylv 151

Grüne Nüsse
  Walnuß Juglans regia 83
Grüner Haber
  Hafer Avena sativa 119
Grünes Lorenzekräuti(ch)
  Augentrost Euphras rostkov 59
Haarwindel
  Bergweidenrösch. Epil mont 145
Haber, Grüner
  Hafer Avena sativa 119
Haber, Schwarzer
  Flughafer Avena fatua 135
Hagsalat
  Waldweidenrösch. Epil ang 144
Halbe Eierschalen
  Waldweidenrösch. Epil ang 144
Halber Gaul, Halbgaul, Halbert, Halbertsstengel
  Stbl. Ampfer Rumex obtus 102
Hammelschwanz
  Zinnkraut Equiset arvense 128
Hängelhaber
  Hafer Avena sativa 119
Härchen, Rote
  Amarant Amaranthus panic 173
Hart(e)heu
  Johanniskraut Hyper perfor 73
Hasel, Hassel
  Hasel Corylus avellana 111
Hasenknottel
  Goldklee Trifolium aureum 94
Hasenmäuli
  Leinkraut Linaria vulgaris 78
  Hornklee Lotus corniculatus 62
Haus, Altes Haus, Hauswurz, Hauswurzel
  Fetthenne Sedum teleph 104
Heckensalat
  Waldweidenrösch. Epil ang 144
Heckentoni
  Hohlzahn Galeops tetrahit 134
Heide
  Heidekraut Calluna vulgar 147
Heiland seine BLutstropfen, Heilig(s) Blut
  Johanniskraut Hyperic perf 73

Heinrich, Stolzer
  Gartengoldrute Solid canad 183
Hemdenknöpfe Übersicht 199
Hemdenknöpfe (Gelbe)
  Rainfarn Tanacetum vulg 80
Hemdenknöpfe, Weiße
  Sumpfgarbe Achillea ptarm 52
  Mutterkraut Tan parth fl pl 184
Henkelhaber
  Hafer Avena sativa 119
Herrgotte
  Golddistel Carlina vulgaris 138
Herrgottskolben
  Königskerze Verbasc th u. ä. 86
Herrgottskrone
  Dtsch.Ginster Genista germ 149
Herrgottsschühchen
  Leinkraut Linaria vulgaris 78
Hessel
  Hasel Corylus avellana 111
Hexenkräuti(ch)
  Johanniskraut Hyperic perf 73
Himmel und Hölle
  Wilde Möhre Daucus carota 88
Hirse, Roter / Roter Hirsch
  Amarant Amar caud & pan 173
Hummelkraut
  Wachtelweizen Melamp pra 153
Iterüchkraut, Iterüchköpfe
  Flockenblume Cent jac / nig 56
Johanneskraut, Johanniskraut
  Johanniskraut Hyperic perf 73
Judenblume
  Ringelblume Calendula off 169
Jungfraubettstroh
  Leinkraut Linaria vulgaris 78
Kaffee, Schwarzer
  Knot.Braunwurz Scroph nod 148
Kaffeeköpfchen
  Wiesenknopf Sanguis offic 43
Kälberköpfe
  Kohldistel Cirsium olerac 44
Kälberstengel
  Stbl. Ampfer Rumex obtus 102
Kälberzähne
  Leinkraut Linaria vulgaris 78

Kamille, Wilde Kamille
  Kamille Matricaria chamo 127
Kannskraut, Kannslepakraut
  Johanniskraut Hyperic perf 73
Kätzchen, Gelbe
  Goldklee Trifolium aureum 94
Kätzelchen, Graue Kätzelchen
  Hasenklee Trifol arvense 93
Katzenklauen
  Kichertragant Astrag cicer 155
Katzenkraut
  Baldrian Valeriana officin 143
Katzenschwänze
  Blutweiderich Lythrum salic 55
Katzentape (-deebele), -pfote
  Hasenklee Trifol arvense 93
Kelchli
  Wilde Möhre Daucus carota 88
Kernkraut
  Taubenkropf Silene vulgaris 96
Kerzen
  Blutweiderich Lythrum salic 55
  Königskerze Verbasc thapss 86
  Odermennig Agrimon eup 106
Kerzen, Gelbe; Kleine Kerzen
  Odermennig Agrimon eup 106
Kerzen, Rote
  Blutweiderich Lythrum salic 55
Kinderkerze, Kinnskerze
  Königskerze Verbasc thapss 86
Kinnskerze, Kleine
  Odermennig Agrimon eup 106
Kissele
  Rosengalle Rosa / Rhod ros 95
Kissele, Blaue
  Witwenblume Knautia arv 70
Kläpperli s. Klepperli
  Taubenkropf Silene vulgaris 96
Klee, Kleeblumen
  Wiesenklee Trifol pratense 50
Klee, Blauer
  Luzerne Medicago sativa 130
Klee, Deutscher
  Wiesenklee Trifol pratense 50
Klee, Ewiger
  Luzerne Medicago sativa 130

Klee, Gelber
  Goldklee Trifolium aureum 94
  Hornklee Lotus corniculatus 62
Klee, Roter
  Wiesenklee Trifol pratense 50
Klee, Weißer
  Weißklee Trifolium repens 61
Kleine Blutströpfli
  Heidenelke Dianth deltoid 54
Kleine Daschte
  Quendel Thymus pulegioid 100
Kleine (Kinns-, Königs-) Kerze
  Odermennig Agrimon eup 106
Kleiner Schwarzer Mann
  Sumpfruhrkraut Gnaph ulig 129
Klepperli
  Taubenkropf Silene vulgaris 96
Kloputzer
  Wilde Karde Dipsacus full 108
Klosterkraut
  Osterluzei Aristoloch clem 178
Klüpfel
  Kohldistel Cirsium olerac 44
Knaben-, Knäbliskraut, -wurzel
  Fetthenne Sedum teleph 104
Knöpfe, Braune
  Wiesenknopf Sanguis offic 43
Knöpfe, Gelbe (Kleine)
  Rainfarn Tanacetum vulg 80
Knöpfe, Große Gelbe
  Färberkamille Anth tinct 117
Knöpfe, Rote
  Wiesenknopf Sanguis offic 43
Knöpfe, Weiße
  Sumpfgarbe Achillea ptarm 52
Komm-bald-bring-mir's-wieder
  Herzgespann Leonur card 185
Königskerze, Kleine
  Odermennig Agrimon eup 106
Kopfkissen, Maria Kopfkissen
  Rosengalle Rosa / Rhod ros 95
Körbchen, Körble
  Wilde Möhre Daucus carota 88
Korn
  Roggen Secale cereale 121
Kragenknöpfle, -knöpfchen
  Rainfarn Tanacetum vulg 80

Krappennester
  Wilde Möhre Daucus carota 88
**Krottenbalsam, -balsche,
Krottenbollen, -schmacke**
  Ackerminze Menth arv u.ä. 64
Kuhkräuti(ch)
  Jakobskreuzkraut Senec jac 69
Kuhschwanz, Kühstengel
  Königskerze Verbasc th u.ä. 86f
Kümmel
  Kümmel Carum carvi 51
Kümmel, Schwarzer
  Jungfer im Grünen Nig dam 170
Lavendel
  Quendel Thymus pulegioid 100
Lieb(l)esrohr
  Liebstöckel Levisticum off 167
Liebrohr Übersicht 198
  Liebstöckel Levisticum off 167
  Waldengelwurz Angel sylv 58
Liebstöckel
  Liebstöckel Levisticum off 167
  Waldengelwurz Angel sylv 58
Lisbethstroh
  Leinkraut Linaria vulgaris 78
  Johanniskraut Hyperic perf 73
  Echtes Labkraut Galium ver 48
Löffeli
  Osterluzei Aristoloch clem 178
Löffelkraut
  ? (Hasenohr Bupleur rot) 182
Lorenzekräuti(ch), Grünes
  Augentrost Euphras rostkov 59
Lorenzekräuti(ch), Dürres
  ? (Zahntrost Odont verna) 60
Löwenmäulchen
  Leinkraut Linaria vulgaris 78
Mad(e)distel
  Kohldistel Cirsium olerace 44
Maggikraut
  Liebstöckel Levisticum off 167
Malve
  Stockrose Alcea rosea 163
Mann, (Großer) Schwarzer
  Waldruhrkraut Gnaph sylv 151
Mann, (Kleiner) Schwarzer
  Sumpfruhrkraut Gnaph ulig 129

Männli und Weibli
  Dtsch. Ginster Gen german 149
Mannsgetreu, Männertreu
  Mannstreu Eryngium plan 213
Margaretenkraut
  Sumpfgarbe Achill ptarmica 52
Maria Bettschuh
  Leinkraut Linaria vulgaris 78
Maria Bettstroh vgl. Übersicht 204
  Echtes Labkraut Galium ver 48
  Wiesenlabkraut Galium moll 49
  Goldklee Trifolium aureum 94
  Johanniskraut Hyperic perf 73
  Hasenklee Trifolium arvense 93
  Waldgamander Teucr scorod 140
  Rosengalle Rosa / Rhod ros 95
  Leinkraut Linaria vulgaris 78
  Gartengoldrute Solid canad 183
Maria (Donner-) Distel
  Kohldistel Cirsium olerac 44
Maria Kopfkissen
  Rosengalle Rosa / Rhod ros 95
Maria Schüchelchen
  Leinkraut Linaria vulgaris 78
Matteblume
  Schafgarbe Achillea millef 76
Maulrose
  Stockrose Alcea rosea 163
Melkstühli
  Leinkraut Linaria vulgaris 78
Menschengesicht
  Ackerlöwenmaul Misop or 131
**Milchdistel,
Muddistel**
  Kohldistel Cirsium olerac 44
Mutterbettlesstroh
  Waldweidenröschen Ep ang 144
Muttergottesäugli
  Augentrost Euphras rostkov 59
Muttergottes-Bettkissen
  Rosengalle Rosa / Rhod ros 95
Muttergottes-Bettstroh
  Echtes Labkraut Galium ver 48
  Wiesenlabkraut Galium moll 49
  Leinkraut Linaria vulgaris 78
  Waldweidenröschen Ep ang 144

247

Muttergotteshaar
 Waldweidenröschen Ep ang 144
Muttergotteshäusli,
Muttergotteskelchli
 Wilde Möhre Daucus carota 88
Muttergotteskissele
 Rosengalle Rosa / Rhod ros 95
Muttergotteskrönli
 Wilde Möhre Daucus carota 88
Muttergottesrute
 Waldweidenröschen Ep ang 144
Muttergottesschläpple
 Leinkraut Linaria vulgaris 78
Muttergottesschuh
 Leinkraut Linaria vulgaris 78
 Hornklee Lotus corniculatus 62
 Eisenhut Aconitum napellus 190
Mutterkräuti(ch)
 Waldgamander Teucr scoro 140
Mutterskopf
 Witwenblume Knautia arv 70
Nabelkraut, Nabelwurzel
 Fetthenne Sedum telephium 104
Nadelkissen
 Witwenblume Knautia arv 70
Nägel
 Flockenblume Cent'ea nigra 56
Nest, Nestli
 Wilde Möhre Daucus carota 88
Nix, Weißer
 Augentrost Euphras rostkov 59
Nüsse, Grüne
 Walnuß Juglans regia 83
Odermännchen, -li, -menning
 Odermennig Agrimon eupat 106
Ohlanse-, Ohlenseknotte,
Ohletzeknotte, -knolle,
Ollotzeknotte, -knolle
 Alant Inula helenium 180
Osterkerze
 M. Königskerze Verbasc lych 87
Osterkraut, Osterwurzel
 Wiesenlabkraut Galium moll 49
Österli(ch),
Österli(che) Zeit, Österlich Zeug,
Osterstock
 Osterluzei Aristoloch clem 178

Palmkätzchen
 Hasenklee Trifol arvense 93
Pappel
 Eibisch Althaea officinalis 188
Pätscherli (Bätscherli)
 Taubenkropf Silene vulgaris 96
Peitschenmännle
 Odermennig Agrimon eupat 106
Peterle
 Petersilie Petroselin crisp 191
Pfaffenkäppli
 Eisenhut Aconitum napell 190
Pfeffer
 Fetthenne Sedum teleph 104
Pfeffer, Schwarzer
 Jungfer im Grünen Nig dam 170
Pfefferminz
 Pfefferminze Mentha piper 166
 wilde Minzen Mentha spec 64
Pfefferminz, Wilder
 wilde Minzen Mentha spec 64
Quendel, Wilder Quendel
 Quendel Thymus pulegioid 100
Quette (= Quecke), Rote
 Schafgarbe Achillea millef 76
Raflder, Gelber Raflder,
Rafflderknöpfe, (Gelbe)
 Rainfarn Tanacetum vulgare 80
Rafflderknöpfe, Weiße
 Sumpfgarbe Achillea ptarm 52
Rahmkraut
 Waldgamander Teucr scoro 140
Rainblümchen
 Sandstrohblume Helichr ar 215
Rainfar(n), Gelber
 Rainfarn Tanacetum vulgare 80
 Jakobskreuzkraut Sen jacob 69
Rainfar, Roter
 Dost Origanum vulgare 90
Rainfar, Weißer
 Schafgarbe Achillea millef 76
Rainfärli (Reefärli)
 Streifenfarn Asplen tricho 179
Rainfart,
Rainfaten (Reefaden)
 Rainfarn Tanacetum vulgare 80

Raute
  Weinraute Ruta graveolens 187
Reefaden
  Rainfarn Tanacetum vulgare 80
Reefärli
  Streifenfarn Asplen tricho 179
Ringelblume
  Ringelblume Calendula off 169
Ringelrose
  Ringelblume Calendula off 169
  Stockrose Alcea rosea 163
Rodich, Roderich
  Flohknöterich Polyg persic 132
Rohr, Röhrle
  Liebstöckel Levisticum off 167
  Waldengelwurz Angel sylv 58
Rosmarein (Rossemrei^n)
  Rosmarin Rosmarinus off 176
Rosmarein, Wilder
  Sumpfruhrkraut Gnaph ulig 129
Rote Daschte
  Dost Origanum vulgare 90
Rote Kerzen
  Blutweiderich Lythrum salic 55
Rote Knöpfe
  Wiesenknopf Sanguis offic 43
Rote Quette (= Quecke)
  Schafgarbe Achillea millef 76
Roter Anton
  Hohlzahn Galeopsis tetrah 134
  Quendel Thymus pulegioid 100
  Beifuß Artemisia vulgaris 82
Roter Beifuß
  Beifuß Artemisia vulgaris 82
Roter Fuchsschwanz
  Blutweiderich Lythrum salic 55
Roter Gaul
  Wiesenknopf Sanguis offic 43
Roter Hirsch, Roter Hirse
  Amarant Amar caud/panic 173
Roter Klee
  Wiesenklee Trifolium prat 50
Roter Rainfarn
  Dost Origanum vulgare 90
Rotes Bachkräuti(ch)
  Blutweiderich Lythrum salic 55

Rothärchen
  Amarant Amar caud/panic 173
Rotich, Rottich
  Flohknöterich Polygon pers 132
Rotklee
  Wiesenklee Trifolium prat 50
Rübenkräuti(ch)
  Wilde Möhre Daucus carota 88
Salbei, Wilder Salbei, Salwe,
Salz, Salzkraut, Salzkrügelchen
  Waldgamander Teucr scoro 140
Sandtütleskraut
  Bilsenkraut Hyoscyam nig 116
Satenei
  Bohnenkraut Satureja hort 168
Schafgarbe, Schafrippe
  Schafgarbe Achillea millef 76
Schafhämmelchen
  Hasenklee Trifol arvense 93
Schafkräuti(ch)
  Osterluzei Aristoloch clem 178
Schafnase
  Kohldistel Cirsium olerac 44
Schafrippe
  Schafgarbe Achillea millef 76
Schafte(r)n, Schafterheu
  Zinnkraut Equisetum arv 128
Schägfuß (Scheegfuß)
  Beifuß Artemisia vulgaris 82
Schefekraut
  Färberginster Genista tinct 154
Scheißkräuti(ch)
  Blutweiderich Lythrum salic 55
Schelleli
  Taubenkropf Silene vulgaris 96
Schlangenkraut
  Waldweidenröschen Ep ang 144
  Fetthenne Sedum teleph 104
  Flohknöterich Polygon pers 132
  Königskerze Verbasc thapss 86
Schlocke(r)fässer
  Wilde Möhre Daucus carota 88
Schlotfeger
  Wiesenknopf Sanguisorba of 43
Schlotterhose
  Nachtkerze Oenoth biennis 118

Schmackkräutl
　Marienblatt Chrysanth bals　213
Schneidgras
　Bandgras Phalar ar f. picta　190
Schoferts-, Schowertsblume
　Phlox Phlox paniculata　190
Schreinerle
　Johanniskraut Hyperic perf　73
Schüchelchen, Schühle
　Leinkraut Linaria vulgaris　78
Schuhblume
　Eisenhut Aconitum napell　190
Schüsseli
　Wilde Möhre Daucus carota　88
Schwänze
　Gartengoldrute Solid canad　183
Schwarzblatern-, -blätterkraut
　Kn. Braunwurz Scroph nod　148
Schwarze Boze,
Schwarze Beenseli
　Wiesenknopf Sanguis offic　43
Schwarze (Dorner-) Distel
　Golddistel Carlina vulgaris　138
Schwarzer Hafer
　Flughafer Avena fatua　135
Schwarzer Kaffee
　Kn. Braunwurz Scroph nod　148
Schwarzer Kümmel
　Jungfer im Grünen Nig dam　170
Schwarzer Mann (Großer)
　Waldruhrkraut Gnaph sylv　151
Schwarzer Mann (Kleiner)
　Sumpfruhrkraut Gnaph ulig　129
Schwarzer Pfeffer
　Jungfer im Grünen Nig dam　170
Schwarzer Wiederkomm
　Streifenfarn Asplen tricho　179
Schwertel
　Schwertlilie Iris pseudacor　68
Seidenei
　Bohnenkraut Satureja hort　168
Silberdistel
　Kohldistel Cirsium olerac　44
Sonnenblume, Sonnrose
　Sonnenblume Helianth ann　171
Spelz
　Dinkel Triticum spelta　126

Spitzer Wellerich, - Wetterich
　Spitzwegerich Plant lanc　46
Stachapfel
　Kugeldistel Echinops sph　118
Stachliges-Unstachliges
　Dtsch. Ginster Genist germ　149
Stangenrose
　Stockrose Alcea rosea　163
Stechäpfel
　Wilde Karde Dipsacus full　108
　Jungfer im Grünen Nig dam　170
Stechdistel, Stecherli,
Stechet-Unstechet
　Dtsch. Ginster Genist germ　149
Steinklee
　Weißklee Trifolium repens　61
Steinkraut
　Waldgamander Teucr scoro　140
Stinkbolle
　Ackerminze Mentha arvens　64
Stinkerli
　Ringelblume Calendula off　169
Stockrose
　Stockrose Alcea rosea　163
Stolzer Heinrich
　Gartengoldrute Solid canad　183
Stopfarsch
　Hasenklee Trifolium arv　93
　Sumpfruhrkraut Gnaph ulig　129
Tag-und-Nachtschatten
　Dtsch. Ginster Genist germ　149
Tatscherlein (Datscherlin)
　Taubenkropf Silene vulgaris　96
Täubchen, Täubli
　Leinkraut Linaria vulgaris　78
　Eisenhut Aconitum napell　190
　Taubenkropf Silene vulgaris　96
Taubenkropf
　Taubenkropf Silene vulgaris　96
Tau(b)nessel
　Weiße Taubnessel Lam alb　109
Tausendgülden-, -guldenkraut
　Taus.güldenkraut C'ea ery　136
Teufels Abbiß, Teufels Anbiß
　Teufelsabbiß Succisa prat　67
　Odermennig Agrim eupat　106

Teufelskopf
  Teufelsabbiß Succisa prat 67
  Flockenblume Cent'ea nigra 56
Teufelskraut
  Fetthenne Sedum teleph 104
Tollkorn
  Mutterkorn Claviceps purp 122
Toni, Roter und Weißer
  Hohlzahn Galeops tetrahit 134
Totenblume
  Ringelblume Calendula off 169
Totenkopf
  Ackerlöwenmaul Misop or 131
Tüten (Dutte)
  Wilde Möhre Daucus carota 88
Üschpete
  Ysop Hyssopus officinalis 189
Vaterskopf
  Flockenblume Cent'ea nigra 56
  Mariendistel Silybum mar 181
Vaterkräuti(ch)
  Hauhechel Ononis repens 114
Vogelnest
  Wilde Möhre Daucus carota 88
Wächelder, Wäggelder
  Wacholder Juniperus comm 150
Wachsstöckle
  Mädesüß Filipendula ulmar 63
Waldfahne
  Waldweidenröschen Ep ang 144
  Wasserdost Eupator cannab 152
Waldsalat
  Waldweidenröschen Ep ang 144
Waldsalbei, Waldsalwe
  Waldgamander Teucr scoro 140
Weckelter
  Wacholder Juniperus comm 150
Wegerich, Wegewarte
  Wegwarte Cichor intybus 110
Weiden, Wilde,
Weidenkraut
  Flohknöterich Polyg persic 132
Weihwasserkesseli
  Wilde Möhre Daucus carota 88
Weißdistel
  Kohldistel Cirsium olerac 44

Weiße Bachbolle
  Sumpfgarbe Achillea ptarm 52
Weiße Daschte
  Dost Origanum vulgare 90
  Schafgarbe Achillea millef 76
  Sumpfgarbe Achillea ptarm 52
  Baldrian Valeriana officin 143
Weiße Donnerdistel,
Weiße Dornerdistel
  Kohldistel Cirsium olerac 44
Weiße Dorschte
  Dost Origanum vulgare 90
Weiße Dragoner
  Schafgarbe Achillea millef 76
Weiße Hemdenknöpfe
  Sumpfgarbe Achillea ptarm 52
  Mutterkraut Tan parth fl pl 184
Weiße (Raflder-) Knöpfe
  Sumpfgarbe Achillea ptarm 52
Weiße Windel
  Wiesenlabkraut Galium moll 49
Weißer Anton
  Sumpfgarbe Achillea ptarm 52
  Rundbl. Minze Mentha rot 187
  Beifuß Artemisia vulgaris 82
  Hohlzahn Galeopsis tetrah 134
Weißer Antoni(us)
  Mehl. Königskz. Verba lychn 87
  Sumpfgarbe Achillea ptarm 52
Weißer Klee
  Weißklee Trifolium repens 61
Weißer Nix
  Augentrost Euphras rostkov 59
Weißer Rainfarn
  Schafgarbe Achillea millef 76
Weißer Wendelin
  Augentrost Euphras rostkov 59
Weißer Wurmsamen,
Weißes Bachkräuti(ch)
  Sumpfgarbe Achillea ptarm 52
Weißes Bettstroh
  Wiesenlabkraut Galium moll 49
Weizen (Waas, Wees, ...)
  Weizen Triticum aestivum 123
Wellerich, Spitzer
  Spitzwegerich Plantago lanc 46

Wendel, Wendelin
  Quendel Thymus pulegioid 100
Wendelin, Weißer
  Augentrost Euphras rostkov 59
Wermede, Wermet
  Wermut Artemisia absinth 162
  Beifuß Artemisia vulgaris 82
Wetterich, Spitzer
  Spitzwegerich Plantago lanc 46
Wetterkerze
  Königskerze Verbasc thapss 86
Wiederkomm
  Herzgespann Leonurus card 185
Wiederkomm, Schwarzer
  Br. Streifenfarn Aspl trich 179
Wiesendistel
  Kohldistel Cirsium olerac 44
Wiesen-Fuchsschwanz
  Blutweiderich Lythr salicar 55
Wiesenklee
  Wiesenklee Trifolium prat 50
Wiesenkönigin (Mundart?)
  Mädesüß Filipendula ulmar 63
Wilde Gelberübe
  Wilde Möhre Daucus carota 88
Wilde Kamille
  Kamille Matricaria cham 127
Wilde Weiden, Weidenkraut
  Flohknöterich Polyg persic 132
Wilder Pfefferminz
  Ackerminze Mentha arv u.ä. 64
Wilder Quendel
  Quendel Thymus pulegioid 100
Wilder Rosmarin
  Sumpfruhrkraut Gnaph ulig 129
Wilder Salbei
  Waldgamander Teucr scoro 140
Wilder Wermut
  Beifuß Artemisia vulgaris 82

Wildes Edelweiß
  Sumpfruhrkraut Gnaph ulig 129
Wildfeuerkraut
  Krause Malve Malva crispa 174
Wille, Willestengel, Willekerze
  Königskerze Verba th u. ä. 86
Windel, Gelbe
  Echtes Labkraut Galium ver 48
Windel, Weiße
  Wiesenlabkraut Galium moll 49
Wolfsmilch
  Leinkraut Linaria vulgaris 78
Wollblume
  Königskerze Verba th u. ä. 86
Wurmkraut,
Wurmsamen (Gelber)
  Rainfarn Tanacetum vulg 80
Würzeli
  Mädesüß Filipendula ulmar 63
Xafferli
  Ringelblume Calendula off 169
Yspete (Üschpete)
  Ysop Hyssopus officinalis 189
Zahnkraut
  Bilsenkraut Hyoscyam nig 116
Zahnwehkräuti(ch)
  Berufkraut Erigeron acris 117
Zank und Streit
  Beh. Johanniskraut Hyp hirs 74
Zigeunerkopf
  Flockenblume Cent'ea nigra 56
Zigori
  Wegwarte Cichor intybus 110
Zinnkraut
  Zinnkraut Equiset arvense 128
Zitronenkraut
  Eberraute Artemisia abrot 177
Zwangskraut
  Quendel Thymus pulegioid 100

Wissenschaftliche und übliche deutsche Namen

Achillea millefolium	76	Calluna vulgaris	147
Achillea ptarmica	52	Capsella bursa-pastoris	190
Ackerlöwenmäulchen	131	Carlina vulgaris	138
Ackerminze	64	Carum carvi	51
Ackerschachtelhalm	128	Centaurea nigra & jacea	56 57
Ackerwitwenblume	70	Centaurium erythraea (minus)	136
Aconitum napellus	190	Chrys. parth. s. Tanac. parth.	184
Agrimonia eupatoria	106	Chrys. vulg. s. Tanacet. vulg.	80
Alant	180	Cichorium intybus	110
Alcea rosea (Althaea rosea)	163	Cirsium lanceol. s. Cirs. vulg.	99
Alchemilla vulgaris	71	Cirsium oleraceum	44
Althaea officinalis	188	Cirsium vulgare	99
Amarant (Fuchsschwanz)	173	Claviceps purpurea	122
Amaranthus caudatus & panic.	173	Corylus avellana	111
Ampfer, Stumpfblättriger	102	Daucus carota	88
Anethum graveolens	165	Deutscher Ginster	149
Angelica sylvestris	58	Dianthus deltoides	54
Anthemis tinctoria	117	Dill	165
Antirrh. oront. s. Misopates or.	133	Dinkel	126
Apfel	186	Dipsacus fullonum (D. sylv.)	108
Aristolochia clematitis	178	Dost	90
Artemisia abrotanum	177	Durchwachs	182
Artemisia absinthium	162	Eberraute	177
Artemisia campestris	115	Echinops sphaerocephalus	118
Artemisia vulgaris	82	Echte Goldrute	154
Asplenium trichomanes	179	Echtes Labkraut	48
Astragalus cicer	155	Eibisch	188
Astragalus glycyphyllos	156	Eiche	146
Aufgebl. Leimkr. s. Taubenkropf	96	Eisenhut	190
Augentrost	59	Eisenkraut	113
Avena fatua	135	Engelwurz, Wald-	58
Avena sativa	119	Epilobium angustifolium	144
Bachnelkenwurz	71	Epilobium montanum	145
Baldrian	143	Equisetum arvense	128
Bärenschote, Süßer Tragant	156	Erigeron acris	117
Bechermalve	188	Eupatorium cannabinum	152
Beifuß	82	Euphrasis rostkoviana	59
Bergweidenröschen	145	Färberginster	154
Berufkraut, Scharfes	117	Färberkamille	117
Bilsenkraut	116	Feldbeifuß	115
Blutweiderich	55	Fetthenne	104
Blutwurz	72	Filipendula ulmaria	63
Bohne	191	Fingerkraut	72
Bohnenkraut	168	Flockenblume	56 57
Braunwurz, Knotige	148	Flohknöterich	132
Bupleurum rotundifolium	182	Flughafer	135
Calendula officinalis	169	Frauenflachs	78

Frauenmantel	71
Fuchsschwanz (Amarant)	173
Galeopsis tetrahit	134
Galium mollugo	49
Galium verum	48
Gartengoldrute	183
Genista germanica	149
Genista tinctoria	154
Geranium pratense	70
Gerste	122
Geum rivale	71
Gilbweiderich	68
Ginster, Deutscher	149
Gnaphalium sylvaticum	151
Gnaphalium uliginosum	129
Golddistel	138
Goldklee	94
Goldrute, Echte	154
Goldrute, Kanadische & Späte	183
Hafer	119
Hasel	111
Hasenklee	93
Hasenohr, Rundes	182
Hauhechel	114
Heckenrose: Rosengalle	95
Heidekraut	147
Heidenelke	54
Helianthus annuus	171
Herzgespann	185
Hohlzahn	134
Hordeum distichum	122
Hornklee	62
Hyoscyamus niger	116
Hypericum perfor. & hirsut.	73 74
Hyssopus officinalis	189
Inula helenium	180
Iris pseudacorus	68
Jakobskreuzkraut	69
Johanniskraut	73
Juglans regia	83
Juniperus communis	150
Jungfer im Grünen	170
Kamille	127
Kanadische Goldrute	183
Karde, Wilde	108
Kartoffel	192
Kichertragant	155
Knautia arvensis	70
Knotige Braunwurz	148

Kohldistel	44
Königskerze	86 87
Kratzdistel, Gewöhnliche	99
Krause Malve	174
Krauseminze	166
Kugeldistel	118
Kümmel	51
Labkraut	48 49
Lamium album	109
Lanzettdistel (Gew.Kratzdist.)	99
Lavatera trimestris	188
Leinkraut, Frauenflachs	78
Leonurus cardiaca	185
Levisticum officinale	167
Liebstöckel	167
Linaria vulgaris	78
Lotus corniculatus & uliginosus	62
Luzerne	130
Lysimachia vulgaris	68
Lythrum salicaria	55
Mädesüß	63
Malus domestica	186
Malva (verticillata var.) crispa	174
Malva moschata	66
Malve, Krause	174
Mariendistel	181
Matricaria chamomilla	127
Medicago sativa	130
Melampyrum pratense	153
Mentha arvensis & M. x vertic.	64
Mentha piperita & M. crispa	166
Mentha x rotundifolia	187
Minze, Rundblättrige	187
Minzen, wilde	65
Misopates orontium	131
Möhre, Wilde	88
Moschusmalve	66
Mutterkorn	122
Mutterkraut	184
Nachtkerze	118
Nigella damascena	170
Nußbaum	83
Odermennig	106
Odontites verna	60
Oenothera biennis	118
Ononis repens / O. spinosa	114
Origanum vulgare	90
Osterluzei	178
Pfefferminze	166

Phaseolus vulgaris & coccineus	191
Plantago lanceolata	46
Polygonum persicaria & lapath.	132
Potentilla erecta & reptans	72
Quendel, Thymian	100
Quercus robur	146
Quirlminze	64
Rainfarn	80
Raute, Weinraute	187
Ringelblume	169
Roggen	121
Rosa canina / Rhodites rosae	95
Rosengalle	95
Rosmarin	176
Rosmarinus officinalis	176
Ruhrkraut, Sumpf-	129
Ruhrkraut, Wald-	151
Rumex obtusifolius	102
Rundblättrige Minze	187
Ruta graveolens	187
Salbei	189
Salbeigamander, Waldgamander	140
Salvia officinalis	189
Sanguisorba officinalis	43
Satureja hortensis	168
Schachtelhalm, Acker-	128
Schafgarbe	76
Schmalblättriges Weidenröschen	144
Schwertlilie	68
Scrophularia nodosa	148
Secale cereale	121
Sedum telephium	104
Senecio jacobaea & erucifolius	69
Silene vulgaris (inflata, cucubal.)	96
Silybum marianum	181
Sisymbrium officinale	115
Solidago canadensis & gigantea	183
Solidago virgaurea	154
Solanum tuberosum	192
Sonnenblume	171
Späte Goldrute	183
Spelz, Dinkel	126
Spitzwegerich	46
Stangenbohne	191
Stockrose	163
Storchschnabel	70
Streifenfarn, Brauner	179
Sturmhut s. Eisenhut	190
Succisa pratensis	67
Sumpfgarbe	52
Sumpfruhrkraut	129
Tanacetum parthenium	184
Tanacetum vulgare	80
Taubenkropf (T.-Leimkraut)	96
Taubnessel, Weiße	109
Tausendgüldenkraut	136
Teucrium scorodonia	140
Teufelsabbiß	67
Thymian s. Quendel	100
Thymus pulegioides	100
Tragant, Kicher-	155
Tragant, Süßer	156
Trifolium arvense	93
Trifolium aureum (& camp.)	94
Trifolium pratense	50
Trifolium repens	61
Triticum aestivum	123
Triticum spelta	126
Valeriana officinalis	143
Verbascum lychnitis	87
Verbascum thapsus u. ä.	86
Verbena officinalis	113
Wacholder	150
Wachtelweizen	153
Waldengelwurz	58
Waldgamander	140
Waldruhrkraut	151
Waldweidenröschen (Schmalbl.)	144
Walnuß	83
Wasserdost, Wasserhanf	152
Wegrauke	115
Wegwarte	110
Weidenröschen	144 145
Weinraute	187
Weiße Taubnessel	109
Weißklee	61
Weizen	123
Wermut	162
Wiesenklee	50
Wiesenknopf (Großer)	43
Wiesenlabkraut	49
Wiesenstorchschnabel	70
Wilde Karde	108
Wilde Möhre	88
Witwenblume, Acker-	70
Ysop	189
Zahntrost, Acker-	60
Zinnkraut	128